全面建成小康社会城县村调研行

—— 湖南师范大学大学生
暑期社会调研报告荟萃

主　编／谭吉华　龚　舒
副主编／陈红桂　周旺蛟

湖南师范大学出版社

·长沙·

图书在版编目（CIP）数据

全面建成小康社会　城县村调研行：湖南师范大学大学生暑期社会调研报告荟萃 / 谭吉华，龚舒主编. —长沙：湖南师范大学出版社，2021.6
ISBN 978 - 7 - 5648 - 4197 - 3

Ⅰ.①全… Ⅱ.①谭… ②龚… Ⅲ.①大学生—社会调查—调查报告—湖南 Ⅳ.①G652.45

中国版本图书馆 CIP 数据核字（2021）第 100673 号

全面建成小康社会　城县村调研行
——湖南师范大学大学生暑期社会调研报告荟萃

Quanmian Jiancheng Xiaokang Shehui　Cheng Xian Cun Diaoyan Xing
——Hunan Shifan Daxue Daxuesheng Shuqi Shehui Diaoyan Baogao Huicui

主　编　谭吉华　龚　舒
副主编　陈红桂　周旺蛟

◇责任编辑：孙雪姣　唐诗柔
◇责任校对：赵婧男　张　雪
◇出版发行：湖南师范大学出版社
　　　　　　地址/长沙市岳麓区　邮编/410081
　　　　　　电话/0731 - 88873071　88873070　传真/0731 - 88872636
　　　　　　网址/http://press.hunnu.edu.cn
◇经销：新华书店
◇印刷：长沙印通印刷有限公司
◇开本：710 mm × 1000 mm　1/16
◇印张：19
◇字数：320 千字
◇版次：2021 年 6 月第 1 版
◇印次：2021 年 6 月第 1 次印刷
◇书号：ISBN 978 - 7 - 5648 - 4197 - 3
◇定价：68.00 元

前言

2020 年 10 月 10 日，习近平总书记在中青年干部培训班开班式重要讲话中强调指出，青年干部要着力提高调查研究能力。调查研究是青年干部的谋事之基、成事之道，也是青年大学生的成长之道、成才之路。"十四五"时期是我国全面建成小康社会、实现第一个百年奋斗目标之后，乘势而上开启全面建设社会主义现代化国家新政策、向第二个百年奋斗目标进军的第一个五年。当前，面对世界百年未有之大变局和我国全面建设社会主义现代化国家新征程，解决问题的需求更为迫切。坚持问题导向，结合大学生专业优势，组织开展调查研究，是提升大学生社会实践参与度、社会责任感的重要方式。基于此定位和认识，我们在组织开展大学生暑期调研工作时确立和遵循了以下原则：

一是聚焦一个"讲"字。湖南师范大学马克思主义学院与校团委联合组建湖南师范大学大学生暑期宣讲团、宣讲小分队，送党的创新理论到基层一线，与企业社区一线人员谈心交心。

二是凸显一个"研"字。连续 4 年组织师生利用暑假深入定点扶贫区县开展调查研究，深入调研事关民生的重大问题，积极推动问题的解决，为建成文化强国、教育强国、人才强国、健康中国贡献智慧和力量。

三是回归一个"人"字。时代是出卷人，共产党人是答卷人，人民是阅卷人。大学生要以"为天地立心、为生民立命、为往圣继绝学、为万世开太平"为使命担当，见证国家发展，厚植爱国情怀，思国家发展，想群众期盼。

广泛征求调研选题，深入开展实践调研，组织专家进行专题指导，反复讨论修改，最后形成了呈现在大家面前的这本调研成果《全面建成小康社会　城县村调研行——湖南师范大学大学生暑期社会调研报告荟萃》。

第一部分　中国特色社会主义政治发展篇

新形势下扶贫脱困面临的问题与对策 ……………………………… （003）

突发公共卫生事件中湖南省县级政府法治形象评价 …………… （013）

重大突发公共卫生事件的应对措施研究 ……………………… （025）

脱贫攻坚与乡村振兴有效衔接的调查研究 …………………… （034）

全面建成小康社会脱贫攻坚实践及效果调查

　　——以武陵山片区为例 ………………………………… （048）

第二部分　中国特色社会主义经济发展篇

大学生电商平台金融产品使用偏好及风险防范的研究报告 ………… （065）

融资"贷"动小微企业"活"起来的调查研究 ………………… （081）

小额信贷"保民生、促脱贫"模式与效果的调研报告 ………… （095）

长沙市岳麓区地摊经济动态发展的调研报告 ………………… （108）

长沙市地摊经济发展现状及对策的调查报告 ………………… （121）

乡镇有无特色产业对扶贫收官影响的调查研究 ……………… （131）

第三部分　中国特色社会主义文化发展篇

高考综合改革背景下中学传统文化教育提升策略研究 ………… （141）

红色文化融入新时代大学生爱国主义教育的实践路径 ………… （152）

新时代"'非遗'+国潮"的推广应用研究 ……………………… （162）

幼儿园"互联网+家园共育"模式创新的调查研究 …………… （176）

师范生在线教育现状调查研究 ……………………………… （186）

在线教育背景下农村小学教育状况的调查报告 ……………… （199）

全面建成小康社会背景下大学生网络支教的调查研究 …………………（207）

关于大学生网络课程学习体验的调查报告 ……………………………（219）

第四部分　中国特色社会主义社会发展篇

湖南农村留守儿童性教育现状及对策研究 ……………………………（231）

突发公共卫生事件中大学生志愿服务工作面临的困难及其对策研究 ……（242）

新媒体健康信息传播策略对公众认知的影响研究 ……………………（253）

湖南省农村健康传播现状与对策研究 …………………………………（265）

第五部分　中国特色社会主义生态文明发展篇

全面建成小康社会背景下乡村污染防治调研 …………………………（281）

乡村振兴过程中乡村污染防治的调查研究 ……………………………（288）

后记 ……………………………………………………………………（298）

第一部分　中国特色社会主义政治发展篇

新形势下扶贫脱困面临的
问题与对策

课题组成员：卢　意，周志鹏

指导老师：黄　捷

摘要：2020 年是中国全面建成小康社会之年，也是决战脱贫攻坚之年。新冠疫情，对中国经济社会发展、生产生活秩序造成了严重冲击，也给脱贫攻坚带来了新的困难和挑战。为了解新形势下精准扶贫进展及现状，调研团队赴张家界各县开展实地调研，重点对张家界市慈利县扶贫脱困情况进行详细了解，通过调查，分析总结张家界市慈利县贫困的原因，梳理脱贫思路。结合文献资料，对新形势下扶贫脱困出现的问题进行分析，并提出了因地制宜找方法，一丝不苟抓监督，脚踏实地搞推进的改进建议。

关键词：新形势；精准扶贫

2020 年是中国全面建成小康社会之年，也是决战脱贫攻坚之年。2020 年，中国现行标准下的农村贫困人口实现脱贫，对中国、对人类的减贫事业都是具有重大标志性意义的事件。习近平总书记强调："党的十八大以来，我们坚持以人民为中心的发展思想，明确了到 2020 年我国现行标准下农村贫困人口实现脱贫、贫困县全部摘帽、解决区域性整体贫困的目标任务。"当前，面临百年未有之大变局，中国经济社会发展、生产生活秩序受到影响，也对脱贫攻坚带来了新的困难和挑战。

新形势下，扶贫脱困必将面临新的困难与挑战，进行精准扶贫也是我们的一大目标。"精准扶贫"就是做到扶贫对象精准、扶贫产业精准、扶贫方式精准、扶贫成效精准。在习近平总书记"精准扶贫"方略的指导下，从中央到地方，从企业到学校，方方面面行动起来。从"借鸡生蛋"到"小额信贷"，从"要想富先修路"到"扶贫先扶志"，从"易地搬迁"到"旅游扶贫""电商扶贫"，许多独特的方式不断发挥其效能。

为深入了解新形势下精准扶贫进展及现状，调研团队自 2020 年 7 月 29 日至 2020 年 8 月 11 日对湖南各县市政府有关文件进行了整理与统计。随后分别前往常德市、张家界市慈利县、湘西土家族苗族自治州凤凰县、益阳市安化县进行了实地调研，其中重点调查了解了张家界市慈利县精准扶贫现状，以期发现现阶段扶贫脱困面临的问题，提出合理有效的对策。

一、基本情况

（一）县域概况

慈利县地处张家界东部、武陵山脉东部边沿、澧水中游，素有"金慈银澧""湘西门户""张家界东大门"之称。全县总面积 3492 平方千米，辖 25 个乡镇（包括 7 个土家族乡），427 个行政村（居委会），总人口 71 万人，以土家族为主的 16 个少数民族人口占 62.8%。

慈利县是省级重点贫困县，同时也是武陵山集中连片扶贫开发重点县，该县脱贫攻坚是一场硬仗，任务艰巨。2017 年，脱贫攻坚突出问题集中整改清理后，仍有建档立卡贫困户 24315 户 87578 人，其中已脱贫 9730 户 37105 人，未脱贫 14585 户 50473 人。由此发现，在巨大的减贫成效背后贫困问题依然严重。

（二）致贫原因及状况

城镇贫困人口主要包括下岗职工、失业人员、无业人员、困难企业职工、因健康状况差或残疾不能工作的人员，无亲友抚养或赡养又无储蓄的人员，多子女家庭、重灾重病家庭等城镇低收入的主体。农村贫困地区致贫的主要原因包括经济基础设施落后，产业结构单一，贫困人口科技文化素质低以及因病、因灾、因残致贫严重。

农村商品经济发展薄弱，农村贫困地区农民商品观念落后，小农经济意识强，缺乏商品开发意识。基础设施落后，已有的农产品难以及时销往城市。加上产业结构单一，生产技术落后，科学技术普及率低，贫困地区农民创收主要以传统农业为主，即种植业、饲养业和外出打工，产业结构简单，技术落后，尤其缺乏先进科学技术指导。农村贫困人口正因为文化素质低，学习能力差，接受新科技、新思想的能力差，思维方式、生产方式和生活方式十分落后，导致发展商品生产、开拓市场的能力相当弱。

我们经与慈利县政府对话访谈了解到这样一个事例。在慈利县腊树村，距慈利县城 30 公里的地方，是一个由三个村庄合并而成的典型的山区贫困村。今年 50 多岁的张立忠，由于妻子身患尿毒症 8 年而成为该村建档立卡贫困户，为了既照顾好患病妻子又要让全家过上好日子，他便萌发了种植黄桃的想法。2018 年，张立忠在省交通运输厅驻该村帮扶队的支持和慈利县海峰种养专业合作社带动下，栽植了 20 余亩 1000 余株扶贫黄桃树苗。经过近 3 年时间的精心养护，他的 20 余亩 1000 余株黄桃树进入丰产期，却由于受 2020 年上半年疫情和连日降雨等因素的影响，他家的 20 余亩黄桃第一次挂果丰产就面临滞销的风险。

（三）精准扶贫工作思路与做法

通过与慈利县政府进行对话访谈，对民众发放调查问卷，我们了解并总结了慈利县在精准扶贫工作中的相关工作思路与做法。

慈利县在脱贫攻坚的进程中制订了详细的帮扶措施，包括产业、金融、教育、医疗保障、易地扶贫搬迁、危房改造、就业、兜底保障等方面。还推出了特惠扶贫保障，建立社会扶贫网来全面帮助贫困户。

在产业扶贫上，制定措施，让有劳动能力和致富愿望的贫困家庭自主选择 1~2 个生产项目自我发展，经结对帮扶责任人核查验收后，给予人均 400 元产业扶持资金。

在金融扶贫方面，建档立卡。贫困户经评级授信后每户可申请 1~5 万元期限为三年的小额信用贷款，用于发展产业项目。

在就业扶贫方面，制定政策。例如，在法定年龄内，有劳动能力和就业愿望的城镇登记失业人员，农村转移就业劳动者，毕业年度内就业的高校毕业生，城乡未继续升学的应届初、高中毕业生可以免费参加职业技能培训和创业培训，并免费给予创业后期指导服务。符合创业担保贷款贴息条件的可以向户口所在地或创业项目所在地的劳动保障站申请 10 万元创业担保贷款，财政贴息三年。

设立兜底保障。认定标准：以户为单位，贫困家庭中主要劳动力完全或部分丧失劳动能力，无法依靠产业扶持和就业帮助脱贫的家庭。基本条件：必须是经县扶贫部门认定的建档立卡贫困户；必须是经县民政部门认定的农村低保户；必须不是农村五保户、孤儿等特困供养人员。认定程序：入户调查→信息核对→民主评议→初评公示→乡镇审核→县级审批。补助标准：经联合认定的社会保障兜底户补助为每人每月 253 元。

分别制订计划，并大力宣传，走进农户，采取网上平台宣传，报纸宣传，面对面宣传等方式，确保农户了解各项政策。并且主动提供保障，跟进后续，切实为贫困户提供帮助。

（四）脱贫攻坚初步成效

通过与慈利县政府的访谈，我们了解到慈利县在各方面通过贯彻落实党中央和省委、市委关于脱贫攻坚一系列决策部署，认真学习宣传贯彻党的十九大精神，抓好落实，以脱贫攻坚统揽全县经济社会发展，使全县经济呈现了良好的发展态势。

1. 全面小康进程取得实效

2019 年，慈利县加强战略谋划，增强战略定力，统筹做好稳增长、促改革、调结构、惠民生、防风险等各项工作，实现了经济持续健康发展和社会大局稳定。该县于 2019 年 4 月 16 日获省政府正式批复脱贫摘帽，综合贫困发生率降至 0.31%。2020 年，慈利县围绕经济社会发展主要预期目标，聚力三大攻坚，夯实高质量发展基石；扩大有效投资，培育高质量发展动能；深化重点改革，激发高质量发展活力；加快产业升级，增添高质量发展后劲；推进乡村振兴，提升高质量发展品质；促进城镇提质，深化高质量发展内涵；保障民生福祉，共享高质量发展成果；加强自身建设，强化高质量发展保障。

2. 特色产业、基础设施发展良好

近年来，慈利县坚持以工业理念抓农业，以加快集约化经营、组织化运作和品牌化营销的"三化"联动推进慈利特色农业发展，全县现代农业建设取得了显著成效。还有一批关乎慈利县长远发展的城镇基础设施建设项目正在如火如荼建设中。这些都为脱贫攻坚提供了坚实助力。

面向市场，依托当地资源，发挥资源优势，发展出具有竞争优势的特色产业以赢得市场优势，来带动全县经济发展，为部分贫困人口提供生产创造的方式方法摆脱贫困。目前慈利产业结构较差、竞争力不强，调整的方向为依托当地丰富的农业资源、矿产资源和旅游资源，发展符合市场需要的特色农业、特色工矿业和特色旅游业。特色农业重点发展畜牧、果蔬、竹木、中药和茶产业，依托龙头企业和基地带动部分贫困人口自给自足，走向致富之路。

慈利县围绕"提质繁南，拓城兴北"的发展思路，不断提升城市品位。从新老城区两方面入手，2019 年完成了县城区排水防涝工程、天然气配气站扩建等多项目建设。除此之外，慈利县还启动推进了一批新的项目，保障居民的生产生活，加快农村与县城的联系交流，助力扶贫攻坚的进程。

慈利县积极践行习近平总书记的新发展理念，贯彻习近平总书记"创新是引领发展的第一动力"指示精神，推动科学技术与脱贫攻坚有机结合，取得了较好的成效。

三、存在问题

（一）扶贫识别标准非统一透明化

调查中，我们在"红网"百姓呼声栏目中发现有以"咨询慈利县扶贫办关于扶贫识别的疑问一事"为题的一篇帖子：

湖南省互联网监督平台得知通津铺镇市场河居委会的精准扶贫名单，其中有桑茂国、管渊，这些人大家都很熟悉，桑茂国在市场河牲畜交易市场从事牲畜交易经纪工作几十年，是当地有名的牛贩子，后面还合伙注册了公司，家里有好几层的小洋房，还当了几年的村干部，家庭条件比绝大多数人都要好，怎么就成了扶贫对象呢？还有管渊还是大学毕业的高才生，在外从事外贸物流工作，有房有车的，如此等等，这些扶贫是如何罗列出来的？难道就是村干部在家编出来的吗？这些名单经过入户调查，公示了吗？

有关部门在回复后，该群众又针对政府的回复发表一篇篇幅更长的名为"再议慈利县精准扶贫识别疑问一事"的帖子。

先后两次且情绪愈发激烈的反馈，表明政府的处理并不令群众满意，对于该网友在第二个帖子中所问"有无大额存款"一事，也没有明确回答。同时这也表明慈利县对"贫困户"的识别是有一定问题的。

尽管我们调查小组无法核实该事件，但引起了如此激烈的群众争议，相关责任人应当进行反思。首先，在贫困户识别问题上识别标准的统一与透明化上的问题，慈利县是否制订了严密的精准扶贫识别标准，该标准的制订是否科学合理，该标准是否公布传达到位？由于标准的不透明化，群众无法清楚了解到政策的标准，也无法监督相关政策的落实，从而对识别标准产生了质疑。其次，由此也可以看出政府在相关政策标准的传达与对群众的公示反馈上缺乏诚意，该网上扶贫工作的反馈流于形式，存在较大的困难与阻力，在网上提出的针对扶贫工作的问题意见无法得到切实解决。

（二）各级管理非扎实完善化

通过查阅相关政府工作报告，我们发现，关于扶贫领域作风问题，截至

2018 年 8 月 21 日，慈利县通报了 8 期 26 起典型案例。全县 62 名人员因存在履责不力、识别贫困对象不准、推进扶贫项目不力、落实扶贫政策不到位等行为被问责。有 5 名党委（党组）书记被追究主体责任，给予调离岗位或约谈处理，5 名纪检监察干部被批评教育。

该通报案例也许仅仅是九牛一毛，在各级管理落实扶贫工作上还存在许多作风不严谨，履责不力的情况。在对此点进行调研时，调研团队主要通过对当地村民的采访所得，甚至有些村民担心自己在当地生活受到影响不愿谈及该问题。我们从村民口中知悉了当地基层干部存在许多腐败问题，权钱交易普遍，进而导致许多涉及基础设施建设的扶贫政策落实不到位。许多基础设施建设的款项明细未向村民和捐资者公开，以致许多村民怀疑是否存在干部"吃回扣"等问题。

同时，以贫困户的评选为例，许多在基层推进落实的评选标准无法得到当地村民认同。村民们认为，许多贫困户是依靠与基层干部的人情关系而获得了扶贫款的救济，并非通过统一、公开的评选标准。扶贫对象由政府在操控，他们想扶谁就扶谁。就会出现这样一种现象：享受着扶贫款的三四十岁的尚有劳动力的村民跷着二郎腿在家无所事事，拿着本不属于他的钱享受生活。这种因人情关系而不根据实际情况发放扶贫名额，容易导致百姓对扶贫工作，对基层工作人员的不信任。

这样的情况表明慈利县在各级管理落实扶贫工作上存在工作认识不够准确，工作落实不够充分，上下各级管理松懈，传达工作任务不够准确，作风不严谨，履责不力的问题。

（三）工作推进非精细切实化

通过实地走访了当地村民，我们发现少数村民对脱贫致富动力不足，对党和政府的精准扶贫政策不够了解，对事关切身利益的教育、医疗、低保、养老及惠农贴息贷款等政策认识程度有限，导致他们对党和政府的精准扶贫仍持观望态度。由于脱贫攻坚政策的压力，扶贫主体承担了过多的帮扶责任，以至于贫困户的主体责任被忽视，发生扶贫官员指责贫困户不感恩、"等靠要"、不愿脱贫等情形。这意味着扶贫、脱贫的主体与客体属性在精准扶贫思想中未能清晰界定，也没有在实践中很好地体现。例如，有的村民对扶贫攻坚各打自己的算盘，个人主义、小农思想泛滥；有的贫困村存在赌博现象，个别贫困户"懒穷"思想滋生，不愿意通过劳动脱贫致富，只想坐享其成，过度依赖政府帮扶，甚至经常发牢骚，无端猜忌帮扶干部，负面影响极大；还有部分贫困户"等靠要"思想严重，认为帮扶干部为其捐物、捐钱是应该的，什么问题都等着政府来解决。这样的现象既有帮扶对象自身的原因，也是扶贫工作推进没有做到精细化、切实化的体现，而导致这样的原因大致包括以下三方面：

第一，部分扶贫干部思想认识有偏差。扶贫攻坚工作的宣传报道，应重点宣传贫困户在党委、政府的正确引导和帮助下，通过自身努力，借助外力挖掘自身潜力，积极发展家庭经济，寻找到脱贫致富路子的典型案例，传递脱贫致富正能量。而目前宣传报道的重点过多地放在宣传帮扶单位为贫困户捐资、捐物方面，给帮扶党员干部造成了很大的心理压力和经济负担，这样也容易滋长贫困户的依赖与攀比心理。

第二，扶贫方式单一，存在"以数据扶贫"的问题。通过走访调研发现，许多贫困村村干部对精准扶贫材料数据信息整理过许多遍，资料台账有几十本，但受办公条件制约，全部是手写稿，导致工作效率低下。没有形成统一的大数据扶贫网络，也就进一步产生了落实与反馈的阻力。

第三，个别贫困村帮扶工作流于政绩工程，除了按要求走访以外，帮扶负责人与贫困户再无沟通和联系。走访工作仅限于"走过了"，没能切实感受村民的生活状态、生活需求，也就无法为其提供精准有效的扶贫措施，更无法在后续切实推进扶贫工作。

四、对策建议

毛泽东在《实践论》中对认识的形成和发展有精辟的论述。认识来源于实践，要从感性认识上升到理性认识，还要从理性认识回到改造世界的实践，要在实践中得到检验和发展，需要纠错，需要随着实践过程的推移发展而发展。基于这样的认识论规律，我们知道，当前精准扶贫思想和实践都是史无前例的。慈利县的扶贫工作进程在已经取得重大成效的情况下，为了帮助扶贫工作更好地开展，为了增强对实践的指导性，我们适时地提出一些建议。

经前文对这些问题及其背后原因的分析论证，我们发现，现如今扶贫工作在基层遇到的种种问题主要在于方式方法以及具体落实上的问题。譬如扶贫标准的制订与识别不够统一透明化，扶贫方式的单一格式化；又譬如基层机关干部在执行问题上无法完全做到推进工作踏实用心、不徇私枉法，基层群众无法积极调动自身主观能动性，了解相关政策。

总的来说，扶贫思想的发展，工作的推进应当符合三条标准：实事求是，符合客观规律；能够不走样地实践转化；内在逻辑清晰完整并逐步走向规范化和常态化。我们总结出了三方面的对策建议，从方式方法上、人员管理上、落实实践上提出我们的看法。

（一）　因地制宜找方法

精准识别是精准扶贫所有工作的根本前提，必须具有科学性和可靠性。经过调查我们发现目前进行识别的方式一般是将贫困人口规模分解并进行逆序选择，与此同时，无论是作为替代还是储备，各地在实践过程中应当探索一种真正精准识别的"Plan B"。例如国内广西壮族自治区实行的县级统一打分识别机制。真正的精准识别机制应当有两个基本特征：一是采取单一、明确的贫困识别标准，对所有参与识别者一视同仁，而且进入和退出采取相同标准，即"一把尺子量到底"；二是进行冗余登记，将当地收入或生活水平低于某个相对贫困标准比例的家庭都纳入调查和登记范围，并从中打分识别出符合标准的贫困人口。这样的方式相当于登记相对贫困人口，从中识别绝对贫困人口，两者差异一目了然。同时，建立大数据扶贫云端网络，前期进行数据统计，建立完备的大数据平台，在后续脱贫工作过程中，脱贫者不必销号，返贫者直接转入。正如当前一些地方已经将部分普惠性扶贫措施惠及建档立卡贫困户之外的相对贫困户，建立扩展性系统。这个扩展性系统的建立将有助于开展差异化扶贫，进行相对和绝对贫困评估，提升公平性、科学性和扶贫效率。在精准识别方法的探索上还需要慈利县政府在实际中发挥主观能动性，因地制宜探索出属于自己的扶贫道路。

完善精准识别的方式方法是有助于扶贫工作开展的前提。习总书记认为，抓扶贫开发，中央有明确部署。要紧紧扭住发展这个促使贫困地区脱贫致富的第一要务，立足资源、市场、人文旅游等优势，因地制宜找准发展路子，既不能一味等靠、无所作为，也不能"捡进篮子都是菜"，因发展心切而违背规律、盲目蛮干，甚至搞劳民伤财的"形象工程""政绩工程"。只有因地制宜找准了方法，才能利用该方法创造出生生不息的活力。

（二）　一丝不苟抓监督

习总书记强调，要坚定信心不动摇，咬定目标不放松，整治问题不手软，落实责任不松劲，转变作风不懈怠，确保脱贫攻坚任务如期完成。

慈利县针对某些履责不力的问题出台了《慈利县结对帮扶和驻村帮扶工作问责办法》以及《慈利县脱贫攻坚督查问责工作方案》，明确"五个不论"纪律要求，对履职不力、影响大局、影响整县脱贫摘帽的，不论职务高低、不论年龄老小、不论资历深浅、不论奉献大小、不论口碑好坏一律问责，用问责利器倒逼全县党员干部做好脱贫攻坚工作。这是严格规范工作纪律的好方法，但同时相关监督监察制度也需要同时完善，健全问责体系，明确问责手段。

也应当充分利用已经查处的问题和案件，做好案例式警示教育。对查处的案件，涉及哪一级的干部，就通报到哪一级，采取"同类通报、同级通报"的办法，并召开生活会，让大家把思想摆进去、把工作摆进去，起到用身边典型案例警示教育身边人的作用。

（三）脚踏实地搞推进

总体而言，扶贫工作的推进需要扶贫主体与脱贫主体共同配合，协同并进。在扶贫工作中，政府以及社会帮扶力量是扶贫主体，贫困户是扶贫对象和脱贫主体。对后者而言，自我的发展积极参与是脱贫的内在原因，外界的帮扶是外在原因。只有在缺乏发展能力的条件下，政府才承担助其脱贫或兜底的主体性责任。对于脱贫主体的界定需要符合劳动致富的社会主义价值观，也有利于弘扬"人人参与、人人尽力、人人享有"的共享发展理念。对于贫困户，一方面，要充分培养其能力并保障其发展机会；另一方面，也要培养其脱贫责任主体意识，使其认识到获得帮扶不是无限权利。对于有劳动能力而不愿参加劳动的，不应承诺或要求限期脱贫，最多给予最低程度的人道主义保障；对于那些已经达到脱贫标准而不愿签字脱贫的，应设立县级复核机制，可以不经签字直接列入脱贫名单。

另外，针对扶贫工作的全面推进落实精细化切实化，我们从多方面提出意见：

第一，实事求是，正面为主。就慈利县目前存在的宣传不到位，夸大宣传的情况，要进一步壮大主流权威声音，坚持团结鼓劲、以正面宣传为主。既要全面客观正面宣传目前扶贫工作取得的成绩，也要实事求是反映扶贫工作中仍存在的问题，向上汇报与向下宣传都要做到实事求是，全面客观。及时听取各方意见，不断审视自身。

第二，全面落实，多方共行。紧紧扭住包括就业、教育、医疗、文化、住房在内的农村公共服务体系建设这个基本保障，编织一张兜住困难群众基本生活的安全网，坚决守住底线。在扶贫工作的方方面面进行落实，从细节小处出发进行帮扶。

第三，优化结构，特色发展。基于慈利县目前产业结构较差、竞争力不强的问题，调整的方向主要为依托当地丰富的农业资源、矿产资源和旅游资源，发展符合市场需要的特色农业、特色工矿业和特色旅游业。就抓好慈利县特色产业发展、推动成立科技扶贫专家服务团相关工作，要结合慈利县产业基础，着力培育战略新兴产业，调优调强农业结构，发展休闲创意农业；科技扶贫专家要紧紧围绕中心，服务大局，充分发挥自身智力优势，发挥好科学示范、技术服务、人才培养作用。

第四，积极主动，扩大影响。提高主动性，积极宣传政策、措施、计划、安排等扶贫开发相关内容，吸引群众参与。针对部分村民自身文化素质不高，有些村民甚至不识字，当地基层组织未对相关制度规范予以宣传普及，导致这些政策的内容难以贴近村民生活的情况，应当以群众喜闻乐见的形式开展宣传报道，增强吸引力、感染力，不断扩大扶贫开发的社会影响。例如编排相关文艺表演为村民普及政策知识；编排多种多样的广播标语等进行宣传；传播多样化扶贫案例。

第五，协调沟通，争取支持。既要在传达上进行沟通，扩大扶贫措施影响力，加强与各级新闻、宣传部门协调，争取支持和指导。定期与中央主流媒体和地方融媒体中心沟通，进一步发挥传统媒体作用。也要在县市间进行沟通，加强与邻县、扶贫工作先进县市的沟通合作。学习相关合理优质扶贫措施，共同帮助打造扶贫互助网络。

参考文献

[1] 朱海玲. 湖南城镇贫困人口的现状及致贫原因研究 [J]. 商场现代化, 2007 (11).

[2] 陈静文, 向汉庆, 王柯人. 农村贫困地区的致贫原因及精准脱贫对策——以湖南醴陵市均楚镇大垅洲村为例 [J]. 城市学刊, 2018 (3).

[3] 戴昕儒. 慈利县特色产业发展问题及对策研究 [J]. 时代金融, 2013 (4).

[4] 刘宝磊. 县域扶贫工作中存在的问题及改进策略——以慈利县扶贫调研为例 [J]. 乡村科技, 2018 (12).

[5] 檀学文, 李静. 习近平精准扶贫思想的实践深化研究 [J]. 中国农村经济, 2017 (9).

[6] 杨宜勇, 吴香雪. 中国扶贫问题的过去、现在和未来 [J]. 中国人口科学, 2016 (5).

突发公共卫生事件中
湖南省县级政府法治形象评价

课题组成员：刘明军，黄雨心，别淑茜，秦淑敏，
姜鉴纯，王艳红，柳婷婷，周博涵，
邹　娜
指导老师：黄　捷

摘要：突发公共卫生事件中，政府面临严峻的挑战。政府需要做特殊时期信息公开，把握合法性与效率的平衡，使行政措施得到人民的认可。本文从第三方角度通过书面调研与实地调研相结合的方法，建立评价指标体系，从多角度评估湖南省县级政府疫情防控措施的实施情况，提出加强县级政府公共卫生事件应急管理的对策建议。

关键词：突发公共卫生事件；政府法治形象；依法行政

一、问题的提出

（一）调查研究的背景及意义

近年来，各种公共卫生事件的不断发生，对政府的应急能力提出了更高的要求。各级政府需要尽快建立起科学合理的应急程序，并明确突发公共卫生事件中各级政府的权利边界。面对突如其来的重大公共卫生风险，政府能否始终坚持以保障人民群众生命安全为首要任务，采取必要的、强有力的防控措施？各级政府面临怎样的挑战？如何化解突发公共卫生事件冲击下的社会矛盾？本报告通过构建突发公共事件政府数据开放评估指标体系，对政府信息公开情况、突发公共事件应对行为合法情况进行分析，通过实地了解具体措施及群众满意度，总结湖南全省县级政府的依法行政情况并进行整体评估。依据评估情况对县级政府在突发公共卫生事件中的对策提出建议。

（二）调查研究的基本思路、主要方法

1. 基本思路

通过对现有地方性法规与省市政府出台的现有规章进行评估，查找梳理与上位法不一致的规定。本次调研依据评估体系所得数据，抽样选取四个县级政府进行实地调研，分别是常德市鼎城区人民政府、张家界市慈利县人民政府、湘西土家族苗族自治州凤凰县人民政府以及益阳市安化县人民政府。调研成员通过发放问卷、访谈的方式了解问题及不足，从规范性文件公开情况和政府具体措施是否依法行政两方面进行评价并制订评价指标体系，最终得出县级政府法治形象得分。

2. 基本方法

本报告采用实证分析法，检索政府网站公开的规范性文件，分析数据，建立突发公共卫生事件政府信息公开评估指标体系，政府行为评估指标体系，以所获取的数据为县级政府评估打分。

表1 突发公共卫生事件政府信息公开评估指标体系

一级指标	二级指标	三级指标	指标说明	占比分数
基础建设（18%）	组织基础	法规政策	县级政府信息公开网站是否发布卫生防控、信息公开等相关政策	A
	平台基础	互动交流	网站是否公开办件统计，有无公开数据统计图表	A
		网站运行情况	网站有无出现故障情况	A
及时灵活性（28%）	信息发布	信息发布及时性	发布最早文件时间	B
		应急准备程度	有无应急预案	A
		指令发布及时性	通知令发布时间	B
		根据形势变化调整灵活度	有无根据形势变化进行调整的文件	A

（续表）

一级指标	二级指标	三级指标	指标说明	占比分数
全面性（54%）	各阶段文件	初期反应文件	2020 年 1 月 15 日至 2020 年 1 月 27 日发布文件数	B
		中期反应文件	2020 年 1 月 28 日至 2020 年 3 月 31 日发布文件数	B
		常态化反应文件	2020 年 4 月 1 日至今发布文件数	B
	各方面文件	工作动态文件数	防控工作动态	B
		通知公告文件数	通知类	B
		财政信息公开文件数		B
		政策会议文件数	会议文件、政策解读	B
		统计信息文件数		B
	政府部门职责履行情况	政府部门出台文件	出台了文件的政府部门数量	B

表 2　政府行为评估指标体系

一级指标	二级指标	三级指标	指标说明	占比分数
高效便民（30%）	全面推进依法行政工作的组织领导，提高效率性并且民众的满意度	政府官网相关信息回复	政府是否及时回应关切	A
		复工复产复学措施	是否公布实施复工复产复学相关政策文件	A
		成立防控领导小组	是否成立防控领导小组	A
合法行政（70%）	依法行政程度	文件法律依据	县级政府发布相关文件有明确法律依据占比	B
		违法行政措施	是否有存在明显违法行政措施	A

注：A 类型为有无型；B 类型为区间型。

指标体系构建完成后，本报告选择层次分析法（AHP）对各指标进行权重设置。对突发公共卫生事件中湖南省县级政府信息公开评估的工作主要为采集数据，数据从湖南省县级政府门户网站的信息公开平台人工检索采集。结合数据制订了相应的评估指标量化标准，各项指标按照特征分 A、B 两个量化标准类型，结合实际表现从低到高按百分制打分。A 类指标"有无型"，100 分为满分，相应数据缺失的为 0 分。B 类型指标为区间型，根据其具体表现进行打分，设定 100 分为满分，70 分为及格分；数据数量少，在 70～100 区间内酌情赋分，若该项指标数据全部缺失则为 0 分。各县级政府在基础建设、及时性、全面性 3 个维度上的得分等于每个单项指标的分值之和，县级政府在政府信息公开方面的得分是以上 3 个维度按权重转换后的分值总和。政府信息公开方面占总得分的 50%。

各县级政府在高效便民以及合法行政 2 个维度上的得分等于每个单项指标的分值之和，县级政府在政府信息公开方面的得分等于以上 2 个维度按权重转换后的分值总和。政府行为方面占总得分的 50%。

两大评估指标体系，从政府信息公开、政府行为两个角度出发，紧紧围绕"法治形象"的主题，选取能直观感知政府"法治形象"的指标进行评估。两大体系均采用 AHP，有如下三个特点：

第一，法治形象指标的设置，需能够准确地反映县级政府在人民心中的法治形象，因此在对指标进行选取时，着重选取与民生息息相关、与现存法治现象相对应的指标。同时，指标从不同阶段、不同行政主体出发，使得整个体系能全面反映政府法治形象。

第二，每个体系均将法治形象指标分设为三级，层次分明，进行量化式评估。指标的细化便于数据的采集、归纳时标准的精确与统一，保证后续定量分析的客观真实。

第三，下设的指标之间根据各指标在政府法治形象中的重要性，进行了不同的权重设置，结合数据采集结果，将各项指标按特征分为"有无型"指标和"区间型"指标，使得法治形象的量化评估更具合理性。

二、湖南省县级政府突发公共卫生事件应急能力评估结果

本报告评估数据从各县级政府信息公开完成情况的表现到政策文件中具体措施的效能，多角度对湖南省各县级政府在突发公共卫生事件期间法治意识及法治形象进行了调查，并形成可视化的检索分析图表，从而总结湖南省

各县级政府在应对突发公共卫生事件工作中的工作模式和效果，并通过比较得到部分政府及其职能部门工作中的优秀经验或普遍存在的缺陷。

（一）政府信息公开评估

对县级政府信息公开网站是否发布突发公共卫生事件防控、信息公开等相关政策进行可视化分析，86%县级政府所发布的规范性文件中包含突发公共卫生事件相关的法律法规，14%的县级政府所发布的规范性文件中不包含相关法律法规和政策。在所有县级政府官网中均有专门政务窗口，76%的县级政府成立了突发公共卫生事件防控领导小组。

对突发公共卫生事件发生期间发布的文件数进行统计，各县级政府在突发公共卫生事件初期发布文件速度较快，频率较低；个别县级政府未发布突发公共卫生事件相关规范性文件。各县级政府普遍在突发公共卫生事件中期发布文件数量最多，后期发布文件内容多为复工复产与表彰文件。

其中，部分县级政府官网公布文件数较少，一些县级政府网站无法打开，站内文件数受服务器局限只能显示部分，经检索，共有 11 个县政府网站无法打开或无法检索，其余各县检索到的相关文件总数为 55453 份。

对县级政府公开体系得分进行降序排列，得分在 200 分以上的有 24 个县，得分在 150 分~200 分之间的有 34 个县，得分在 150 分以下的有 8 个县。可见，县级政府信息公开情况普遍良好，政府与群众之间沟通渠道畅通，突发公共卫生事件发生期间，文件发布能够满足群众对于应对措施及突发公共卫生事件发展情况的了解。

一些地区尚未健全应急管理机制，规范性文件未明确发布主体，政策法规的制定面亦不够完善。应急处理机制既要高效，也需准确。缺少相关规范性文件的及时公布，可能导致群众抵触，满意度较低，应急措施效率降低。对公民知情权的保障，即是对应对实施效果的保障。突发公共卫生事件作为法律上的不可抗力，往往会给社会带来不可预料的损失，容易产生法律纠纷，法规的完善可以大幅降低诉讼风险，同时有助于提升群众积极性。由政府规范性文件发布的高度统一的方案措施，在政府的领导下，团结群众力量，加大联系力度，从而保障应急机制协调有序发展，提升共同应对突发事件的能力。

（二）政府行为评估

对县级政府发布突发公共卫生事件相关文件是否有明确法律依据进行可视化分析，5%的政府所发布规范性文件包含明确法律依据，74%的政府包含明确法律依据的文件数占比在70%以上，21%的政府发布包含明确法律依据的文件数占比低于70%，所有发布的规范性文件均不存在明显违法行政措施。

对69个县的行为评估体系得分进行降序排列，得分高于70分的有46个县，接近70%。可见，突发公共卫生事件防控办法应中央要求，结合各地实际情况，各方向各时期措施积极变动，做到各行各业全面防控。各县级政府初步实现公共卫生应急处置工作的统一领导，应急指挥体系基本完善，相关职责明确，人员调配分工清晰，形成以突发公共卫生事件防控领导小组为核心、各部门积极配合的有效机制，提高了应对公共突发卫生事件的效率。

依据政府网站规范性文件，县级政府行为缺陷较为明显，政府所发布《办法》、措施等规范性文件的合法性审查仍需加强，政策、法规的制定尚不够完善。行政的依据是法律、法规，突发公共卫生事件来临时，由于法律、法规不足，难以及时有效对抗突发公共卫生事件，公共卫生法制体系不完善，对公民的权利保障缺乏底线，由于强制性法律的缺失，政府措施实施往往遇到有效却无法可依的窘境。我国在突发公共卫生事件管理体制上具有比较明显的"法律先行"特征，公共卫生事件应急法律体系是调整公共卫生紧急状态下的各种社会关系的基础，《传染病防治法》《中华人民共和国突发事件应对法》等法律是突发公共卫生事件期间政府最有力的武器，但各地区情况差距较大，紧急程度也有所区别，特殊情况下，县级政府人手也十分紧张，一项措施的发布经过起草、审查、修改和发布是否还能够保证其时效性？未经过合法性审查的、不以规范性文件形式发布的措施，其强制力如何保证？其实施能否保证起到预期的效果？不少地区在突发公共卫生事件期间采用事后立法的方式保证效率，国家立法层面则尝试将突发公共事件的应急处理渗透于法制化管理，在应急事件发生时，更需要把握程序正义与实体正义的平衡，县级政府应急管理体制尚不完善，需要在实践的过程中加以完善。

（三）实施情况

本次调研从线上检索情况、地区实质特点及影响情况三角度综合考量，一方面抽取规范性文件数量较少的常德市鼎城区人民政府及张家界市慈利县人民政府，以期通过发放问卷、调研访谈等实地调研方式，弥补线上检索过程中因政府信息公开不足导致的部分措施信息缺失。另一方面，为进一步了解益阳市安化县作为湖南省内为数不多的感染者和密切接触者的地区，采取了哪些具体措施，将安化县人民政府确定为实地调研对象。

调查问卷的设计，我们设计了15个主要问题：对疫情的关注程度？通常从哪些渠道获取疫情相关的知识及信息？受调查者从事的行业？是否因疫情防控需要报备过个人信息？政府是否及时、详细地公布了确诊病人的行踪轨迹？政府的防疫措施和信息是否及时有效地采取各种方法做到让大家知晓？当地政府在疫情期间是否坚决禁止了大规模聚集性活动？政府以及基层社区采取隔离措施的主要方法是？是否发生疫情病例？因为防疫物资是否发生过纠纷？疫情时期是否发生过堵车、封路情况？政府在疫情时期是否在社区百姓中安排值班和负责人员？疫情期间政府表现得分？政府疫情间履职表现打分？政府疫情期间依法履职表现打分？

首先是关于凤凰县调查情况，凤凰县人们对疫情非常关注度达到62%，一般关注度29%，不太关注度只有9%，居民们了解的途径有电视网络、新闻媒体、社区宣传活动、政府及相关单位通知、亲朋好友和其他。其中电视网络和新闻媒体占比最大，说明媒体等网络电子手段对于信息传播有极大的助力，提高了人们对于实时信息的关注度、信息透明度，增强公众信息知情权。

突发公共卫生事件防控报备个人信息中，大部分人报备过信息，只有少部分单位没有上报。关于政府是否及时、详细公布了确诊病人的行踪轨迹，调查中76%的居民表示公布了，2%的居民表示没有公布，还有22%的居民表示不清楚。

关于政府在突发公共卫生事件期间是否坚决禁止了大规模聚集性活动，79%的居民表示政府表现非常积极，11%的居民表示政府表现一般，4%的居民表示聚集情况依然存在，6%的居民不清楚。政府所采取的措施主要有普遍宣传、严格检查和社区封闭，只有极少的暴力手段。

其次是关于常德县调查情况，常德县人们对疫情非常关注度达到73%，一般关注度19%，不太关注度只有8%，居民们了解的途径有电视网络、新闻媒体、社区宣传活动、政府及相关单位通知、亲朋好友和其他。其中电视网络和新闻媒体占比最大。

突发公共卫生事件防控报备个人信息中，大部分人报备过信息，只有少部分单位没有上报要求。关于政府是否及时、详细公布了确诊病人的行踪轨迹的调查中，69%的居民表示公布了，8%居民表示没有公布，还有23%的居民表示不清楚。

政府在突发公共卫生事件期间是否坚决禁止了大规模聚集性活动。88%的居民表示政府表现非常积极，12%的居民表示政府表现一般，0%的居民表示聚集情况依然存在，0%的居民不清楚。政府所采取的措施主要有普遍宣传、严格检查和社区封闭。只有极少的暴力手段。所在的县、乡（镇）在突发公共卫生事件最严重时期，物资问题是否发生过纠纷的调查显示，仅15%的人表示出现过此类状况，85%的人表示没有或者不清楚。

再次是安化县调查情况，安化县人们对疫情非常关注度达到73%，一般关注度19%，不太关注度只有8%，居民们了解的途径有电视网络、新闻媒体、社区宣传活动、政府及相关单位通知、亲朋好友和其他。其中电视网络和新闻媒体占比最大。

突发公共卫生事件防控报备个人信息中，大部分人报备过信息，只有少部分单位没有上报要求。政府是否及时、详细公布了确诊病人的行踪轨迹，调查中69%的居民表示公布了，26%的居民表示没有公布，还有5%的居民表示不清楚。

政府在突发公共卫生事件期间是否坚决禁止了大规模聚集性活动。88%的居民表示政府表现非常积极，12%的居民表示政府表现一般，0%的居民表示聚集情况依然存在，0%的居民不清楚。政府所采取的措施主要有普遍宣传、严格检查和社区封闭。只有极少的暴力手段。所在的县、乡（镇）在突发公共卫生事件最严重时期，物资问题是否发生过纠纷的调查显示，仅13%的人表示出现过此类状况，87%的人表示没有或者不清楚。

最后是关于慈利县调查情况，慈利县人们对疫情非常关注度达到62%，一般关注度29%，不太关注度只有9%，居民们了解的途径有电视网络、新闻媒体、社区宣传活动、政府及相关单位通知、亲朋好友和其他。其中电视网络和新闻媒体占比最大。突发公共卫生事件防控报备个人信息中，大部分人报备过信息，只有少部分单位没有上报要求。政府是否及时、详细公布了确诊病人的行踪轨迹，调查中92%的居民表示公布了，1%的居民表示没有公布，还有7%的居民表示不清楚。

政府在突发公共卫生事件期间是否坚决禁止了大规模聚集性活动。88%的居民表示政府表现非常积极，3%的居民表示政府表现一般，9%的居民表示聚集情况依然存在，0%的居民不清楚。政府所采取的措施主要有普遍宣传、严格检查和社区封闭。只有极少的暴力手段。所在的县、乡（镇）在突发公共卫生事件最严重时期，物资问题是否发生过纠纷的调查显示，0%的人表示出现过此类状况，100%的人表示没有或者不清楚。

综上所述，群众对突发公共卫生事件关注度极高，认为政府在突发公共卫生事件期间做到了依法行政，积极采取措施。县级人民政府在隔离、物资保障等方面成绩较为突出，群众满意度较高，但对于地区内突发公共卫生事件控制情况，群众的知情权并未很好地得到保证。各县级政府会为自身的利益规避责任，或为维护社会稳定，选择不报或瞒报，导致群众获取信息不及时、不准确。

突发卫生公共事件期间，信息渠道的畅通是应急管理及时高效的一个关键因素，如果人民不能及时获取信息，极易产生恐慌和不实传闻，政府应通过媒体、网络等渠道将相关信息传达给群众，防止负面舆论导向。

物资供应与社会秩序维护管理也是考量政府工作的一个重要方面。物资供应是突发公共卫生事件防控的关键，在保障物资的同时，政府应重视法律宣传，也应依据法律严打利用突发公共卫生事件非法牟利的犯罪分子。

《中华人民共和国产品质量法》（2018 修正）、《中华人民共和国商标法》（2013 修正）、《中华人民共和国消费者权益保护法》（2013 修正）、《中华人民共和国反不正当竞争法》（2019 修正），涉及医疗领域的还有《医疗器械监督管理条例》，而在突发公共卫生事件期间，生产销售伪劣的防治、防护产品，符合《中华人民共和国刑法》第一百四十条规定的以生产、销售伪劣产品罪定罪。县级政府需要以人为本，转变政府职能，可利用媒体、公告、出台规范性文件等方式，将突发公共卫生事件防控中违法、违规的行为告知群众，减少此类案件的发生。

随着形势好转，政府针对复工复产积极落实减免政策，推动服务业经济恢复。通过市场监督管理局网站及微信公众号实现了网上业务办理模式，政策效率和收费方面提质提效，在合法的前提下做到便捷、高效，减少群众业务办理收费，所有收费在网上进行公示。

三、加强县级政府突发公共卫生事件应急管理的对策建议

（一）突发公共卫生事件信息公开方面

1. 提高信息公开时效性

个别县级政府在事件初期未发布相关规范性文件，共有 11 个县政府网站无法打开或无法检索。目前在政府信息公开时间要素的有关规定中，《中华

人民共和国传染病防治法》第十九条规定，发出传染病预警应当"及时"，并"根据情况予以公布"。《国家突发公共事件总体应急预案》规定信息发布"应当及时""在事件发生的第一时间向社会发布"。可见此类规定中并没有明确政府信息公开的时限和具体要求，仅使用"及时""根据情况""第一时间"等模糊的规定，给行政机关留下了较大的裁量空间，客观上不利于传染病类突发公共卫生事件的前期预防和预警。因此，立法方面需以确定时间要素为前提，提高突发公共卫生事件政府信息公开的及时性。例如，对于新型传染病或群体性不明原因的疾病，可以规定以"出现相同或疑似相同症状的病例数量"确定信息公开的时间。综合考虑患者发病地域关联程度、发病时间密集程度及发病行为共性等因素，在达到一定病例数量时，县级政府必须向社会公众公开相关信息。在降低立法模糊性的同时，便于县级政府依法履职。

为保证信息公开的及时性，行政规范性文件制定可以适用于简易程序，但合法性审查环节必须保留。合法性审核机构可以主动加强与政府办公室（厅）及相关部门的衔接沟通，通过提前介入、集体会审等方式，优化工作流程、压减审核时间，确保特事特办、快审快出，赢得宝贵时间。

2. 加强信息公开的完整性

调查中，14%的县级政府所发布的规范性文件中不具有相关法律法规和政策，一些地区尚未健全应急管理体制，规范性文件未明确发布主体，政策法规制定亦不够完善。由于县级政府在突发公共卫生事件中的信息公开主要是依职权公开，我们需要明确法律法规规范督促各县级政府做到全面、合法地公开信息。现存的相关立法在突发公共卫生事件政府信息公开的内容方面，规定尚不具体全面。《中华人民共和国传染病防治法》第三十八条仅规定公布传染病信息应当及时、准确，并没有明确应当公布哪些信息。《突发公共卫生事件应急条例》中对信息公开的内容要求也仅规定了"全面"，同样没有具体的范围。考虑到法律无法穷尽一切社会现象，对于突发公共卫生事件中需要公开的信息事项的规定适宜采取不完全列举式的方法，规定各县级政府在实践中根据具体情况，对于立法未明文列举的信息应当视舆情、诉求和调查情况，及时、准确、权威予以发布。

针对相关法律法规中政府信息公开的义务主体规定表述不一致的问题，可以从实现权责统一的角度进行立法方面的规定。公开义务主体应当是拥有现场处置权的机关，这样可以更好地衔接《中华人民共和国政府信息公开条例》中对制作、保存信息机关负责公开的有关要求。并根据突发公共卫生事件发生的地域范围，将有关信息限定为国家、省、市、县级政府分级发布，各级限定一个权威的发布主体，统筹做好信息公开工作，不得越级确定公开主体。

（二）突发公共卫生事件具体措施方面

如何解决突发公共卫生事件发布的时效性和规范性的冲突是政府进行行政行为的关键所在。调研发现，21%的县级政府包含明确法律依据的文件数占比低于文件总数的70%。新颁布地方性政策、法规的规定完善度不足，在不同程度上缺乏规范性文件应当具备的一般生效要件。同时，由于在突发公共卫生事件的特殊情况下县级政府投入应急处理工作的人力资源十分紧张，一方面，一项措施的出台若是经历完整的起草、审查、修改至发布的过程，则难以保证其时效性；另一方面，若为保证效率采用事后立法先斩后奏的方式，未经过合法性审查且不以规范性文件形式发布的措施，又无法保证其强制力及实施的效果。

在应急情况下，为了获得时效性与程序正当性的平衡，我们建议适当降低正当法律程序的审查标准，但降低审查标准指向的是简化流程而非无根据舍弃原有规定。正当审查标准的关键部分仍应有所体现。如在征用措施的实施程序方面，建议采用紧急程度分级制，参考《云南省突发事件应急征用与补偿办法》《杭州市应对突发事件应急征用实施办法》在规定征用申请程序的简化：紧急征用的直接实施，不再有公告程序；在特别紧急的情况下，征用决定书不能依法送达的，可以直接实施的同时，也强制规定了征用书面决定的出具，48小时内仍需补充送达；告知被征用人或单位征用目的及救济程序等，达到时效性与程序正当性、程序正义与实体正义的平衡。

在全面推进依法行政，加快法治政府建设的背景下，人民政府在突发公共卫生事件的预防、应对和管理控制中扮演着重要角色。政府应不断提高应急能力，构建并完善突发公共卫生事件预防和管理体系，根据事件发生的具体情况，及时进行政府信息公开，出台相应政府规章，保护人民生命健康安全，避免出现执法不力、制度混乱等现象。政府应更加强调依法行政，在应对突发公共卫生事件时坚持法治底线，在程序正当与行政效率中保持平衡，建设科学化、法治化的突发公共卫生事件管理体系。

参考文献

[1] 李双. 突发公共卫生事件中县级政府应急管理现状与对策研究 [D]. 湘潭：湘潭大学，2015.

[2] 雷鸣. 县级卫生监督机构突发公共卫生事件应急能力评价研究 [D]. 北京：中国劳动关系学院，2019.

[3] 周继东，马怀德，王宝金，等. 北京市依法行政考核评价指标体系研究报告 [J]. 行政法学研究，2009（1）.

[4] 韩林雪. 以第三方机制推进法治政府建设的构建与完善研究 [J]. 中国司法，2020（2）.

重大突发公共卫生
事件的应对措施研究

课题组成员：周心怡，袁晓杰，李思璇，
　　　　　　胡晓宇，任　睿
指导老师：郑燕虹

摘要： 如何应对重大突发公共卫生事件是对我国基层治理体系和能力的一次大考，也是对基层社区应急管理体系的一次大考。基于此，2020年湖南师范大学外国语学院线上调研团对"关于应对重大突发公共卫生事件的应急措施研究"这一主题进行调研，旨在找出我国基层社区应对重大突发公共卫生事件所采取的措施及其优缺点，以探究创新型的社区管理模式，完善基层社区应急管理体制及运行机制，提高基层社区在突发公共卫生事件下的应急管理水平。

关键词： 突发公共卫生事件；突出问题；应急措施

社区是中国基层治理的基本组成单位，是党与政府联系群众、服务群众的"最后一公里"。与此同时，社区是各类突发公共事件的承载体，是预防和应对公共事件的前沿阵地。在防控工作中社区防控起到的作用不可或缺、不容忽视。近年来，中国社区在以往"网格化管理模式"的基础上形成了以社区为基础的"超级网格"，党政机关工作人员"绑定性"下沉到街道，构建起超级网格的"主网"；同时与社会组织、驻区单位、物业公司建立起密切协动关系，编织起社区超级网格中的"辅网"。在此模式下，基层社区迅速采取了跟踪排查重点人群、管理确诊及密切接触者、封闭管理社区以及成立宣传队伍引导居民正确抗疫等有效措施，形成了党领导下的"全政府"社区治理机制、以全民抗疫为主线的"全社会"社区治理机制及以社区"微服务"为特色的多种联防联控的社区治理机制。因为社区是直接面向大众的第一线，掌握的实际情况比上级政府更多也更复杂，因此社区更能根据自己社区的实际情况采取有针对性的措施，同时尽力保障居民的正常生活，保持社区的秩序和稳定。

一、调查目的

总体上看，中国基层社区在重大公共卫生事件中起到了"过滤层"和"最后一层保护层"的作用，是全民防控的第一道防线，也是最为重要的一道防线。但在实际执行过程中，部分社区仍然存在治理不当的案例，包括社区居民隐瞒个人情况；社区管理方式粗暴；居民不配合社区工作等。

1. 充分了解居民需求

社区作为城市的组成细胞，是重大突发公共卫生事件的直接承受区域。社区的举措直接影响着居民的生活水平及质量。通过了解社区居民多方面的生活需求，基层社区能够在采取必要防控措施的前提下，最大限度地维持社区居民的日常生活秩序，保障社区居民的日常生活质量。

此次调研从多个方面、多个维度进行调查研究，统计分析社区管制措施及提供生活保障服务的优秀方面和欠缺之处，旨在为有效应对重大突发公共卫生事件的同时，也能够让基层社区了解并满足应急措施下社区居民的需求并为其解决困难，为保障社区居民的正常生活提供可行之路，同时提高社区的服务水平，使社区成为居民的大家。

2. 探究创新型社区管理模式

党的第十八届三中全会提出"创新社会治理体制"，要求推进社区应急管理体制机制创新，充分发挥基层组织在应急管理中的作用，提高城市社区和政府的应急管理能力。党的十九届四中全会上也提出要推动社会治理和服务重心向基层下移，把更多资源下沉到基层，更好提供精准化、精细化服务。

如何应对重大突发公共卫生事件是对我国基层治理体系和能力的一次大考，也是对基层社区应急管理体系的一次大考。由于突发公共卫生事件大多传播范围广，蔓延时间长，必须守好社区这一最基本最扎实的防线。"2020年湖南师范大学外国语学院线上调研团"以"重大突发公共卫生事件的应急措施研究"为主题进行调研，旨在分析我国基层社区应对重大突发公共卫生事件时所采取的措施及其优缺点，探究创新型的社区管理模式，完善基层社区应急管理体制及运行机制，提高基层社区在突发公共卫生事件下的应急管理水平。

二、研究方法

本次研究面向湖南、湖北、北京、广东等我国 18 个省市以及海外地区的本地社区居民开展，主要面对湖南、湖北两省。

1. 文献综述

起草报告的过程中，本团队在学术期刊网，学校网站，论文网站，中国社会保障网站等搜集相关文献和论文资料，通过对文献资料的研究，查看文献资料并掌握相关的政策法规规定以及执行中的细节等。结合所学知识通过调查研究归纳总结，从中寻找理论支撑，提出自己的观点，并将查阅到的文献资料和研究成果等进行整理、分析、归纳、总结，形成本篇报告。

2. 问卷调查法

本团队面向我国湖南、湖北、北京、广东等我国 18 个省市以及海外地区的本地社区居民进行问卷调查，主要面对湖南、湖北两省。线上采用"问卷星"系统进行发放，线下采用自填式与代填式的方法进行调查，并根据实际情况以及与被调查者交谈方式的不同，分为访问问卷调查以及电话问卷调查。在正式发放问卷前预发放问卷 150 份，并根据预发放结果对问卷内容进行调整与完善；正式发放 1320 份问卷，并根据填写情况筛选出有效样本 1284 份，并利用 SPSS 软件进行问卷分析。

3. 访谈调查法

本团队成员通过与受访人面对面地交谈来了解受访人的心理和行为，通过人与人的直接交往来搜集资料，在面对各种对象、各种语境和各种变化时，因时、因地、因人制宜地采取临时性变通手段，保证了资料搜集的成功率和可靠性。根据交谈中的具体情况和线索，调整调查内容，问及新的问题可与被访者反复交谈，深入了解某一方面的事实。同时，团队成员对搜集资料的过程进行有效控制，通过自己的行为和语言对被访者施加影响，有意识地控制整个访谈过程的进行，以保证资料搜集的可靠性和有效性。

三、问卷设计

（一）设计原则

1. 逻辑性原则

本问卷的问题排列具有一定的逻辑顺序，符合应答者的思维程序，根据先易后难、先简后繁、先具体后抽象的原则进行问题设置，确保问卷设计的整体感与问题之间的逻辑关联，使调查人员顺利发问、方便记录，并确保所取得的信息资料正确无误。

2. 有效性原则

问卷设计的有效性不仅基于样本数据的多少，还在于单份问卷的有效性。因此，在设计问卷时，本团队站在被调查者的立场上，设身处地地为他们考虑，并注重个体差异，从年龄、职业、教育背景、生活方式等多个方面考虑不同层次被调查者的情况。

3. 目的性原则

为了能设计出符合调研主题、满足预测需要、提供准确信息的问卷，在调查问卷设计过程中必须遵循目的性原则。问卷的设计人员需要对调研项目的主题有透彻的了解，清晰明确地知道需要获取的目标信息，这样才能拟出可从被调查者那里得到最多资料的问题，做到不遗漏一个问句以致需要的信息资料残缺不全，也不设置多余的问题来取得不需要的信息资料，加大后期问卷分析难度。

（二）问卷分析

本次调查过程中对 12 位来自湖北、上海、辽宁、新疆等地区的社区居民进行访谈，调查其所在社区所采取的应急措施以及受访者对于该社区所采取措施的看法及态度。同时，在访谈调查中本团队重点在于调查"关于应对重大突发公共卫生事件的应急措施研究"的主观性问题，使问卷调查与访谈调查的结果形成互补的关系，保证了调查结果的有效性与全面性。

受访者居住地在湖南地区最多，507 人，占比 39.5%；湖北有 164 人，占比 12.8%。受访者年龄 20 ~ 40 岁之间人数最多，为 630 人，占比 49.1%；20 岁以下有 388 人，占比 30.2%；40 ~ 50 岁有 246 人，占比 19.2%；50 岁以上有 20 人，占比 1.6%。受访者职业最多的是学生，有 619 人，占比 48.2%；其他职业 504 人，占比 39.3%；社区工作者有 65 人，占比 5.1%；政府机关人员 57 人，占比 4.4%；医护人员 39 人，占比 3%。

疫情期间受访者居住地在湖南地区最多，507 人，占比 39.5%；湖北有 164 人，占比 12.8%。本次疫情受访者多在疫情爆发地，其他地区受访者较少。

在社区是否向您普及了"勤洗手、多消毒"等卫生小常识的问题中，受访者选择是的有 1252 人，占比 97.5%；选择没有或完全不记得的有 32 人，占比 2.5%。受访者进出社区时需要进行信息登记中选择是的，每次都要的有 1022 人，占比 79.6%；有时需要的有 155 人，占比 12.1%；不需要的有 95 人，占比 7.4%；有监察人员时需要的有 12 人，占比 0.9%。在社区是否有给受访者发过卫生物资的问题中，选择没有的有 765 人，占比 59.6%；选择有且充分满足个人基本需求的有 304 人，占比 23.7%；选择有但不够满足个人基本需求的有 215 人，占比 16.7%。

四、重大突发公共卫生事件应对面临的主要问题

1. 社区面临的主要问题

（1）社区人员队伍建设需提高

由于各省市级别不同，各社区的规模也有所差别。除去北京天通苑、贵阳花果园这种超级社区，中国社区的普遍规模在 1000~5000 户居民。而通常社区的工作人员通常保持在 10~20 名之间，有的社区甚至更少。所以平均一位社区管理人员要负责 100 户居民的工作，工作任务繁重，甚至还经常出现一人身兼数职的情况，导致社区工作人员精力分散，难以提高服务水平。

此外，由于我国的社区工作人员大多采用聘用制，专业人才缺乏，社区工作人员普遍学历不高，年纪较大，没有经过专业培训，缺乏专业卫生知识与法治精神，部分社区存在工作人员管理方式过于简单粗暴，采取"一刀切"锁门、堵通道甚至暴力管控的情况，置基本的法治精神于不顾，严重损伤了居民和社区之间的关系。

（2）社区可支配资源单一

基层社区的经费主要是由上层政府统一从财政里拨发，经费较为有限。除了应对社区的基本开支之外，很少有多余的经费来应对突发事件。除了经费的缺少，社区可调配的资源也极其有限，与社会组织的联动性较弱，大部分资源都依赖于政府的分配。在"社区是否有给受访者发过口罩等卫生物资"这一问题中，选则没有的有 765 人，占比 59.6%；选择有且充分满足个人基本需求的仅有 304 人，占比 23.7%；选择有但不够满足个人基本需求的有 215 人，占比 16.7%。社区经费有限，使得工作人员在工作过程中缺少必要的卫生工具如口罩、防护服等，无法保障社区工作人员以及居民的安全，不利于有效控制。

且目前中国的社区管理主要是依靠每个小区的物业公司和社区的配合，

平常物业公司的服务范围也主要是小区内公共设施和环境的管理。而在事件突发时，部分物业公司无法完全承担防控工作，另外存在部分老旧社区，没有围墙和物业管理，人员流动性过大，社区管理与防控难度加大。

（3）管理风格形式化

社区作为基层组织，是国家治理的"最后一公里"。政府下达的精神经过层层传递到达基层社区的过程中，一些管理人员不落实自己的职责，对基层社区的管理浮于表面，仅仅流于形式，停留在纸质文件上。在防控期间最让社区工作人员头疼的不是挨家挨户的工作，而是统计、填写、上报"三板斧"，且大部分数据反复填报，烦琐的文件工作不仅给基层社区工作人员带来压力，也会影响数据的真实性和有效性，影响政府根据真实情况制定政策的效果。而一线工作人员反映的问题，又因为自下而上的信息传递系统狭窄和个别基层干部的瞒报漏报，导致许多真正的问题无法及时解决，或者根本未得到解决。

根据问卷调查，受访者进出社区时需要进行个人情况登记中选择每次都要的占比79.6%；有时需要的占比12.1%；不需要的占比7.4%；有监察人员时需要的占比0.9%。仍有0.9%的社区在监察人员到访社区时才会进行登记，中国的社区基数大，一个社区的防控不到位就有可能导致事件反弹或二次爆发。

（4）缺少预防及应对突发公共卫生事件的完整机制

社区作为防控的底线，也是第一条线，具有非常重要的责任和义务。社区在第一时间组织社区居民采取正确行动，能有效减轻突发公共卫生事件的影响。但是我国突发公共卫生事件的社区管理起步较晚，目前除了北京、上海等一线城市的部分社区有制订应对突发公共事件的预案，其他城市社区的应急管理方案仍较为宏观，缺乏针对性和可操作性。一旦发生重大突发公共卫生事件，基层社区没有相关的防控机制或者应急预案做参考，无法采取有效措施。基层医疗卫生机构也未能充分发挥在突发公共卫生事件中的早期干预、病例筛查的分级诊疗作用，将会错过防控的黄金时期，不利于后期的继续防控。

（5）社区宣传不到位

根据我们的调查数据显示，在"社区是否公布过社区内（疑似）病原体携带居民的动向或所住楼栋"这一问题中，有57.9%的受访者选择没有或不记得；有42.1%的受访者选择肯定答案。由此可见，社区并没有做到完全的信息公开透明，让每位居民都了解本社区感染人员的动向，无形之间增加了居民外出感染的风险。部分社区对重大公共卫生事件的严重性和防控措施宣传不到位，不利于群众防控意识和自我保护能力的提高和群防群治的良好社会氛围的形成。

2. 社区居民面临的主要问题

（1）部分居民防范意识薄弱

部分居民防范意识薄弱，抱有侥幸心理，对突发公共卫生事件不以为然，隐瞒个人情况，不配合社区的防控检查及出行要求。

（2）居民自治能力未释放

社区自治最重要的主体就是居民，没有居民的参与何来社区自治？在防控工作中，大多是由社区居委会包办一切，居民的参与度不高，自我管理、自我服务的意识偏弱。在社区内部，大多数居民对自治内容不清楚，社区服务平台不完善，社区组织化程度较低，居民即使有意见或者建议也找不到渠道反馈，这些都影响到居民自治能力的释放。

五、重大突发公共卫生事件应对的对策建议

我国社区应对措施和公共卫生体系中主要存在的问题是社区人员队伍建设有待提高，社区管理形式主义比较严重，且社区在应对公共卫生事件的反应中缺乏机动性。长此以往，相关部门和工作人员在紧急公共卫生事件中表现不佳，让民众对公共卫生体系也逐渐失去信心，对防疫工作不理解、不配合。

1. 加强社区人员建设

首先确保社区工作人员的数量。在以往的事件防控中大多数社区将繁重的工作分担到几个特定工作人员身上，导致其疲惫不堪。因此为了更好地提高社区的服务水平和服务质量，应增加社区工作人员的数量，通过提高社区基层工作人员待遇、子女社区入学优先等相关优惠政策，吸引更多人加入到社区治理的队伍中。

其次是要注重社区人员的素质和专业能力的提高。在招聘新的社区工作人员时，进行公开考试，并择优录取。组建一支具有专业知识、过硬本领的社区专业管理人才。对年纪较大的社区工作人员，一方面要组织他们向年轻管理人员传授社区相关经验，一方面也要对他们进行培训，提高他们的素质，

增强他们的专业管理能力和法治意识。

2. 建立常设的社区应急队伍

健全的社区应急队伍应当包括社区应急管理领导小组、社区应急物资管理小组、社区应急医疗和救援队伍、社区应急志愿者队伍和社区应急措施专家小组等。健全的社区应急队伍是社区在紧急公共卫生事件来临时及时采取应急措施的前提和组织力量。

社区应急管理领导小组应该包含来自社区、居委会、业主委员会和物业等各个社区主体的领导力量。社区应急管理领导小组不仅仅只是领导机构，还应该是沟通交流机构，整合各方意见，上传居民建议，下达上级应急指挥系统的相关指导意见。作为公共卫生事件应急机制中重要的一环和搭建应急管理"超级网格"的枢纽，制订社区应急防控预案，对突发事件进行监测和预警，组织演练演习，凝聚民众力量。

社区应急物资管理小组应当由专业的后勤人员组成，负责统计社区进行重大公共卫生事件防控所需的物资数量，统一分配资金进行采购，组织发放和使用。应急物资管理小组所负责的物资不仅仅只有口罩、酒精、消毒剂等防控所需的医疗物资，还应该包括社区统一居家隔离期间所必需的食品、日用品等生活物资，要保证每家每户都能得到合理、平均的物资分配，把重大公共卫生事件对居民正常生活的影响降低到最小。

社区应急医疗和救援队伍应当由社区诊所的专业医护人员组成，有条件的社区可聘请三甲医院专家教授担任医学顾问。在紧急公共卫生事件或其他医疗事件发生时，医疗队伍和救援队伍应当及时赶到，进行医学援助和救援。

社区应急志愿者队伍是为了保证在紧急事件发生时，有足够的人手和民众力量协助社区、居委会、业委会完成应急预案，保证居民生活正常运转。

社区应急措施专家小组是社区制订应急预案的智库，可以从人员安排等方面提出专业建议；同时也是紧急公共卫生事件发生时的坐镇指挥，保证在紧急事件面前，社区的相关安排可以做到乱中有序。

社区的治理能力和水平直接关乎重大公共卫生事件防控的成效和公众的获得感、幸福感、安全感。由此可见，建立完整的应急预案和高效有序的应急救援队伍是非常有必要的。建立起社区防疫的"超级网格"，不仅有利于将国家、政府的防疫政策和措施快速铺开，更有利于团结社区民众，在紧急公共卫生事件面前搭起坚固的防御墙，保护人民群众的生命健康安全。

3. 建立健全监测和预警体系

健全网络直报、舆情监测、医疗卫生人员报告、科研发现报告等多渠道重大公共卫生事件监测上报和快速反应体系可有效阻碍其蔓延，避免传统层层上报的方式导致的滞后性，也保证了消息发布的准确性，避免瞒报、谎报等影响数据真实性的行为的发生。

4. 提高居民对紧急事件的认知

在互联网高度发达的今天，小区、楼栋早已建立起了微信群、QQ 群，社区事务早就不再需要居民亲自跑到物业管理处去办理，缴费、门禁、信息登记，手机 App、小程序一键解决问题。

部分社区已经开发了定制 App，也建立了自己的微信公众号或微信小程序。社区可以利用好这些平台，大力开展宣传工作，让居民从心理上重视突发卫生事件，从行动上逐步提高应对突发卫生事件的能力。比如，烫伤后应该如何处理、发现传染病该如何做好自身防护、该通过何种渠道向社区上报疑似传染病例等。久而久之，在耳濡目染中居民的安全意识和应急处理能力都能得到提高，在重大突发公共卫生事件时也能够更好地配合社区做好防疫工作。

参考文献

[1] 易外庚，方芳，程秀敏. 重大疫情防控中社区治理有效性观察与思考 [J]. 江西社会科学，2020（3）.

[2] 王聪悦. 美国公共卫生治理、沿革、经验与困境 [J]. 当代世界，2020（4）.

[3] 冯悦. 中美"信息疫情"治理模式比较 [N]. 国际商报，2020 – 06 – 30（004）.

[4] 涂启亮，张泰山. 基层社区在新冠肺炎疫情防控中的功能探析——以湖北省 X 县 Q镇城区社区为例 [J]. 湖北师范大学学报（哲学社会科学版），2020，40（3）.

[5] 姚雪. 社区管理在突发公共卫生事件中作用问题研究 [J]. 大庆社会科学，2020（4）.

[6] 闫文捷，张军芳，朱烨枢. "高选择媒体环境"下的媒介素养及其社会影响——基于新冠疫情期间中国城市居民的问卷调查 [J]. 新闻与写作，2020（8）.

脱贫攻坚与乡村振兴
有效衔接的调查研究

课题组成员：曾　妍，杨树明，罗利源，

肖　琳，罗敏萱

指导老师：王　云

摘要： 2018 年，武冈市实现全市整体脱贫摘帽。在此基础上，近年来武冈市坚持将脱贫攻坚与乡村振兴结合起来通盘谋划，以发展的理念解决区域贫困问题，夯实乡村振兴的物质基础，在脱贫攻坚的基础上探索乡村振兴之路，具有代表性与研究价值。本调研团队对该市进行了实地调研，此次调研以武冈市四个典型村庄为典型展开调研，通过对武冈市调查研究，探寻其在衔接过程中取得的成效、存在的问题并提出具有价值的可行性建议，同时可为其他谋求可持续发展的乡村提供借鉴。

关键词： 脱贫攻坚；乡村振兴；衔接路径

自 2020 年 7 月启动以来，本文作者对武冈市脱贫攻坚与乡村振兴衔接路径的探析情况进行了集中推进式的调研。在此过程中运用了文献研究法、问卷调查法、访谈调查法等方法对当地实际情况进行了较为细致的调研工作，以确保研究结论的科学性、严谨性、可行性、全面性及完整性。通过对武冈市典型村庄的研究，探寻其在衔接过程中取得的成效、存在的问题并提出具有价值的可行性建议，同时可为其他谋求可持续发展的乡村提供借鉴。

一、研究思路

（一）研究背景

武冈是武陵山集中连片贫困地区的县级市，2014 年全市贫困发生率达 12.7%。为打赢脱贫攻坚战，武冈积极探索构建全域乡村振兴新格局。据悉，湖南省武冈市 2015 年实现 1.5 万贫困人口脱贫，2016 年实现 13 个贫困村摘帽、1.8 万贫困人口脱贫，2017 年实现 72 个贫困村 20 万贫困人口脱贫，2018 年整体脱贫摘帽，89664 名贫困人口脱贫，贫困发生率降至 0.37%。

2018 年，该市农村居民人均可支配收入达到 12130 元，比 2014 年增长 59.69%，增幅高于全国、全省平均水平，脱贫工作卓有成效。

武冈在实现脱贫摘帽后，在巩固脱贫攻坚现有成果的基础上开始探索乡村振兴之路。2019 年，武冈市委、市政府制定出台了《武冈市乡村振兴战略规划（2018—2022 年）》，巩固提升脱贫攻坚成果，大力推进实施乡村振兴战略。据统计，截至 2019 年年底，武冈市共拥有 526 家农民专业合作社，342 家农产品加工企业，其中包括 5 家省级、27 家市级农业产业化龙头产业。与此同时，武冈市积极推进美丽乡村建设，建成省级美丽乡村示范村 3 个，邵阳级美丽乡村示范村 5 个。

（二）技术路线

为保证本次社会实践体现大学生暑期实践特色的同时兼顾理论高度，本调研团队综合考量决定，本次实践活动采取"理论＋实践""理论先行"的原则，并在此基础上制订基础路线。

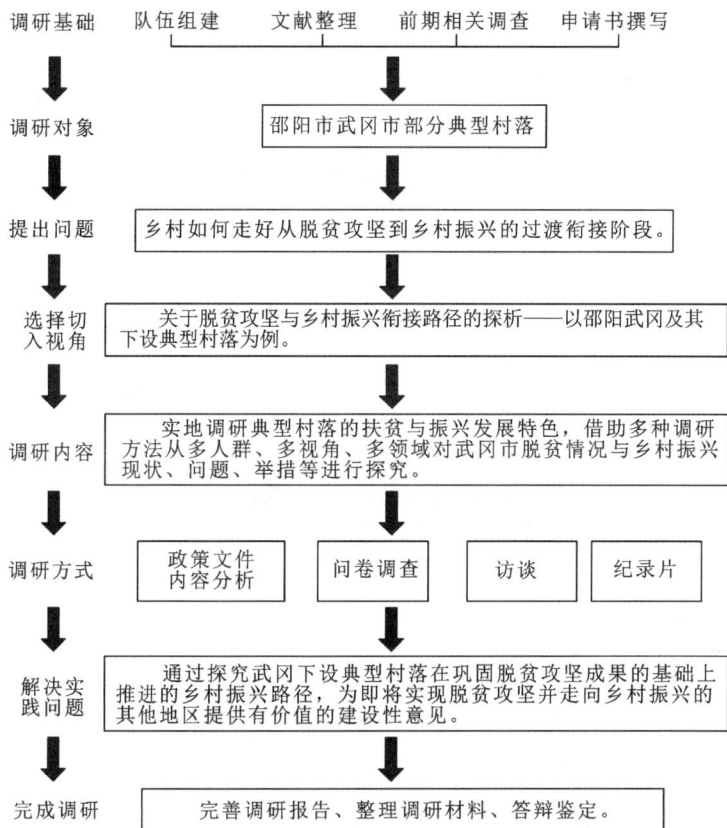

图 1　暑期调研技术路线

二、调查数据及分析

（一）调查数据

本次问卷调查在武冈市立新村、五星村和雅槎村展开，问卷主要以入户调查的形式发放，共发放 102 份，回收有效问卷 98 份。由于调研村镇人口空心化较严重，本次调查对象主要为青少年和中老年人群，学历多为本科以下。具体调查结果如下：

表 1 您听说过"脱贫攻坚"和"乡村振兴战略"吗？

选项	回复情况
都听说过	7
没听说过	20
只听说过脱贫攻坚	71
只听说过乡村振兴	0

表 2 随着乡村建设的进行，您的家庭年收入发生了什么变化？

选项	回复情况
增加	53
减少	5
基本不变	40

表 3 您家近几年主要的经济收入来源于？（多选）

选项	回复情况
务农	38
当地（村、镇、县）企业职工	9
外出务工	56
个体经营	10
其他	3

表4 您觉得当地的扶贫产业发展得怎么样?

选项	回复情况
非常迅猛	58
比较快速	22
发展一般	10
发展缓慢	8

表5 您觉得近年来当地年轻人是否愿意返乡创业?

选项	回复情况
愿意	3
不愿意	95

表6 您认为乡村变化主要体现在哪些方面?(多选)

选项	回复情况
产业结构	4
经济发展	27
生活水平	48
医保和社保制度	62
土地面积	2
其他	22

表7 您对村里生态环境现状是否感到满意?

选项	回复情况
满意	29
一般	56
不满意	13

表8　平时，您在村中主要的文化娱乐活动有哪些？（多选）

选项	回复情况
看电影、电视	93
读书看报	25
听广播	31
上网	39
看戏、文艺演出	17
跳广场舞等健身活动	36
下棋、打牌、打麻将	23
其他	13

表9　您认为村里在基础设施建设方面采取了哪些措施？（多选）

选项	回复情况
建设乡镇文化活动中心	65
建设乡镇医疗卫生机构	97
安装健身活动器材	83
定期举办文化艺术活动	51
其他	22

表10　您对当地村委会、村党委组织在民意收集、政务公开等方面的工作是否满意？

选项	回复情况
满意	18
一般	67
不满意	13

表11　您觉得您现在的生活幸福吗？

选项	回复情况
幸福	28
一般	61
不幸福	9

(二) 数据分析

以上调查数据能比较直观地反映出以下问题：

1. 近年来，鉴于"脱贫攻坚"成为了政府的工作重点之一，在基层也被反复提及，因此处于脱贫攻坚进程的贫困村民对脱贫攻坚的认知程度相对较深。相较于脱贫攻坚，乡村振兴处于脱贫攻坚顺利实现后的又一阶段，对于尚未经历或正在经历乡村振兴初期阶段的村民而言，乡村振兴仍是一个相对模糊、陌生的概念，百姓对乡村振兴的认知程度尚待加深。

2. 自脱贫攻坚顺利推进以来，武冈市部分村落在产业发展上取得一定成果，民生有所改善，在经济层面上为村民增加经济收入、改善生活质量带来了良性发展机会。但由于乡村企业数目有限，产业结构较为单一，在一定程度上限制了农村经济的内生动力，因而导致乡村产业吸引力有限，难以留住年轻人才，使得乡村在实现振兴的进程中面临人才流失、智力扶持欠缺的难题。

3. 在脱贫攻坚战中，武冈市农村地区"四大建设"取得显著成效，基础设施建设、生态环境建设、精神文明建设、基层党政建设等方面出现了"动作大""找题准""用药稳"等特点，在基层治理及乡村治理的现代化进程中找到了新的发展动向与机会。但由于部分村落基础差、底子薄，脱贫攻坚与乡村振兴的建设成果显著性差，尚未满足大多数当地村民的多方面要求，群众满意度不高。

4. 经问卷数据统计，调研的部分乡村贫富差距问题依旧突出，不同群体间的协调与平衡工作缺位问题明显。贫困户和非贫困户，尤其是对略超出贫困标准的非贫困户协调工作的力度不足，这导致部分村民存在不满情绪，对脱贫攻坚与乡村振兴的衔接阶段参与度不够、积极性不高。

三、主要做法及成效

武冈是怎样做到在衔接阶段稳扎稳打？武冈经验与武冈模式究竟是什么？通过对武冈市在此衔接阶段各种举措的探究与调研，我们归纳出其中值得总结并加以推广的若干宝贵经验。

(一)"千斤重担万人挑"：将扶贫责任具体落实到每名干部身上

长期以来，政府对乡村"脱贫攻坚"与"乡村振兴"的助力作用出现了向基层"延伸"的趋势，扶贫干部成为了脱贫一线的主力军，"上面千条线，底下一根针"的局面已经形成。

2018年，武冈市共派出驻村工作队301个、帮扶责任人6485名，以扶贫领域作风问题专项治理为抓手，务实开展春季大走访、夏季大比武、秋季大攻势和"抓增收、补短板、提质量""三防一提"问题清零、"三查一听"专项检查等专题活动。聚焦"一超过、两不愁、三保障"，着力打好"组合拳"。

（二）"磨刀不误砍柴工"：扶贫脱贫的基础性工作具体化、实际化

扶贫工作组已经逐步成为了脱贫攻坚与乡村振兴的中坚力量与重要角色，在扶贫进程中发挥着重要的作用。以雅槎村、立新村等为代表的各个村庄均已配备长期驻扎当地的驻村工作队，始终聚焦于"班子建设、产业发展、乡风建设"的核心目标，务实担当、真抓实干、创新扶贫服务体系，形成了具有互动性的双向扶贫运行机制。扶贫工作组深入走访负责村落，结合村民反映的突出问题、重点难题进行核实与探讨。通过党员、组长、群众代表会的"三方互动"广泛听取意见，透彻剖析焦点问题，并结合实际情况因户施策，对全村贫困户建档立卡，上门调查致贫原因。针对"基础设施较落后""产业发展遇瓶颈""红白喜事互攀比""环境卫生脏乱差"等难题，积极寻求解决办法，通过文艺汇演节目互动、村组院落座谈等方式宣讲党的政策及村民文明规范，提升村民精神文明建设水平以及对相关政策的认知高度与理解程度。鉴于当地基础设施建设欠缺问题，第一扶贫书记与村支两委成员积极向上级部门申请项目、力争资金，凭借"群众一条心，上下齐发力"的工作模式完成了易地扶贫搬迁、村文化广场建设、村组道路硬化、新建机耕道、山塘水井整修、高标准农田建设、村道窄改宽、扶贫车间、银行代办点入驻以及儿童留守中心等基础设施项目建设。

聚焦"两个基本完善"，大力推进农村人安饮水巩固提升、电网提质改造、自然村通水泥路和村公共服务等基础设施建设。近年来，投入6.8亿元完成易地搬迁3191户10801人，投入3.16亿元完成危房改造12321户，投入5.6亿元完成163所城乡薄弱学校改造，投入1.05亿元实现299个村标准化卫生室全覆盖。2018年高质量退出贫困人口2.3万人以上，贫困发生率降至1%以内。

通过对民生实事的具体化、实际化改良，打通了服务群众的"最后一公

里"，为精准扶贫到乡村振兴的顺利过渡打下坚实基础。

（三）"授人以渔促就业"：政策落实全覆盖，社会保障强有力

授人以鱼不如授人以渔，扶贫不仅仅是单向的资金输入以提供经济支持，更需要以就业为主动抓手，促进就业以实现经济收入的增长。据统计，2019年武冈市城镇新增就业 4428 人，新增农村转移就业 5636 人，城镇登记失业率控制在 4% 以内。深入实施全民参保登记计划，"两险"覆盖人数和基金规模实现同步增长。城乡居民医疗保险保障有力，全年给付各类补偿资金 4.76亿元。积极推行农民工工资支付保证金制度，协调处理投诉案件 62 起，追回农民工工资 370 万元，并通过调高城乡低保、特困供养等社会救助标准，及时足额发放各类救助资金 1.16 亿元。

鉴于就业岗位有限，村民的就业渠道受到很大的局限性，对此，相关部门对大甸镇立新村、司马冲镇五星村等村庄"就业难""无业可就""无力脱贫"的村民采取了低保兜底保障，对建档立卡以外的村户实行临时救助措施，确保其家庭"一超过、两不愁、三保障"。切实解决民生问题。

（四）"打铁还需自身硬"：立足当地特色，激发村庄内生动力

2018 年，武冈市产业扶贫落地初见成效，年内发放自主产业奖扶资金 1339.01 万元，投入蔬菜、中药材、铜鹅、生猪等重点产业扶贫资金 1320 万元，建成"一村一龙头，带一贫困群体"项目 101 个，覆盖村落百余个，累计完成扶贫小额信贷 18856.9 万元，光伏发电、温室养殖分别实现收益 1700万元、700 万元，形成了"大的产业顶天立地、小的产业铺天盖地"的产业扶贫格局。

各村庄按照市委、市政府农业产业发展规划，紧紧瞄准贫困村贫困人口，深入实施产业化扶贫。以特色农业产业开发为主线：立新村充分发挥其自身优势，积极探索"公司＋基地＋农户"和"专业合作社＋农户"模式，大力发展甜茶、油茶、罗汉果、吴茱萸等种植产业。2019 年，开始百果园规划，并已正式投入建设，预计 2021 年开始产生效益回报。五星村广泛征求群众意见，因地制宜、具体指导，围绕当地特色开展铜鹅养殖。雅槎村通过与合作社"抱团"谋求发展，并注册成立"雅槎"品牌。该村以黄桃、稻花鱼为代表的农副产品以"特"为媒、网络搭台，吸引各地游客前来采摘购买，同时还创建"雅槎扶贫车间"，实现了村民赚钱顾家两不误。

（五）"文明先富斩穷根"：巩固脱贫成果、迈向乡村振兴是当务之急

2019 年，武冈市坚持农业农村优先发展，乡村振兴迈进新步伐。完成投资 1.5 亿元，建成高标准农田 10.54 万亩。城乡供水一体化 PPP 项目完成投资 3.1 亿元，东风、高原、孔家团和三水厂扩建顺利实施，巩固提升 72.4 万人饮水安全。所有行政村实现通班车、有网络、改电网。标准化村卫生室、村综合服务平台、农家书屋、"一村一辅警""村村响"等基层公共服务水平得到提升。完成东风水库淹没村电力秩序整顿。建成湾头桥、龙溪、荆竹、邓家铺、水西门等中心敬老院 5 所。创新推行"民事民议、民事民决、民事民办、民事民评"四民工作法，城乡社区治理和服务试点实验取得阶段性成果。

同年，武冈市乡村经济蓬勃发展。完成粮食播种面积 111 万亩、总产量 48.1 万吨。现代制种产业园即将建成开园，成功承办全省全程机械化制种现场会，是全国第四批率先基本实现主要农作物生产全程机械化示范县。温室养殖、大北农、家家康等现代农业产业项目顺利推进，农民专业合作社、农产品加工企业分别发展到 526 家、342 家，其中省、市龙头企业分别达到 5 家、27 家。建成扶贫车间 107 家，6993 人实现家门口就业致富。荆竹久久旺、马坪新时代生态园等 11 个集养生休闲、农事体验、观光旅游于一体的休闲示范基地投入运营。"互联网＋农业"取得实效，成功实施全国电子商务进农村综合示范县项目，年内实现电子商务网络销售额 20.08 亿元，其中网销农产品 2.25 亿元。

与此同时，武冈市乡村环境得到持续改善。深入开展"十村示范、百村整治"行动，"六治一提"工作成效显著。开工建设农村垃圾中转站 8 座，实现乡镇垃圾清运市场化全覆盖；清理河道"四乱"162 处，完成 55 条 5 公里以上河段"一河一策"编制；畜禽粪污资源化利用率达 75.6%，农村生活污水处理率稳步提升；拆除"空心房"2793 座，复垦 1250 亩；完成农村户用卫生厕所改造 5034 户；打造人居环境示范村 30 个、整治重点村 150 个。大甸、晏田等乡镇马路市场集中整治取得实效。湾头桥、邓元泰、水西门、辕门口、迎春亭等 5 个美丽乡村示范镇，以及司马冲杨梅村、邓家铺扶峰村等 37 个美丽乡村示范村建设顺利推进，完成荷塘、古山、浪石、里仁 4 个特色小镇的规划编制。"绿盾行动"整治问题 7 个，"四边五年"绿色行动造林及抚育 19 万亩，建成秀美村庄 56 个。

四、存在问题

（一）方案内部相冲突，特惠性与普惠性方案矛盾频发

脱贫攻坚方案更加强调帮扶对象的特惠性、精准性，而乡村振兴的规划取向则更加重视普惠性。在当前脱贫攻坚和乡村振兴衔接过程中，部分村庄的发展规划依旧以精准扶贫为主，尚未脱离目标人群特定化的局限，普惠人群尚未扩展到全体村民，普惠性举措亟待完善，导致部分非贫困户尤其是临界贫困户的不满情绪与低参与度，甚至导致被边缘化临界贫困户成为新的贫困人口，与非贫困户争取各类政策优惠与方案优惠。

（二）人才短缺，解决民生问题迫在眉睫

人才振兴是乡村振兴五大建设中十分重要的一环。近年来，随着政策倾斜和乡村产业建设发展，武冈市农村经济水平和人民生活质量已得到明显提升，但对人才的吸引力依旧不足，年轻人才"引不进、留不住"的问题较为显著。其中，武冈市司马冲镇五星村全村一千四百余人，约三分之一的人口更倾向于外出务工，剩余人口多为老人、妇女和儿童。除五星村外，本组进行调研的雅橙村、立新村等均出现了类似问题。鉴于年轻人口的大量流失，"老龄人口空巢化""低龄儿童留守化"等社会民生问题显而易见。从内在因素来看，年轻劳动力的缺失势必也会对乡村产业转型升级与企业发展产生一定的负面影响，由于农村可用劳动力不足、人才持续性流失，部分企业投资建厂意愿受限，乡村经济振兴受到阻碍，乡村振兴规划陷入窘境。从外在因素看，政策倾斜程度有限、大城市开展"人才争夺战"等因素加剧了贫困地区人才落地难问题的严峻性。对武冈市部分农村而言，如何持续引进外来人才、留住本地人才助力乡村振兴的发展是一个棘手但需直面的问题。

（三）产业发展环境受阻，经济"痼疾"积重难返

自脱贫攻坚战打响以来，武冈市下属各乡村纷纷发力，重点发展本村产业，并且试图通过以产业建设为抓手改善村民生活质量，进而提升乡村经济发展水平。本组调研的五星村、立新村以及雅槎村等因地制宜，分别凭借铜鹅养殖产业和吴茱萸、甜茶等一系列种植产业、黄桃种植、稻田鱼养殖等多模式产业带动脱贫。在脱贫攻坚工作完成后，该原有产业完成了从脱贫攻坚推手到乡村振兴助推剂的角色转变，并在原有基础上计划扩大产业规模。然

而，在此过程中也面临着诸多问题。武冈市位于湖南省邵阳市，相较于市场前景广阔的城市而言，其偏僻的地理位置所引发的市场受限的问题是持续存在的。正如 2020 年武冈市人民政府报告中指出："我市经济社会发展不平衡不充分的问题还很突出：县域经济总量不大，结构不合理，二产占比明显偏低，传统增长动力较弱，新的动能培育缓慢，稳增长、促转型、抓改革任务仍然艰巨繁重。"这些由于经济环境所带来的后续问题会在一定程度上对乡村实体产业的转型升级造成阻力，如何优化产业发展环境，合理规划产业发展方向仍是一个紧急且需慎重的问题。

（四）媒体带货成新潮，媒介融合简单相加

媒体资源的有效整合与合理利用对产品销售、品牌构建的作用不容忽视。在实现乡村经济振兴规划中，如何合理有效地利用多种媒体资源宣传产品形象、开辟新媒体营销平台销售产品成为了部分乡村寻找致富路径需要直面的命题。现如今，武冈市与湖南师范大学新闻与传播学院开展合作，派遣相关人员参与建设县级融媒体中心研修班，建立了县级融媒体中心，依靠媒体平台与乡村振兴有机结合，从政治、经济、文化、生态等多方面发力助力乡村发展。本调研团队在走访中了解到，由于融媒体人才的缺位与整体规划的不足，当地现行的媒体融合更多的是依靠广播、电视等传统媒体，辅以公众号、微博等新媒体来呈现内容，但这仅仅是传播媒体或传播形式的简单化"1 + n"模式，并没有起到媒体融合的实效。现阶段整体效果不明显，媒体融合程度尚待强化，新型融媒体推广发展路线任重道远，因而对相关农副产品的宣传方式受到一定程度的限制。如何建设好融媒体平台，实现合理有效的媒体融合成为了构建乡村产业产品形象过程中一个紧迫的问题。

（五）市场现有容量狭小，产品销售渠道单一

在此次调研中本组成员发现，村内产业的产品销售渠道比较单一，多为自产自销的经营模式。企业经营"小农观念"较重，对现有市场与潜在市场容量的挖掘呈现出"深度浅""观念差""意愿弱"的特点，且产品品牌建设度不高，知名品牌数量有限，影响力需要进一步扩大。同时，产品的宣传销售方式单一化问题明显，传统的对点销售方式依旧占据"半壁江山"。在此基础上开始进军电商平台，尝试相关平台建设与运营操作，开启线上销售的初级阶段，由于部分村庄产业结构依旧以农业为主，农产品的及时销售关乎农户经济收入。因此，除了可对点销售至生物公司的吴茱萸、甜茶等农特产

品外，普通农产品的销售仍然需要扩大市场，增大影响力，拓宽销售渠道。

五、解决措施

（一）改善人才吸纳机制，扶贫扶智相结合

为在吸引人才方面形成一定的优势，必要情况下要依托国家人才吸纳政策，在住房、户口、优惠政策、奖励机制上给予相关人员一定的福利，在一系列优惠政策的支持下留住本地人才与年轻劳动力才会有更大的可能性，引进外来专业人员才有一定的利好优势。其次，从已成功的经验来看，受惠于当地教育的五星村乡贤代表外出打拼成功后回乡建设道路、立新村成功人士助力本地产业发展，大力发展本地教育以吸引人才回乡建设是解决相关问题的一大途径。通过吸纳本地人才、资金回乡，大力推动乡村基础设施建设、产业建设，为实现乡村振兴的顺利过渡提供基础。同时，要提高本地人民的普遍素质与文化教育程度，积极开展文化建设活动，提高精神文明建设程度，扶贫扶智相结合，精神文明建设与经济建设并驾齐驱。

（二）产品销售拓渠道，线上线下相协调

产品销售是产业发展的一个指标，传统的销售模式固然有迹可循，但近年来，实体红利被线上销售平台挤压。一味地局限于传统销售模式在一定程度上会错失电商快速发展的红利，搭建网络销售渠道、开展线上销售对武冈市部分农村地区而言是一条有效致富的途径。

全国经济或多或少地受到疫情影响而出现下行趋势，武冈市农村地区的农产品的销售也不例外。在此局势下，直播带货、电视助农节目等呈现出"门槛低""上手快""卖点热""方式新""速度快""效率高"等特点，为下沉的市场提供了新的发展机会。同时，电商发展已经度过了野蛮生长时期，如今以一种有序化、健康化的模式提供助农平台，武冈市农特产品更要搭上直播卖货的"快班车"，打开产品销路，为更多顾客提供优质产品，为本村村民带来经济收入，利民利己"双丰收"。

（三）产业发展多样化，双重环境齐发力

由于地理环境的天然劣势，经济发展的自然环境难以迅速改变，但政府层面不能放松对自然环境的改善，集中本地优势优化市县产业发展环境。同时，企业本身应该立足自身优势和当地政策等外在利好条件，加大资金投入

实现技术创新、产品创新、工艺创新，实现产业结构的优化与升级，实现产业发展的平衡化与多样化。在此次调研中本团队了解到，包括五星村在内的三个村庄都已计划依托农业与养殖业打造美丽乡村旅游业，通过旅游业带动当地的振兴，但从实际的社会环境来看，游客流量小、旅游模式同质化高、乡村知名度低等问题显著，当地的市县部门要充分发挥指引作用，对多乡村发展旅游导致的潜在竞争关系进行有效规避，积极为不同乡村发掘新的且具有特色的产业建设点，开拓一定数量新模式试验点，突破以农业为主的发展模式。以点带面，以先富带动后富，最终实现乡村村民共同脱贫、共同振兴、共同富裕，创建乡村命运共同体。

（四）充分利用媒体资源，打造具有当地特色的融媒体平台

乡村振兴建设需要多媒体融合的助力，需要多媒体力量的加持。因为，对内对外双向传播十分必要。对内传播，主要表现在实时政策、建设资讯、文化教育等方面，打通信息传递的"最后一公里"，通过多渠道、全方位、多层次的方式为当地村民提供信息，另外，将融媒体建设下沉到村级单位，利用"村村响"机制将信息及时、迅速、准确地传达到村民手中；对外的传播，主要表现在影响力建设、经济发展、产业增益等方面，利用多渠道、全方位、多层次的宣传方式表现本地特色，打造地区形象。同时，县级融媒体平台的建设不容忽视。如今，县级融媒体已然成为了助力脱贫攻坚与乡村振兴的有力工具，在打通信息的"最后一公里"的同时也要充分利用媒体资源与渠道，通过报纸、广播、短视频、宣传片等多媒体融合的方式为乡村振兴工作"添砖加瓦"，除此之外，各村级单位也应主动尝试依靠多媒体形式结合致富，如雅槎村曾开展新媒体平台带货，举办直播带货节等。

（五）建立协调机制与乡村智库，方案制订普适化

为缓解特惠性政策与普惠性政策引发的不同群体间的诸多矛盾，需要采取短期与长期的应对策略。从短期来看，村内需要建立相应的服务协调调节机制，在短时间内对群体间、个体间的争夺优惠纠纷进行协调，暂时缓解由脱贫与乡村振兴优惠政策目标人群不一而导致的矛盾。从长期来看，乡村脱贫攻坚与乡村振兴的规划方案要让更多更广大的群众受惠，通过建立相关人才队伍，形成乡村智库，为相关村级方案的制订提供更具普适性、普惠性的建议与决策。

参考文献

［1］孙馨月，陈艳珍．论脱贫攻坚与乡村振兴的衔接逻辑［J］．经济问题，2020（9）．

［2］田建华．加强脱贫攻坚与乡村振兴战略的有效对接［J］．中国政协，2020（14）．

［3］岳国芳．脱贫攻坚与乡村振兴的衔接机制构建［J］．经济问题，2020（8）．

［4］刘芮伶．脱贫攻坚与乡村振兴有效衔接的路径研究［J］．农村经济与科技，2020，31（13）．

［5］吕方．脱贫攻坚与乡村振兴衔接：知识逻辑与现实路径［J］．南京农业大学学报（社会科学版），2020，20（4）．

［6］杜黎明．关于加强脱贫攻坚与乡村振兴有机衔接的几点思考［J］．前进论坛，2020（6）．

［7］陈明星．脱贫攻坚与乡村振兴有效衔接的基本逻辑与实现路径［J］．贵州社会科学，2020（5）．

［8］贾晋，尹业兴．脱贫攻坚与乡村振兴有效衔接：内在逻辑、实践路径和机制构建［J］．云南民族大学学报（哲学社会科学版），2020，37（3）．

全面建成小康社会脱贫
攻坚实践及效果调查
——以武陵山片区为例

课题组成员：张姝琪，彭　哲，陈　倩，
　　　　　　　张　硕，胡馨麓
指导老师：段峰峰

摘要：为深入了解全面建成小康社会背景下脱贫攻坚实践情况及其效果，提出未来持续可行的防止返贫建设性对策，为我国全面建成小康社会并最终建成社会主义现代化强国献力，调研团分析了武陵山片区脱贫面临的困境及其影响、扶贫措施及其效果、未来规划等信息，提出了发展特色产业、加强人才建设、建立动态监测机制等一系列具有普适性的防止返贫的策略，力图将"武陵经验"推广至全国，为我国现代化事业发展献计献策。

关键词：全面建成小康社会；脱贫攻坚；武陵山片区；防止返贫

2020 年是全面建成小康社会的关键之年，而武陵山片区又是我国集中特困连片区之一。为了助力脱贫攻坚，我们通过利用网络爬虫工具、实地调研、问卷调查、深度访谈等方式对其脱贫攻坚实践及效果进行了为期 16 天的调研，并提出了防止返贫新思路。

一、武陵山片区脱贫及扶贫实况相关数据分析

（一）网络监测评估分析

为了对武陵山片区的脱贫及扶贫情况进行全面的了解、分析和评估，我们首先对网络中的用户参与反馈、态度表达等进行了监测和分析。以"武陵山片区＋脱贫/扶贫"为关键词，我们对近三个月以来（截至 2020 年 9 月 1 日）在互联网上采集的 11871 条信息进行了深入分析。

1. 对武陵山片区脱贫及扶贫的关注情况

（1）数据量较少，关注度不足

从监测数据来看，近三个月有关武陵山片区＋脱贫/扶贫的信息总量仅有11871 条，与通常所监测的其他事件或话题相比，该数据量较少，关注度不足。除此之外，武陵山片区涉及湖北、湖南、重庆、贵州四省市，但是分析发现，本地用户除了湖南省外，对其相关脱贫及扶贫信息的关注度极少。

（2）新媒体的参与度较高

表1　武陵山片区脱贫及扶贫信息来源分布

来源	客户端	网站	微信	新闻	政务	论坛	微博	报刊	视频	博客	外媒
占比	51.92%	13.33%	13.22%	10.17%	4.16%	3.83%	1.49%	1.19%	0.61%	0.07%	0.01%

如表1 监测数据所示，武陵山片区脱贫及扶贫的信息主要来源中，客户端占比高达 51.92%，网站（13.33%）、微信（13.22%）、微博（1.49%）、论坛（3.83%）、博客（0.07%）等社交媒体占比达 31.94%，而报刊仅占比1.19%。由此可见，新媒体在武陵山片区脱贫及扶贫信息中的作用凸显。

除此之外，关于武陵山片区脱贫和扶贫的相关新闻报道多分布于省级新闻网站，其中湖南省相关网站占比较大，有红网、华声在线、湖南日报等。

2. 武陵山片区脱贫及扶贫信息的内容情况

（1）内容集中涉及脱贫攻坚，覆盖面广

从监测返回的热门信息和事件来看，关于武陵山片区脱贫及扶贫的信息内容十分集中，多聚焦于脱贫攻坚、片区、农户等，同时也涉及了文化、集团合作等多个方面，渐趋多样化。如图1 所示。

图1　武陵山片区脱贫及扶贫信息关键词云

（2）信息内容大部分为正面信息

在近三个月关于武陵山片区脱贫及扶贫信息中，非敏感信息也就是正面信息占比高达98.63%，从而可以看出关于武陵山脱贫和扶贫实践成效的绝大部分为积极的建设性报道。

（二）线下调查分析

1. 扶贫部门脱贫数据调查

通过实地走访，我们了解到，2020年，武陵山片区以"全面小康决胜年"为抓手，紧紧围绕"收官"二字，强化综合施策。一是强化特殊贫困群体帮扶，全面解决"三保障"，积极拓宽增收渠道，全面提升贫困群众素质能力；二是主要从基础设施、教育、产业、帮扶就业、易地搬迁等方面入手。武陵山片区今年有20个县市实现了脱贫摘帽，并持续保持脱贫攻坚态势。

2. 当地居民的基本经济情况调查

通过走访和相关问卷调查，我们对当地居民的经济情况做了一个基本分析。其中调查对象多为贫困户或刚脱贫不久的脱贫户。

（1）平均年收入情况

从调查数据来看，平均年收入在1万~2万元的居民占到总调查人口的35%，但仍有8%的居民平均年收入在5000元以下。具体情况如图2所示。

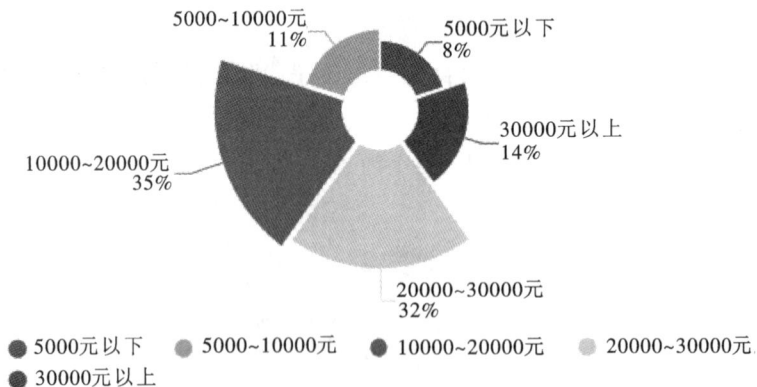

图2 武陵山片区居民的平均年收入情况

通过查阅往年脱贫数据，我们发现武陵山片区居民的平均年收入较往年有所增长，尤其是平均年收入在3万元以上的居民数量增多，这说明了武陵山片区居民的经济水平在提高，也反映了当地扶贫工作取得了一定成效。

（2）居民主要收入来源

从图3可以看出，当地以外出务工为主要收入来源的居民占到调查总人数的53%，有28%的居民以农业为主要收入来源，16%的居民从事第三产业，还有少数居民以政府资金保障为主要收入来源。

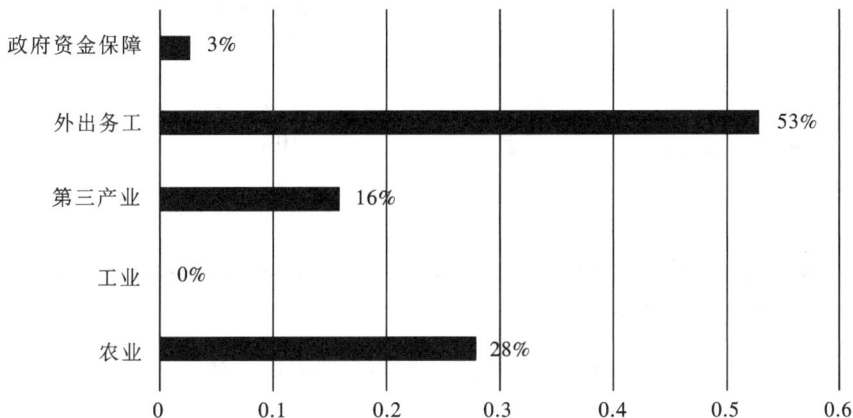

图3　武陵山片区居民的主要收入来源情况

（3）武陵山片区居民平均年收入与主要收入来源的相关性分析

结合所调查的武陵山片区居民的平均年收入情况可知，以外出务工或第三产业为主要收入来源的居民平均年收入较以农业和政府资金保障为主要收入来源的居民平均年收入高。

3. 当地脱贫攻坚实践及成果数据分析

我们深入调查了武陵山片区居民的生活及脱贫实况，并依据调查结果进行了相关分析。

（1）疫情给武陵山片区居民带来的影响

据统计，占调查总人数的80%居民认为2020年疫情对家庭收入产生不利影响。结合之前当地居民主要收入来源的数据，以外出务工为主要收入来源的居民较多，因此2020年受疫情冲击较大；以农业为主的居民收入影响稍小。其中，有85%的居民认为面临着失业、本身工作受冲击、物价上涨等影响；有15%的居民认为无明显影响。

（2）武陵山片区扶贫部门应对疫情不利影响采取的措施情况

根据问卷调查结果显示，有36%的居民认为相关部门针对疫情对脱贫带来的不利影响进行了相关调整，但这其中也仅有部分居民接受了相关补助。总体上来看，76%的居民表示没有接受到任何补助。具体情况如图4所示。

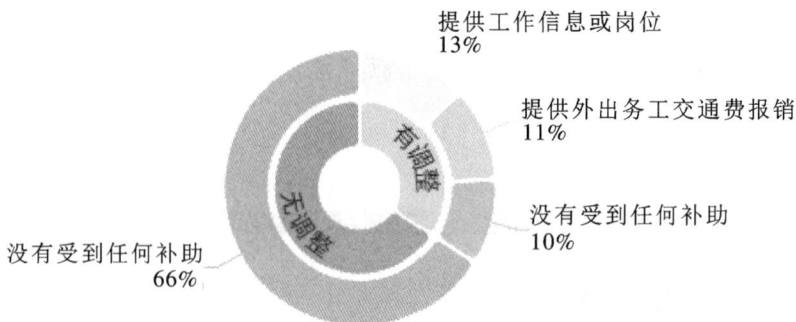

提供工作信息或岗位
13%

提供外出务工交通费报销
11%

没有受到任何补助
10%

没有受到任何补助
66%

有调整

无调整

图4　武陵山片区居民对扶贫工作是否有调整情况以及接受政府补助的情况

4. 居民满意度调查

（1）居民对扶贫工作开展前后生活是否有改善的看法

调查结果显示，武陵山片区居民大多都认为脱贫之后的生活相较于脱贫之前的生活改善了很多。占调查总人数85%的居民认为脱贫后生活发生较大改善；但还有15%的居民认为没有发生明显改善，而其中这15%认为没有感到明显改善的居民当中有80%是非贫困户。具体情况如图5所示。

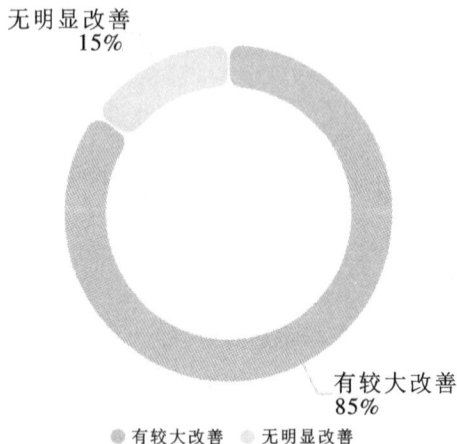

无明显改善
15%

有较大改善
85%

● 有较大改善　　○ 无明显改善

图5　居民对扶贫工作开展前后生活是否有改善的看法

（2）对居民认为更有帮助的扶贫形式或措施的分析

此题为多选题，如图6所示，产业扶贫选项的覆盖率高达90%，其次教育扶贫选项的覆盖率达87%，加强低保医保选项的覆盖率达85%。除此之外，在走访居民与其交流过程中我们统计了武陵山当地居民提到有关扶贫补助的关键词，形成了相关关键词云图，如图7所示。

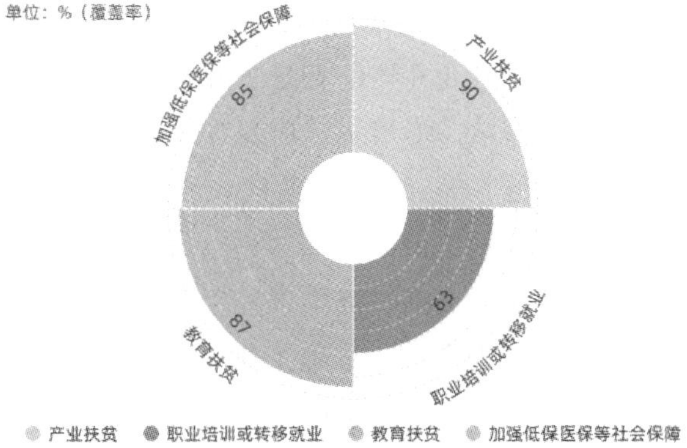

单位：%（覆盖率）

图6　居民认为更有帮助的扶贫形式或措施（覆盖率）

图7　居民认为更有帮助的扶贫形式或措施关键词云图

二、全面建成小康社会武陵山片区脱贫攻坚实践及效果

（一）武陵山片区脱贫攻坚实践分析

1. 武陵山片区部分地区脱贫攻坚的阻碍

（1）防疫成本带来的压力

疫情爆发后，武陵山片区政府高度重视群众生命健康安全，疫情防控工作成为工作重点之一，扶贫工作队需要安排人员进行疫情防控的宣传工作和定点检查，安排采购专员帮助居民采购基本生活用品，还需要投入大量的防控物资、给予防控人员工资补贴，这无疑为扶贫工作队增添了人力、物力和财力的压力。

（2）当地旅游业、农业相关领域发展受阻

在农业领域，许多餐饮行业在疫情背景下处于萧条状态，使得部分农产品面临滞销窘境。在旅游领域，疫情下政府对人流量的限制和人们出游意愿的下降使得旅游业热度降低，部分地区旅游收入大幅减少。

（3）外出务工的贫困户收入减少

在武陵山片区部分地区的贫困户当中，外出务工人员收入占其家庭收入的50%以上，在疫情背景下有很多工厂停工停产，待工时期工人得不到工资补贴；而可以外出务工的人员因所在企业尤其是沿海外向型企业受疫情影响较大，订单减少而导致收入减少；此外，部分中小型公司在疫情影响下难以生存，公司倒闭或者被迫裁员，导致部分务工人员失业。

2. 疫情对武陵山片区部分地区影响较小

调查问卷结果显示，武陵山片区部分地区居民认为疫情对个人生活未造成较大影响。我们在采访相关部门干部时也得到了"疫情对本地扶贫工作影响较小"的答复，我们认为此现象有以下三个原因：

从地理区位角度分析，武陵山片区分布于武陵山区大部分地带、巫山南部、雪峰山区及相关地区。山林密布，多山地溪谷，地形复杂，与外界形成隔绝形势，人口流动性差，这为疫情防控提供了有利条件。

从疫情防控措施及效果角度分析，武陵山片区政府高度重视群众生命安全，积极采取全面的防控措施减少人员流动，在该防疫体系下，疫情在较短时间内得以控制，持续时间较短，且武陵山片区未出现聚集性疫情，因此未对居民生命健康和农产品销售产生较大威胁。

从产业抵抗力角度分析，武陵山片区贫困户除外出务工人员外，以从事农业种植为主，而疫情爆发于冬季，适逢部分农作物生长期而非收获期，所以对部分贫困户影响较小。

（二）武陵山片区扶贫措施分析

武陵山片区的扶贫措施可以分为两大部分，一部分是针对疫情对脱贫带来的消极影响的措施，另一部分为武陵山片区的常态化扶贫措施。

1. 针对疫情对武陵山片区部分地区带来的消极影响

（1）构筑疫情防控"防火墙"

通过采访沅陵县筲箕湾镇田家坪村驻村队长谭三明，我们获知，疫情背景下田家坪村将村里的七个小组划分为四个网格，每个网格都安排了专员进行值守，检查往来车辆和人员，严控外来人员入内。疫情背景下，田家坪村对农业生产也采取了一定的防护措施，改变之前农民一起种田，共同劳动的状态，为每个农民划分区域，要求人员之间保持安全距离，并做好隔离防护措施。

（2）开展扶贫车间，增加公益岗位

为了缓解疫情背景下部分贫困户收入直线减少的情况，武陵山片区部分地区引进了相关企业，创办了"扶贫车间"，部分贫困户足不出户就可以实现就业。麻阳易地扶贫搬迁点已引进深圳深源玩具有限公司、百世快递公司等 11 家劳动密集型企业创办"扶贫车间"，待疫情形势缓和后，当地积极开展扶贫车间复工复产工作，带动贫困群众就业。除了开展扶贫车间之外，武陵山片区部分地区还设立了公益岗位。

（3）通过互联网媒体等新兴渠道探索扶贫增收新思路

武陵山片区部分地区政府通过电商、直播带货、打造抖音 IP 营销等方式弥补了部分农业收入的损失。在直播间，麻阳县领导亲自参与直播，将地域风土文化解说与产品销售相结合，为打造本土化品牌奠定了基础。直播过后，麻阳云果园成了网红打卡地，互联网流量助推其"产业＋旅游"并行发展。

（4）开展技能培训，提升就业可能性

武陵山片区政府为部分贫困户进行技能培训，以提高个人能力，增加就业的可能性。其中，麻阳县举办了直播培训，课程内容涵盖短视频平台基础技能实操、短视频内容营销、农业生产技术指导等，同时，龙升社区干部张晓梅表示社区组织了果木嫁接培训并与农业公司合作安排接受过培训的农工到山上种树、嫁接，解决了一部分贫困户的就业问题。

（5）与公司对接，助力返岗复工

在疫情缓和后，武陵山片区部分地区及时了解了群众就业意向，对接相关就业岗位，以谭家寨乡为例，村干部对贫困户进行了统计摸底，了解其就业意向，并提前和工厂做好衔接，将有外出需求的人统一免费、安全地送到目的地，点对点为贫困户提供就业岗位。对农业受损户，安排一些大型的超市与本地务农人员签订销售合同，帮助他们拓宽销路等。

2. 常态化措施

（1）稳抓"三保障""两完善"

"三保障"扶贫措施在武陵山片区普遍具备并完善。以沅陵县筲箕湾镇田家坪村为例，在基本医疗方面，贫困户 84 户 330 人全部享受城乡居民医疗保险和特惠保，住院病人享受"先诊疗后付费"及一站式结算，县内住院报销比率达85%，并对所有贫困人口进行服务签约；在教育方面，除了给予贫困生覆盖学前、义务、高中、中职和高等教育的教育助学金之外，还实施了"雨露"计划，在职业教育以及实用技术培训上给予学生补助；在住房安全方面，实行危房改造，并给予奖补金。

（2）因地制宜，发展特色产业

据调查，武陵山片区部分地区设有自主发展产业奖金和补助、小额信贷等优惠政策，且对于没有能力创业的贫困人口给予委托帮扶，即委托新型经营主体统一经营，分享收益。此外，采取承包方式发展村集体产业的发展道路也在武陵山片区多地开花，为当地提供了一定的就业岗位，同时还实现了面向贫困人口的产业分红。

（3）加强扶智举措

武陵山片区内多地都采取了一定措施，如帮扶配备智能电视和手机、科普其使用方法等；片区内大部分地区实行了"村规民约"政策并通过当地扶贫专干走访贫困户、建立公约黑板等方式加强了宣传和科普；同时，以麻阳县龙升社区为例，创办了"书屋+课堂"模式的"四点半课堂"及老年活动中心等休闲场所，丰富了民众的生活。

（三）武陵山片区脱贫攻坚成果

截至2020年8月下旬，武陵山片区71个县中共有70个实现了脱贫摘帽，区域性整体贫困得到基本解决。

1. 就业渐趋多元稳定，返岗复工收入得到一定提升

武陵山片区部分地区加强就业引导和帮扶，通过建立扶贫车间、就业培训、提供公益岗位、公司对接等方式切实提高了疫情背景下的贫困人口就业率，加快了返岗复工的进程。贫困人群能够通过多渠道找到适合自身的职业之外，收入也有所提高且相比以前的临时性工作更为稳定。

2. 基础设施逐步完善

武陵山片区部分地区以完善基础设施为重点工作，在保证质量的前提上加快公共基础设施建设进程并加大完善贫困户家庭必备设施的帮扶力度。截至2020年8月，武陵山片区实现村村通公路、通电话，进村主干道硬化的农户比率高于99.9%，能接收有线电视信号的农户比率高于99%，能通宽带的农户比率高于98.3%，武陵山片区所在自然村有卫生站的农户比率高于

97.4%，无饮水困难的农户比率高于 95.5%，独用厕所的农户比率高于 98%。

3. 部分地区产业有所发展

武陵山片区部分产业产品的销售方式趋于多样，盈利能力显著加强。武陵山片区的部分地方，市政领导带头直播帮助卖货，借助抖音、快手等新媒体平台扩大销售服务范围，让销路延伸到更远的角落；进军电子商务领域，依托淘宝、京东等线上商城拓宽销售路径，减轻了线下传统销售压力；与新媒体网红和当地 IP 订阅号合作推出系列宣传片，借力其广泛的受众基础，达到推广销售、打造品牌产品的目的。

4. 互联网带来的新变化

突如其来的疫情扰乱了人们以往正常的社会活动，线下活动基本都被取消。为了丰富贫困人群的社会生活，改善休闲娱乐体验，片区内部分地区开展了讲解互联网和智能手机使用方法的讲座，并积极开展线上的庆典活动，丰富了他们的休闲体验；同时，部分中青年群众还使用互联网查阅资料、了解时事、阅读学习，对于开阔视野、提升知识文化素养以及社会观察力有一定的促进作用。

三、武陵山片区脱贫实践的问题以及防止返贫的思路

(一) 武陵山片区脱贫实践的问题

1. 存在"假贫困户"现象

如今，脱贫攻坚已经进入了倒计时，武陵山片区各地都取得了一定程度的脱贫成果，却仍存在"假贫困户"的现象，导致这种现象出现的原因如下：

(1) 地方部门为完成扶贫指标

部分地方部门为了完成上级派下来的扶贫指标，便不顾具体情况，匆忙地确定了贫困户。

(2) 实施过程中识别贫困户的标准模糊

在具体实践过程中，识别贫困户的标准较模糊，甚至有村民为了自身利益谎报、虚报家庭情况的现象发生，同时上级部门的核查不严也助长了这种现象的发生。

（3）"人情"关系作祟

在部分地区，由于许多相关村干部本身就是当地人，在贫困户准入的过程中很容易因为"人情"等多种因素造成"假贫困户"的出现。

2. 面对重大突发公共事件，对贫困户的新闻宣传不到位

在2020年新冠疫情爆发的大背景下，扶贫新闻宣传工作的重点除了政府扶贫政策之外，也极大地涉及了疫情防控以及其对开展扶贫工作产生的影响。

（1）传统媒体宣传及走访式宣传

由于受到贫困户家里基础设施限制，重大事项的宣传往往采用以广播宣传为主，走访式宣传为辅的宣传方式。然而在实际过程中，由于武陵山片区地形的复杂性和特殊性，基层干部在实地走访宣传的过程中有一定困难。除此之外，宣传实践中也产生了因贫困户自身文化水平过低以及语言不通等方面引起的困难，部分地区无法将新闻信息准确迅速地传递给贫困户并让其充分理解。

（2）新媒体宣传

调查过程中，我们发现武陵山片区大多数贫困户的家庭主要收入来源为外出务工，这一部分外出务工的人员多为青壮年，本身已具有一定文化水平和浏览新媒体平台的能力。他们在外务工，无法实地获取有关家乡扶贫和疫情防控的新闻资讯，而新媒体恰好可以填补这一空白，但是调查结果显示，大部分扶贫单位并没有开设对贫困户进行相关新闻宣传和资讯告知的新媒体宣传板块，从而导致许多工作的开展不能得到贫困户的较好配合，尤其体现在对2020年春节疫情背景下贫困户外出务工人员返乡的相关防控措施宣传上，给部分疫情防控工作造成了不必要的麻烦。

3. 贫困户就业难题得不到充分解决

在2020年疫情背景下，脱贫攻坚实践中受到较大影响的就是以外出务工为主要收入来源的贫困户，他们有人无法外出打工，甚至失业下岗，家庭收入受到极大影响。

调查显示，只有21%的贫困户认为相关部门采取了措施改善其就业情况。其中，政府工作的不足之处主要在于：

（1）直接为贫困户提供的公益岗位不够

许多相关部门在当地设立了一些保洁员、护林员等职位，然而这些职位本就是为了应对疫情给贫困户带来的就业困难临时设立的，职位的工资均为地方财政拨款，地方财政资金有限，而且当地对这类职位需求量也较少，所

以无法在此方面设立足够多的职位解决贫困户的就业难题。

（2）技能培训及与用人单位联系有待加强

疫情背景下许多中小型企业破产倒闭，在这些企业工作的贫困户也相应地失业，而在复工复产的过程中，许多部门特派了就业联系人帮助贫困户与用人单位对接并进行技能培训，解决了就业困难，但仍有部分贫困户待业家中。

（3）缺乏对用人单位的考察与对贫困户的持续关注

为了缓解疫情带给贫困户的失业危机，基层政府及相关部门通过各种途径把失业贫困户推荐到其他企业、单位。然而调查显示，有关部门往往更为关心重新就业的数量指标，而较为忽视对接单位和企业的信誉、经营状况等资质问题；更为关切贫困户是否就业，而缺乏对他们就业后持续的动态观察。这样不全面、静态的就业帮扶机制，存在就业质量不高的问题并加大了返贫的风险。

4. 当地特色资源利用不充分，部分扶贫产业发展缓慢

（1）特色资源没有得到充分开发

近年来武陵山片区许多少数民族聚居地都依托本民族民俗文化和当地特色风貌发展了旅游业，但在实地走访过程中，我们发现许多地区在发展旅游业的过程中没有充分利用当地的资源。

例如，怀化市通道侗族自治县双江镇芋头村古侗寨自 2003 年起开始发展旅游业，2012 年入选中国世界文化遗产预备名单，然而游客的旅游体验一般，当地侗族"非遗"（技艺）展示馆及侗族手织布馆和芦笙馆均处于闭馆状态，当地没有将资源优势转化为经济价值。

（2）特色产业发展缓慢，产业链短

近年来，武陵山片区利用其独特的自然资源大力发展种植业，然而这些特色扶贫产业园的盈利多依赖于直接销售原料给生产厂家，投入多，利润少；并且由于种植业的特殊性，疫情背景下也无法吸收当地剩余劳动力，有效化解贫困户就业问题。

5. 部分土地资源闲置，土地利用率不高

随着部分贫困户外出务工，原来由他们经营的土地多闲置、荒废，致使原来能够创造价值的土地便成为一片荒地。为了解决土地闲置问题，部分村镇采取了一些措施，例如，田家坪村利用村委会旁的闲置土地，四季轮作，集约化建设特色农业种植项目，既增加了村级集体经济收入，又开发了不少就业岗位，取得了一些成效。但仍有许多村镇暂未解决土地闲置问题，未流

转的土地难以得到集约开发，造成了土地资源浪费。

6. 缺乏高素质人才

贫困地区基层一线条件相对艰苦，工作相对复杂，在调研的众多村镇中，绝大多数乡村基层机构中都缺乏本科及以上层次的高素质人才，仅有芋头村等少数村庄有较为详细的人才引进方案以及与高校合作的具体规划。可见武陵山片区的人才引进方面还有待提高，脱贫事业的发展仍然受到了人才上的约束。

7. 整体上缺乏对基层扶贫人员的身心关切，难以激发其工作热情

调查显示，政府在推进脱贫事业时，往往对扶贫人员的心理健康关注不够，大多以"行政命令式"的指挥调动相关人员开展工作，而忽视了扶贫人员的身心状况。有些基层扶贫干部或由于自身家庭变故而倍感压力，当他们出现特殊状况时，仍然需要相关部门和领导有敏锐的观察力，对其进行鼓励、安慰，必要时给予适当的休息。

8. 提升贫困户素质的举措有待加强

在本次调研的受访者中只有3%的人接受过大学、大专等高等教育，而在扶贫过程中，部分贫困户受教育程度低，在具体实践中无法准确地了解法律、股权所有制等相关问题；与此同时，部分贫困户道德素质也有待加强，在签订合同过程中易出现反悔、不守信用等情况。

（二）防止返贫的思路

1. 拒绝数字脱贫，保证脱贫工作的客观真实，严格把控脱贫标准，从源头上降低返贫几率

如今，脱贫攻坚已经进入了倒计时，而疫情也给扶贫工作带来了一定阻碍和不利影响。而防止返贫的最好方法就是从源头上把控好脱贫标准，让每一位贫困户切切实实地脱贫奔小康。

要坚决抵制"数字脱贫"。面向贫困户，"数字脱贫"这种极具形式主义的行为直接损害了全国脱贫攻坚的成果和贫困户的切身利益，损害了党和国家的形象；同时"数字脱贫"也是违反政策要求、纪律规定的作风问题，折射出政绩观的错位。

广大扶贫干部和相关部门要拒绝"数字脱贫"，端正态度、树立正确的政绩观，更需要加强检查监督，不能只凭报表、只看数字、只听汇报，而是要深入贫困户家里，查实情、看实绩，将脱贫真正落到实处，才能真正意义

上地防止贫困户返贫。

2. 完善对贫困户医疗、教育等保障制度，防止因政策扶持力度突降带来的返贫

调查过程中，多数贫困户表示在扶贫背景下他们享有了许多医疗、教育等方面的社会保障，为其家庭减轻了很多负担。脱贫后，这些补贴都会相应地减少，然而在减少过程中需要有关部门制订合理的制度，减少补贴需要依据当地贫困户脱贫后的经济情况而定，循序渐进，切不能突降扶贫力度，导致已脱贫的贫困户因一时无法承受费用支出而返贫。

3. 发展特色产业，增强经济发展内生动力

疫情背景下，武陵山片区部分地区无法有效解决贫困户就业问题的原因很大程度上在于当地没有发展特色产业或是产业链短，无法有效地提供就业岗位，吸收当地劳动力。除此之外，待贫困户全部脱贫摘帽后，原有的补助和扶持会有所减少，需要贫困户自身创造经济价值，而利用当地特色资源发展的产业，延长产业链后可以提高其经济效益，转"输血"为"造血"；同时需要加强脱困户与相关产业的利益联系，进行股份合作，既能保证民众能保本分红，增加当地居民收入，又能激发其工作积极性，增强其经济发展的内生动力，有效地防止返贫。

4. 防止返贫，扶志先行

扶贫先扶志，防止返贫亦是如此。武陵山片区相关部门要注重脱贫户的精神文明建设，拒绝"等、靠、要"的思想，加大对脱贫模范人物的宣传，充分发挥示范作用，倡导居民发扬自力更生、自强不息的精神，不仅要脱贫，而且要致富，继续在致富路上奔跑，走向更加富裕的美好生活。

5. 加强人才建设

在筲箕湾镇田家坪村调研时，当地的全镇长表示，他十分担心脱贫后驻田家坪村的扶贫工作队走后该村还能否继续向前发展的问题。这类情况和担忧在武陵山片区十分普遍，高素质人才在生产、经营和管理方面都起着至关重要的作用，而这亟须当地有关部门调整相关福利政策，积极吸收先进人才，鼓励本乡大学生回乡就业，并积极与各大高校开展合作，吸收高校提供的发展建议；与此同时，也要进一步加强对脱贫户的扶智举措，提升居民的文化素养。

6. 时刻关注脱贫户生活情况，建立动态监测机制

贫困户脱贫后，相关部门要建立动态监测机制，安排相关工作人员时刻关注脱贫户的生活状况，了解他们的收入、工作情况和所求所需。同时，面对一些因大病、意外等导致家庭一时之间陷入困难的要立刻采取相关措施，必要时给予一定的补助和支持，防止其返贫。

参考文献

[1] 习近平谈治国理政（第三卷）[M]. 北京：外文出版社，2020.

[2] 于德. 习近平精准扶贫思想研究 [D]. 北京：中共中央党校，2019.

[3] 苏同欢. 全面建成小康社会决胜阶段脱贫攻坚问题研究 [D]. 长沙：湖南师范大学，2018.

[4] 段超，陈全功. 武陵山片区精准扶贫发展报告 [M]. 武汉：湖北人民出版社，2016.

[5] 李小云. 脱贫摘帽重在不返贫 [N]. 人民日报，2018 – 08 – 26（005）.

[6] 黄承伟，袁泉. 全面建成小康社会：习近平扶贫论述与中国特色减贫道路 [J]. China Economist，2020，15（1）.

[7] 刘建武. 新时代脱贫攻坚精神的深刻内涵 [J]. 人民论坛，2020（20）.

第二部分　中国特色社会主义经济发展篇

大学生电商平台金融产品使用偏好及风险防范的研究报告

课题组成员：刘　贝，刘跨文，张冰宁，

　　　　　　陈红任，何宇卿

指导老师：焦晓云

摘要： 在"互联网＋"浪潮推动下，众多电商平台相继出现，互联网带来的便捷支付弱化了大学生货币观念，冲动性消费、超前消费的观念在大学生群体中不断酝酿，购物需求不断增强。本次调研以长沙市高校的大学生为调研对象，收集数据，采用联合分析、因子分析等方法作为分析手段，力求综合研究影响大学生使用消费金融产品的因素。

关键词： 大学生；金融产品；使用偏好；风险防范

一、前言

（一）研究背景

在"互联网＋"的浪潮推动下，众多电商平台相继出现，如淘宝、京东、苏宁等，线上购物不断替代线下消费，促进了消费金融市场的出现。消费金融市场主要分为四部分：银行系、产业系、电商系与 P2P 系消费金融。其中电商系消费金融的优势明显，其重要驱动是大学生消费金融市场。在银行体系中大学生征信系统缺位的情况下，电商消费金融产品的出现无疑释放了约束，因而大学生市场发展迅速，且引来多个消费金融平台的关注。同时，面向大学生的消费金融产品发展与大学生的风险防范教育不同步，消费金融平台和机构对大学生的信用风险控制也不完善。由此可能引发两大后果：一是大学生只顾资金需求，忽略还款能力，最终"资不抵债"；二是大学生消费信贷市场鱼龙混杂，大学生风险防范意识薄弱，大学生网贷被骗事件时有发生。

（二）研究目的

本次调研以长沙市高校的大学生为调研对象，收集数据，采用联合分析、因子分析等方法作为分析手段，力求综合研究影响大学生使用消费金融产品的因素，从而对该细分市场提供优化消费金融产品相关体验的研究价值以及改进建议。并对风险不敏感型的学生给予风险防范的相关知识。

主要目的如下：

1. 确定研究定位电商系消费金融，研究大学生电商平台消费金融产品使用偏好及风险防范。

2. 采用联合分析法，对产品市场、细分市场进行分析，分析样品基本情况，对风险具备基本认知，得到消费金融市场的属性偏好情况。

3. 探究影响大学生消费满意度的因素。

4. 归纳分析研究成果，提供风险防范建议。

（三）研究方法

1. 二手资料调查法

通过二手资料对该行业有更清晰的认知，了解该领域内的研究方向、主要结论等。在调研之初我们首先阅读了大量国内外相关文献和近几年消费金融领域的行业报告，通过这些二手数据，我们确定了关于消费金融产品研究的基本框架。

2. 预调研和深度访谈

首先根据已有相关调研情况初步拟定问卷题目，然后通过预调查的方法，发放 280 份预调查问卷获得产品主要属性用于联合分析，接着通过深度访谈大学生，按照逻辑设计问卷框架。

3. 数据分析法

运用描述分析法、因子分析法、回归分析法等统计分析方法，对回收的问卷数据进行统计分析，寻求内在规律，深入挖掘数据背后的有效性。

（四）研究思路

首先，确定研究题目定位电商系消费金融，确定研究对象为长沙市 6 所高校在校大学生，定题为"大学生电商平台金融产品使用偏好及风险防范"。

其次，确定研究框架。经过对产品市场、细分市场的分析，分析样本基本情况，对风险有基本认知，完成四类人群特征刻画，得到消费金融产品的属性偏好情况，探究影响大学生消费满意度的因素。

最后，归纳分析研究成果，得出结论和提出建议。

二、数据分析与结果

（一）样本基本情况

1. 基本信息

在所有的受访者中，有47%的人使用过消费金融产品，而剩下的53%的受访者尚未使用过相关产品。女性受访者占53%，男性受访者占47%。

2. 偏好特征

通过大学生样本的联合分析可以看出电商系消费金融产品5个主要属性效用全距和相对重要性（见表1）。在这5个属性中，最重要的是消费金融产品对应的产品类型和服务费率，其相对重要性分别为37.95%和36.62%，其次是每期还款额和分期期限，其相对重要性分别为11.77%和9.33%。从这些结果中可以看出，对于长沙大学生来说，电商系消费金融所对应的购买产品和服务费率非常重要，是选择使用消费金融产品的关键属性。

表1　整体样本属性效用全距及相对重要性

属性	效用全距	相对重要性
产品类型	1.106	37.95%
服务费率	1.067	36.62%
每期还款额	0.343	11.77%
分期期限	0.272	9.33%
还款方式	0.126	4.33%
合计	2.914	100.00%

将属性中贡献最小的部分效用值设定为0，重新计算各属性效用水平的部分效用值。从图1可以看出，相对重要性大的属性其部分效用值取值范围更宽；反之，则更窄。

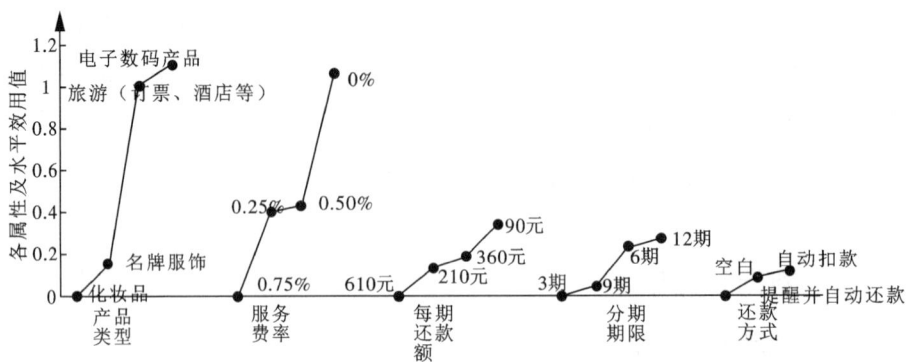

图1　电商系消费金融产品各属性水平部分效用值

对于产品类型属性来说，电子数码产品和旅游（订票、酒店等）远远高于其他产品。这两类产品都具有单价较高、资金去向明显、消费目的明确的特点，因此大学生会更愿意使用消费金融产品去购买此类商品。

对于服务费率属性，免息刺激（0%）具有显著作用。与我们预期结果不相符的是，0.25%和0.5%的服务费率带来的效用不仅差异较小，0.5%的效果甚至稍好于0.25%。

对于每期还款额，总体来看，较小的金额的效用较大（90元、360元、210元），学生每月还款能力有限，超过一定金额可能导致学生难以支付每期应付额，降低购买意愿。因此，针对大学生，电商平台应着重考虑每期还款额在500元以内的消费金融产品。

从分期期限来看，6期、12期最好，显著高于3期、9期。6期、12期应是开发消费金融产品的首选。但商家在考虑时应该结合购物总价和每期还款额综合考虑。

从还款方式来看，基本差异不大。

（二）大学生消费金融产品市场现状

1. 未使用者情况

（1）未使用原因

由图2可得，男女不使用消费金融产品的原因差别很小，专业类别与家庭所在地对原因影响也很小。在我们获得的289个未使用过的大学生样本中，普遍对分期产品印象不好、没有超前消费的观念成为主要因素，觉得不适用、不了解相关知识、周围人不鼓励占其次，最后是觉得资金充足或其他原因。

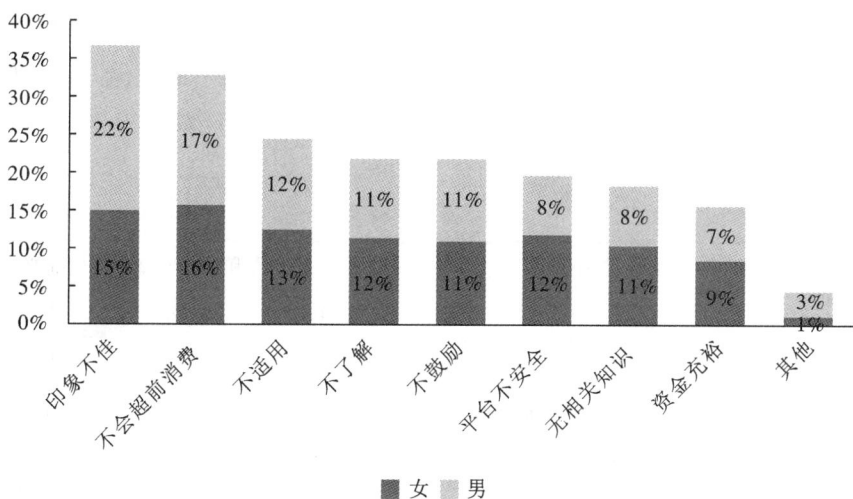

图 2　未使用原因情况

（2）偏好情况

未使用者对消费金融产品的偏好与整体非常一致，此处不再赘述。

2. 使用者现状

（1）消费金融产品使用现状

从整体上来看，大家使用消费金融品主要是以购买电子产品为主，其次是购置名牌服饰以及预支旅行费用。由此可见，旅游与名牌服饰的需求相当，但旅游产品目前在平台上相对较少，因此这可以成为其未来发展的一个方向。

从起点值来看，大多数人集中于选择在消费品价格在 0～2000 元之间开始使用消费金融产品。

另外，超过 75% 的受访者每月使用消费金融平台的次数少于 2 次。在所有使用消费金融产品的受访者中，愿意推荐给其他人的只占到了 36%，相对较低。

（2）使用动机

使用动机主要集中于免息刺激、资金不足、支付带来的损失感、可预支、大额购买和商品优惠几点。

不同性别动机的解释：女生使用动机的峰值出现在了资金不足、免息刺激和损失感，男生的峰值出现在免息刺激和可预知。但整体来看，性别对动机的影响不显著。

在问卷设置中，与动机有关的题目有 12 题。采取球形检验和 KMO 统计检验来测量因子分析信度：

KMO 统计分析的值为 0.675（大于 0.5），该问卷信度良好，球形检验结果显著。两个方法验证了该问卷信度良好，适合做因子分析。采用 SPSS 对自变量和因变量进行降维，利用了主成分分析法并使用了最大化方差旋转，并按照预期选择 3 个因子。总方差解释图如下特征值结果如下表 2，可以解释 51% 的方差。

表 2 方差旋转表

成分	初始特征值			提取载荷平方和			旋转载荷平方
	总计	方差百分比	累积%	总计	方差百分比	累积%	总计
从众跟随型	3.011	25.091	25.091	3.011	25.091	25.091	2.681
提前享受型	1.867	15.560	40.651	1.867	15.560	40.651	1.826
优惠刺激型	1.313	10.941	51.592	1.313	10.941	51.592	1.684

根据旋转后的结果选择因子成分。选取因子负载较高作为其因子归类。由此将三个因子分别命名为情感跟随型动机、提前享受型动机、优惠刺激型动机。情感跟随型动机指的是，由于自身对消费金融产品的认同感以及他人影响等情感因素，促使消费者使用消费金融产品的动机，是一个较为复杂的变量。提前享受型动机是指，由于现有财力不足，但购物欲望强烈，不得不提前预支未来的消费额度，从而促使消费者使用互联网金融产品的动机。优惠刺激型动机是指，由于产品在设计上给予了消费者一种直观的优惠便利，刺激消费者使用该消费金融产品的动机。

（3）评价情况

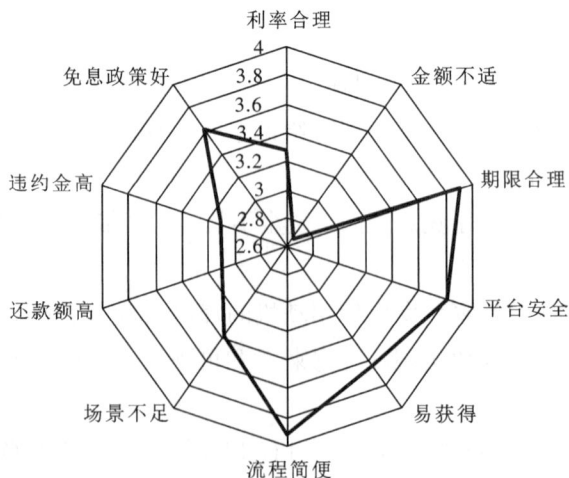

图 3 分属性打分图

由图 3 可知，金额不适的打分最低，说明大家普遍认为平台能够提供合适的贷款金额。还款额高、违约金高的打分也相对较低，说明目前现有平台的还款额和违约金相对比较合理。

分析发现，受访者对自己使用的消费金融平台打分时，打分接近于正态分布，打分普遍偏高，峰值在 71~80 分区间。

（4）偏好情况

与整体样本相同的是：属性层面，最重要的仍然是消费金融产品对应的产品类型和服务费率，分别为 38.20% 和 35.74%，显著高于另外三个属性，这两个属性为最重要属性；

各属性具体水平层面，产品类型中数码和旅游产品仍然高于另两个，0% 免息作用仍然显著，与整体样本不同的是：属性层面，使用者样本中分期期限的重要性显著提高，达到 16.36%（整体为 9.3%），每期还款额的重要性显著降低，仅占 4.21%。说明使用者经过使用的体验后，对消费金融产品的时间期限的把控要求较高，对每期还款的额度不是很敏感；各属性水平层面，原来 0.50% 与 0.25% 之间的关系反向，但仍然差异不大。化妆品与品牌服饰之间的效用几乎无差异，均为最小效用值。

表3　使用者样本属性效用全距及相对重要性

属性	效用全距	相对重要性
产品类型	1.379	38.20%
服务费率	1.103	35.74%
分期期限	0.505	16.36%
还款方式	0.169	5.48%
每期还款额	0.13	4.22%
合计	3.086	100.00%

（2）大学生金融消费产品细分市场分析

1. 无动机型人群

（1）人口变量

这一组人主要集中于二三线城市，二线城市居多，很少使用消费金融产品，且很少网购。

他们使用消费金融产品的起点值最低，生活费最低，但是他们的网购金额处于较高水平。对比来看，他们会在比生活费低约 150 元时使用消费金融产品，并且网购金额比生活费低约 600 元。

综合上述情况，无动机型人群对自己的生活费和消费之间有很好的权衡，不会轻易因为网购使用消费金融产品。

（2）偏好情况

表4　无动机型人群线性回归参数及显著性情况

项目	系数	显著性	显著性标注
截距项	90.436	0.000262	＊＊＊
平台安全	6.320	0.086718	＊
场景不足	−6.955	0.091481	＊
违约金高	−9.244	0.025401	＊
判定系数 R^2=0.4011　　调整后的判定系数 R^2=0.345			
Signif. codes：0 '＊＊＊' 0.001 '＊＊' 0.01 '＊' 0 '.'			

基于以上结果可知对于无动机人群来讲：场景越丰富，平台越安全，违约金越低，他们的满意度越高。对第一组而言，违约金水平对满意度影响最显著，电商平台的"硬件情况"平台安全性与可提供的消费场景对满意度亦有影响，这一组人比较注重对平台的整体感知。最终的模型在 34.5% 的程度上决定因变量满意度。

表5　无动机型人群的属性效用全距及相对重要性

属性	效用全距	相对重要性
服务费率	1.222	44.02%
产品类型	0.9	32.42%
还款方式	0.34	12.25%
分期期限	0.293	10.55%
每期还款额	0.021	0.76%
合计	2.776	100.00%

由表5可以看出，与整体不同，对于无动机型的消费者来说最重要的属性是服务费率，可以看出，该属性显著高于其他属性，相对重要性达到44.02%；其次是产品类型，为32.42%；再次是还款方式和分期期限，分别为12.25%和10.55%。与整体以及其他组不同，还款方式在第一组人群中显得较为重要，需额外注意；最次是每期还款额，几乎无影响。

再结合各属性水平效用图（图4），可以得出电商平台在针对没有使用动机的大学生群体设计产品时，应当对最为直观的影响最大的服务费率，着力使用免息刺激，若收取服务费率，则采用0.5%，同时还要兼顾较为重要的产品类型属性，来促使这类人群使用。

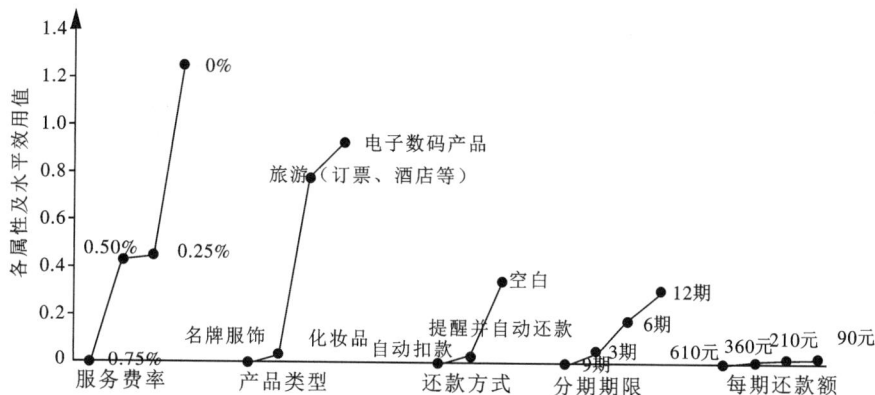

图4 无动机人群组各属性水平部分效用值

2. 情感跟随型人群

（1）人口变量

情感跟随型人群主要是一三线城市为主，三线偏多。他们较少网购，但是使用消费金融产品的次数较多。

这一组人使用消费金融产品的起点值最高，生活费较高，网购金额高。他们使用消费金融产品的起点值高于生活费约50元，但他们的网购金额低于生活费约700元。

（3）偏好情况

表6 情感跟随型人群线性回归参数及显著性情况

项目	系数	显著性	显著性标注
截距项	68.481	7.42e−07	***
还款额高	−9.017	0.00524	**
违约金	4.327	0.016339	*
免息政策好	3.860	0.07376	*
判定系数 $R^2 = 0.1958$　　调整后的判定系数 $R^2 = 0.1465$			
Signif. codes：0 '***' 0.001 '**' 0.01 '*' 0 '.'			

　　基于以上结果可知，对于情感跟随型人群来讲：免息政策越好，每期还款额越低，他们的满意度越高。对于情感跟随型人群来讲，影响满意度的属性主要是每期还款额与免息政策情况。每期还款额少，加之免息政策的刺激会在一定程度上提高其满意度。最终的模型在 14.65% 的程度上决定因变量满意度。

表7　情感跟随型人群属性效用全距及相对重要性

属性	效用全距	相对重要性
产品类型	0.953	34.72%
服务费率	0.925	33.70%
分期期限	0.467	17.01%
每期还款额	0.279	10.16%
还款方式	0.121	4.41%
合计	2.745	100.00%

　　由表7可以看出，与整体样本相同的是，5个属性中，最重要的仍然是消费金融产品对应的产品类型和服务费率，分别为34.72%和33.70%，显著高于另三个属性。每期还款额和还款方式的重要性与整体相似，分别为10.16%和4.41%。

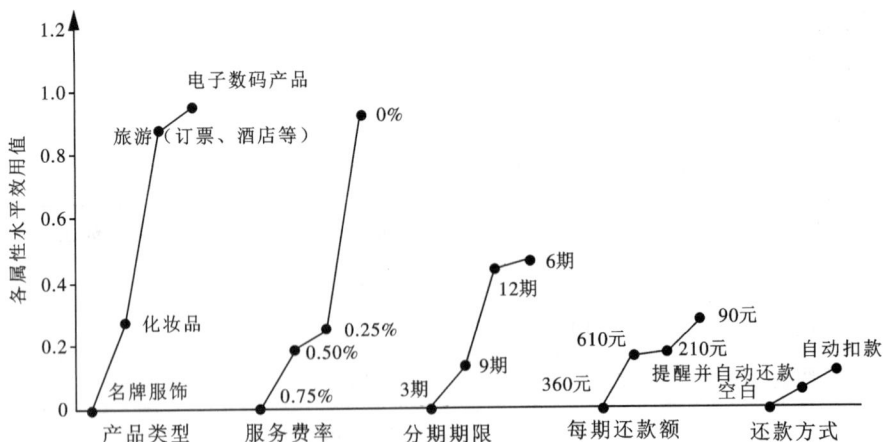

图5　情感跟随型人群各属性水平部分效用值

与整体不同的是，对于情感跟随型人群来说，他们不熟悉产品，因此分期期限很重要，重要性达 17.01%，说明情感跟随型人群对分期期限比较看重，较为敏感。结合图 5，可以看出对于情感跟随型人群的大学生群体，6 期、12 期效用很高，更加偏好 6 期的消费金融产品。每期还款额中，90 元、210 元、610 元是较为偏好的水平。

3. 优惠刺激型人群

（1）人口变量

优惠刺激型人群主要集中在三线及以下城市，他们网购次数较少，并且很少使用消费金融产品。

这一组人使用消费金融产品的起点值较高，生活费最高，但是他们的网购金额最低。此外，他们的起点值仅低于生活费约 75 元，但他们的网购金额几乎低于生活费约 1000 元。

优惠刺激型人群自身资金充足，并且不经常网购，只会在需要购买的产品价格接近自己生活费时才会使用消费金融产品，需要额外刺激促进他们使用。

（2）偏好情况

表 8　优惠刺激型人群线性回归参数及显著性情况

	系数	显著性	显著性标注
截距项	0.3428	0.982826	
利率合理	5.5479	0.068596	*
平台安全	9.5829	0.000894	***
场景不足	4.1462	0.060138	*
判定系数 $R^2 = 0.3799$　　　调整后的判定系数 $R^2 = 0.3296$			

基于以上结果可知对于优惠刺激型人群来讲：利率越低，场景越少，平台越安全，他们的满意度越高。影响优惠刺激型人群满意度的最显著因素是平台安全，这一属性或将直接决定该群体是否会选择在该平台上使用消费金融产品，因此安全形象的打造十分重要；其次是利率和场景，理性的经济大学生注重产品利率水平；这一组人对于场景的不丰富反而满意，反面来讲是场景少不会导致不满意，可能这一类人目标明确，且目标在现在的消费金融的覆盖范围内。最终的模型在 32.96% 的程度上决定因变量满意度。

表9　优惠刺激型人群属性效用全距及相对重要性

属性	效用全距	相对重要性
服务费率	1.481	37.49%
产品类型	1.35	34.18%
分期期限	0.494	12.51%
还款方式	0.375	9.49%
每期还款额	0.25	6.33%
合计	3.95	100.00%

　　由表9可以看出，与整体样本相同的是，5个属性中，最重要的仍然是消费金融产品对应的服务费率和产品类型，分别为37.49%和34.18%，显著高于另三个属性，只是服务费率和产品类型的相对位置发生变化。

　　与整体不同的是，对于优惠刺激型的消费者来说还款方式的重要性有提升，达9.49%，说明第三组的消费者关注还款方式。同时，每期还款额重要性下降，仅占6.33%。更特别的是，结合图6，可以看出优惠刺激型人群对于优惠力度十分敏感，主要表现在对服务费率非常敏感，服务费率对偏好的影响几乎呈线性变化，因此针对第三组消费者设计利率时应该着重考虑。除此之外，优惠刺激型的消费者随着期限的增加，对消费金融的偏好也增加。

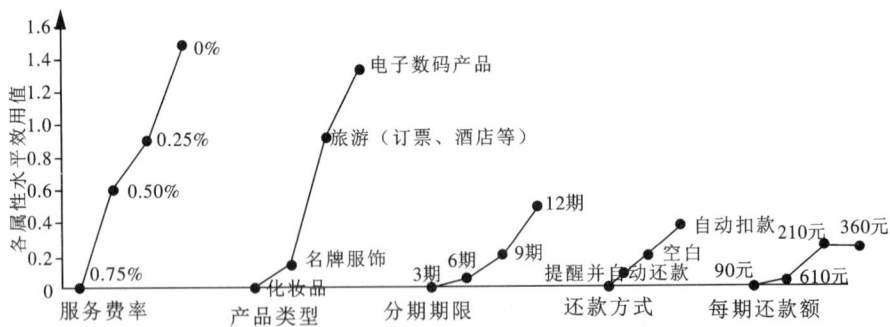

图6　优惠刺激型人群的各属性水平部分效用值

　　4. 提前享受型人群

　　（1）人口变量

　　提前享受型人群主要集中于三线及以下城市，他们较多网购，但很少使用消费金融产品。

　　提前享受型人群使用消费金融产品起点值最高，生活费较高，网购金额最高。他们会选择在比生活费高约 100 元时使用消费金融产品，并且他们的网购金额低于生活费约 700 元。综上所述，提前享受型人群网购主要是购买目前经济状况难以承受的产品。

（2）偏好情况

表 10　线性回归参数及显著性情况

	系数	显著性	显著性标注
截距项	57.230	0.0492	*
金额不适	−6.910	0.0579	*
易获得	−6.710	0.1218	*
流程简便	12.146	0.0561	*
判定系数 $R^2 = 0.2422$　　　调整后的判定系数 $R^2 = 01475$			
Signif. codes: 0 '***' 0.001 '***' 0.01 '*' 0 '.'			

基于以上结果可知对于提前享受型人群来讲：（影响程度逐渐递增）

每期金额范围更广泛，流程越简便，他们的满意度越高。他们的满意度受申请流程是否简便的影响较大，比较注重服务体验；其次还看重所能提供的每期还款额。最终的模型在 14.75% 的程度上决定因变量满意度。

表 11　提前享受型人群属性效用全距及相对重要性

属性	效用全距	相对重要性
产品类型	2.223	43.18%
分期期限	0.965	18.75%
每期还款额	0.875	17.00%
服务费率	0.75	14.57%
还款方式	0.335	6.50%
合计	5.148	100.00%

由表 11 可以看出，属性层面，提前享受型人群与整体有着比较大的不同，5 个属性中，产品类型作为最重要的属性，显著高于所有其他属性，相对重要性为 43.18%，说明提前享受型的消费者使用消费金融产品非常受产品类型的驱动。同时，他们对分期期限和每期还款额具有相同的中等程度的重视，分别为 18.75% 和 17%，均高于服务费率的 14.57%。在提前享受型消费者中，服务费率的重要性相对于整体、其他各组均有显著下降，说明服

务费率不是其特别关注点。

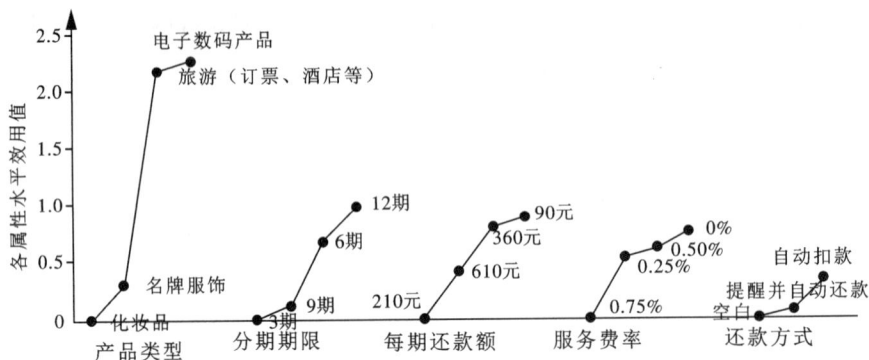

图7 提前享受型人群组各属性水平部分效用值

在具体水平层面,电子数码产品和旅游的效用值特别高,说明该类消费者特别偏好电子数码产品和旅游产品这些价格高,但却可以提前通过消费金融产品去实现购买的产品。服务费率中 0%、0.25%、0.5% 的效用差异不大。

三、建议与不足

(一) 整体市场建议

1. 消费金融产品设计:产品类型需多样,继续拓展电子数码产品,开发旅游产品,将旅游类的消费金融产品搭载进入天猫、京东等网站主页,并予以明显标注;免息或 0.5% 服务费率结合使用可达到最大效用值的同时更好盈利;使用总额在 500~3000 元为佳,每期还款额尽量在 500 元以内,开发 6、12 期限产品。

2. 营销方案设计:免息刺激 + 促进口碑或电子口碑等社会推荐行为 + 强化提前享受的正面社会观。

3. 风险控制:加强风险认知教育,根据学校的不同情况进行适宜的风险教育。

(二) 细分市场建议

1. 无动机型人群

(1) 识别要素:一二线城市、二线居多;网购起点值、生活费最低,经济状况最差。

（2）营销策略：着力开发零服务费率，覆盖电子数码和旅游产品，设计长还款期（6/12）。

2. 情感跟随型人群

（1）识别要素：一二线城市，一线居多；起点值最高，生活费高，网购金额高。经济状况良好。

（2）营销策略：设计还款额低的消费金融产品，覆盖电子数码和旅游产品，以低服务费率，6 期还款的形式达到最佳。

3. 优惠刺激型人群

（1）识别要素：三线及以下城市；生活费最高，网购金额最低。经济状况最好。

（2）营销策略：利率合理，低服务费率有显著刺激作用，体现平台安全对于这类群体很重要；使用总金额设计为中档额度，同时采取长期还款和自动扣款的形式。

4. 提前享受型人群

（1）识别要素：三线及以下城市；经济状况不佳但其消费金融使用的起点值最高，网购金额、频率最高，具有"剁手党"的性质。

（2）营销策略：设计较低额度、较长期还款，即每期还款额较低的消费金融产品，需覆盖电子数码和旅游产品，同时应注意简化使用的流程。

（三）局限性

我们的研究也有一些局限性，在今后的研究中可以进一步修改，这些局限性主要表现在以下两个方面：

1. 样本方面

首先我们的样本数量有限（546 份有效样本）。其次，尽管我们采用了分层抽样实现了学校层面的随机抽样，但我们在学校内部进行抽样时，选择的是非概率抽样——配额抽样，我们以便捷性的原则对每个学校的学生进行了抽样，这可能导致样本不够有代表性。再次，我们有相当一部分（30%）为电子问卷，调查员没有在被调查者身旁，可能导致问卷回收质量不高。

2. 风险测量部分

对客观风险认知的测量过于薄弱，无法多维度测量多个大学生群体的客观风险认知，因此风险的测量缺乏信度和效度。

参考文献

[1] 苏丹娜. 互联网金融对大学生消费行为的影响 [J]. 中国商业论坛，2017 (26).

[2] 刘昕，公言军. 大学生网贷的现状及策略 [J]. 中国商论，2017 (12).

[3] 夏赟. 大学生网贷消费行为解构与抑制研究 [J]. 西南师范大学学报（自然科学版），2017 (8).

[4] 李启明. 关于大学生选择校园分期金融产品的影响因素的调查 [D]. 成都：西南财经大学，2016.

融资"贷"动小微企业 "活"起来的调查研究

课题组成员：杨慧中，刘跨文，曹　颖，彭子依

指 导 老 师：焦晓云

摘要： 2020 年 4 月份，随着我国国内形势逐步好转，小微企业开始逐步复工。但是，在全球经济瘫痪的大背景下，小微企业的经营再度陷入困境，面临着"复工"不"复产"的窘境。本次调研力求透过不同视角综合研究常态化防控阶段影响小微企业贷款的因素，结合此次突发性事件所展现的对于小微企业以及金融机构升级转型的强烈需求，提出具有根本性、长效化的解决措施与未来发展建议。

关键词： 小微企业；融资；复工不复产

小微经营者是吸纳就业的主力军，就业关乎国计民生，关乎千家万户。李克强总理在 2020 年 4 月 7 日主持召开的国务院常务会议上指出："要通过财政金融政策联合发力，继续加大支持普惠金融发展力度，帮助小微企业、个体工商户和农户渡过难关。"然而新冠对小微企业的冲击极大，小微企业面临着前所未有的生存困境，亟须纾解融资难题化解危机。因此，当下要想尽一切办法让小微企业活下来。

此次调研着重关注小微企业面临的融资新难题，分析难题背后的成因，并针对性地提出相关的解决意见。从而明白如何从多方角度纾解小微企业新融资难题，制订有效的模式整合资源，以便更快、更有效、更精准地帮助小微企业融资，支持小微企业复产，推动经济的恢复与发展。并且，为未来出现类似重大公共卫生事件提供有效经验、借鉴模式与政策，以便应对突发问题，维持经济的稳定发展。

就目前情况而言，众多学者大多基于宏观的视角来研究小微企业的融资困境及原因，微观视角研究很少，缺乏对于实践的指导意义，而本课题则是

基于实地调研的具体研究。虽有许多学者总结了影响小微企业融资的因素，但较少文献深入系统地研究这些影响因素之间的内在作用关系及这些因素如何对小微企业的发展产生影响。新形势下，小微企业的融资过程中又滋生了众多新的问题。因此本研究还是要立足于当前实际状况，具体分析当下特殊时期小微企业融资的困境与产生原因，发现问题，并针对这些问题提出可行性高的优化策略。

一、调研情况分析

（一）调研数据基本情况介绍

1. 总体样本结构

根据国家统计局《统计上大中小微型企业划分标准》，主体调研样本中企业规模分布如图 1 所示：

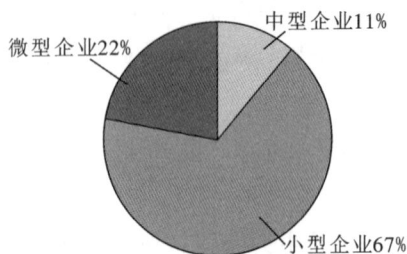

图 1　总体样本结构

2. 样本区域分布

从区域分布看，主体调研样本集中在华北、华中、华南。

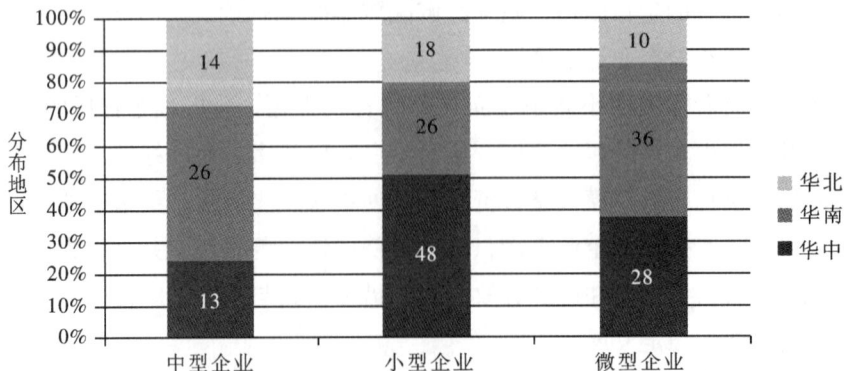

图 2　样本区域分布

3. 样本行业分布

主体调研样本中，占比较高的分别为教育业（47.37%），农、林、牧、渔业（47.37%）和制造业（42.11%）。

（二）小微企业经营现状：能复工难复产

受新冠影响，大部分的企业能够完成复工，但是面临着难复产的局面，40.38%的企业表示，2020年年初企业的生产能力仅为50%左右。

未复产率排名靠前的行业为娱乐业（68.7%）、建筑业（44.2%）、服务业（38.2%），即使新冠已经得到基本的控制，但多数消费者仍然保持着谨慎的态度，尽量减少外出聚餐、聚会，从而造成市场需求疲软，企业难以完成复产。

1. 已开工小微企业难以恢复正常营收水平

已复工的小微企业很难恢复正常营收水平，仅有3.7%的企业恢复到疫情之前的营收状态。

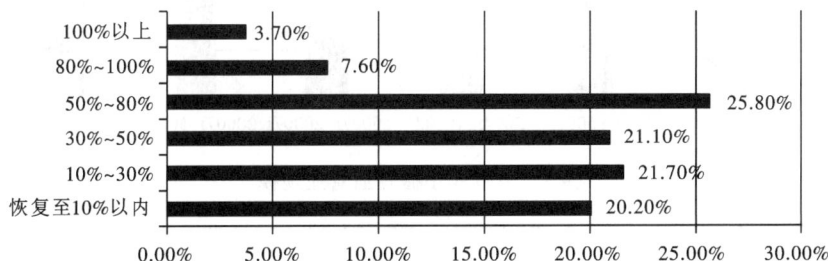

图3 小微企业销售额恢复率

2. 小微企业整体盈利略有亏损或保持不变

在已经完成复工的小微企业中，有51.92%处于亏损状态。在市场需求量萎缩的情况下，大部分小微企业还要面临着各类成本开支，进一步侵蚀利润空间。

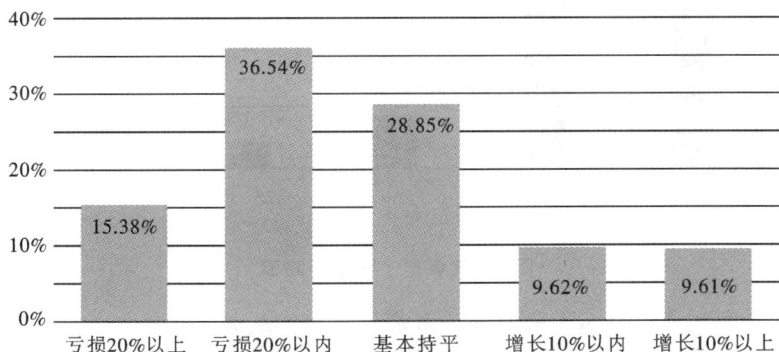

图4 企业经营利润状况

3. 小微企业整体营业规模较小

面对着突发性公共卫生事件的冲击，小微企业雇员数量呈下降趋势，许多小微企业选择通过缩小营业规模、裁员的方式来缓解扩大生产带来的资金缺口压力。

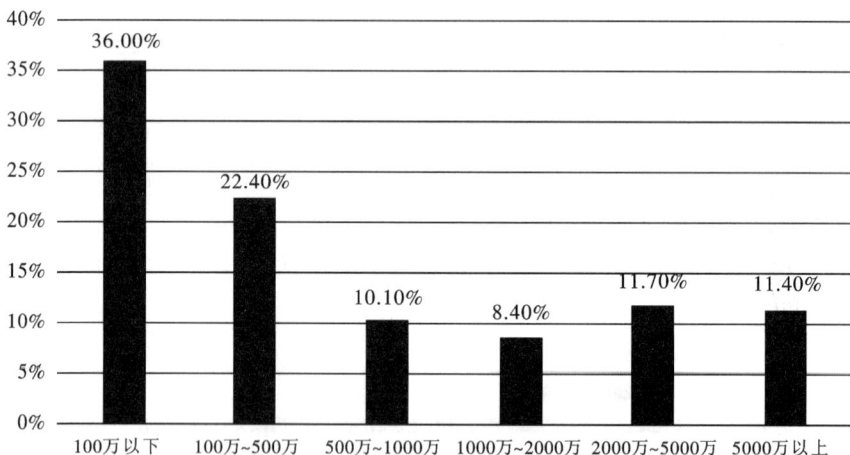

图5　2020 年小微企业营业规模

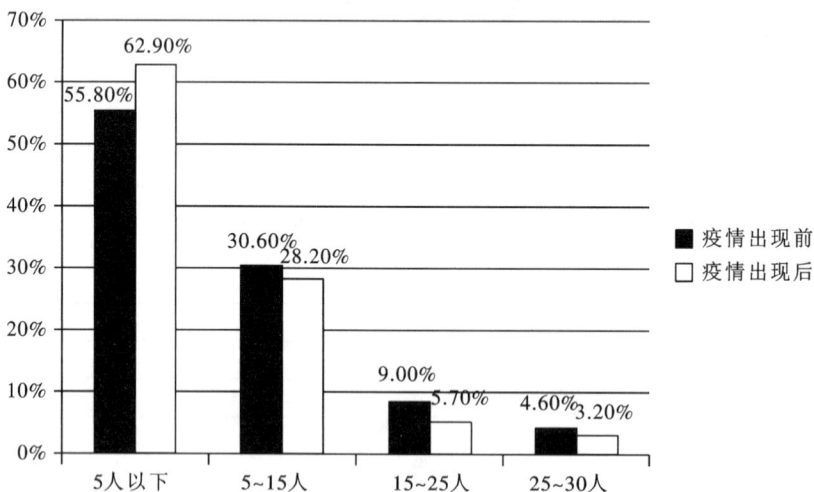

图6　代替员工数量下降率

4. 小微复产主要压力来源——需求量减少、成本攀升

小微企业中超过半数面临着市场需求量降低导致的收入不足的压力，超过三分之一的企业面临着来自人力、租金、原材料的成本压力。目前亟须为

小微企业融资纾困,使其得以获得可观、稳定的现金流推动复产工作的顺利进行。

(三)小微企业融资现状

1. 融资缺口普遍存在,资金缺口多为50%以下

特殊时期近八成的被调研小微企业存在融资缺口,但资金缺口普遍较小,48.9%的缺口在5万以下,23.7%在10万~50万之间,仅有6%的缺口在50万以上。

2. 融资主要用途:维持日常生产经营、支付人力成本

小微企业的融资主要用于支持日常生产经营(53.85%)和支付人力成本(57.69%)。由此可见,小微企业的目的大多与恢复正常复工、维持流动性相关,它们获得的贷款资金基本流入了实体经济领域。

3. 融资困难的主要原因:融资手续复杂、放贷时间太长

小微企业融资面临的最大困难是融资手续复杂、放贷时间过长(76.92%),小微企业对于融资规模的需求不高,但是对于融资效率却有很高的要求,传统银行贷款审批速度在新形势之下仍然较慢,难以满足小微企业需求。

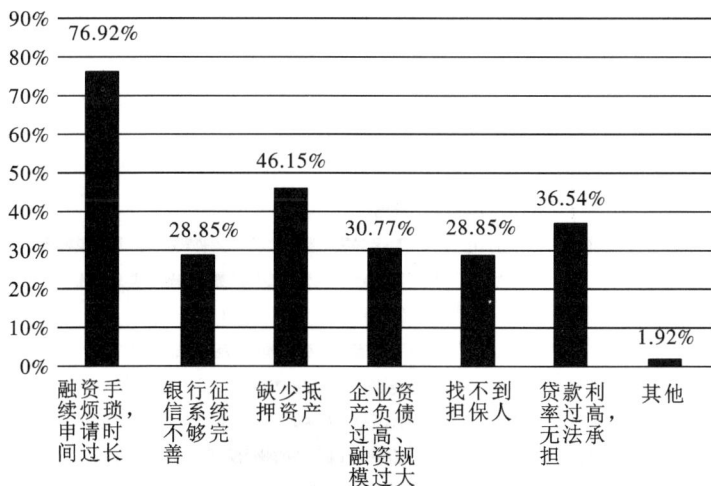

图7 融资面临的主要困难

4. 普惠金融新政和新产品普及率不高

近年来,伴随着金融的春风,各式各样的新政层出不穷。然而经过调研显示，62.7%的小微企业没有使用过普惠金融新政或新产品，普惠金融新政来得猛烈，但实际上普及率不算高。有41.5%的小微企业表示使用过互联网银行信用贷款，小微企业经营规模小，融资需求金额也较小，难以享受到传统金融普惠政策，更加愿意尝试"小额信贷"数字金融信贷产品。

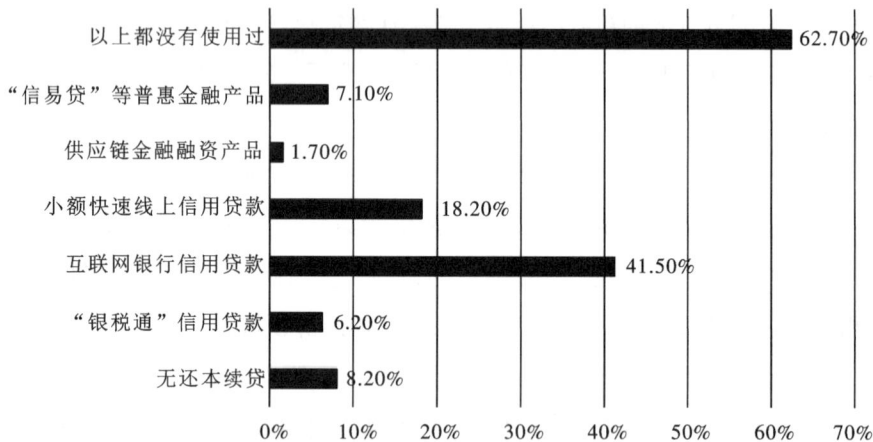

图 8　金融新政和产品使用情况

5. 小微企业融资渠道狭窄，主要依赖传统银行贷款

小微企业的融资渠道主要为传统银行（49.90%）和互联网银行（40.50%），小微企业在传统银行经营性贷款的可得性较低，但新兴互联网银行运用金融科技探索出一条商业可持续道路，一定程度上改善了小微贷款的可得性。

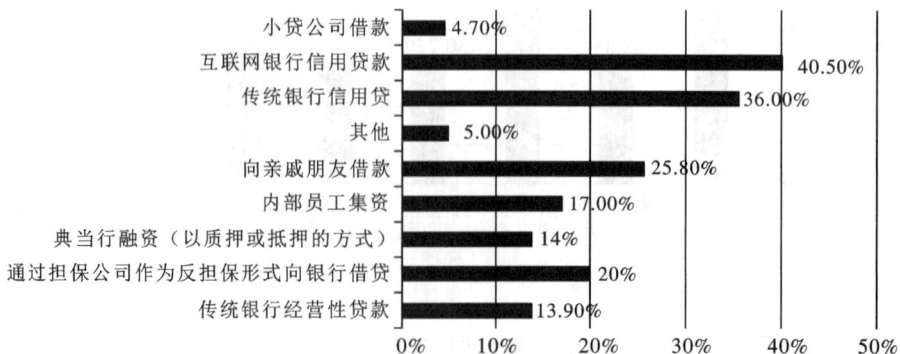

图 9　小微企业融资渠道

6. 小微企业享受特殊优惠政策情况

作为抗风险能力较弱的"弱势群体",小微企业在特殊时期获得许多专项优惠政策的支持。其中,贷款利率下调(65.38%)和融资门槛降低(57.69%)是小微企业主要享受到的优惠政策。

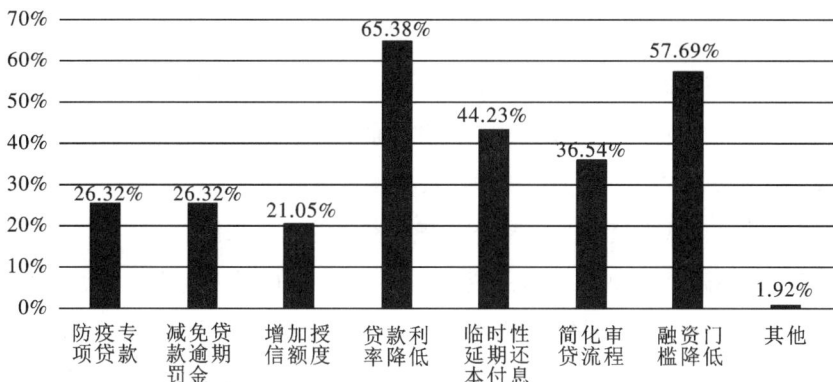

图 10 特殊时期小微企业享受优惠政策情况

7. 小微企业希望改进的优惠政策

有融资缺口的小微企业最希望得到进一步降低贷款利率的帮助(75%),小微企业的销售遭受巨大打击,同时又面临着巨额的成本开支,希望进一步降低融资成本,解决"融资贵"的难题。

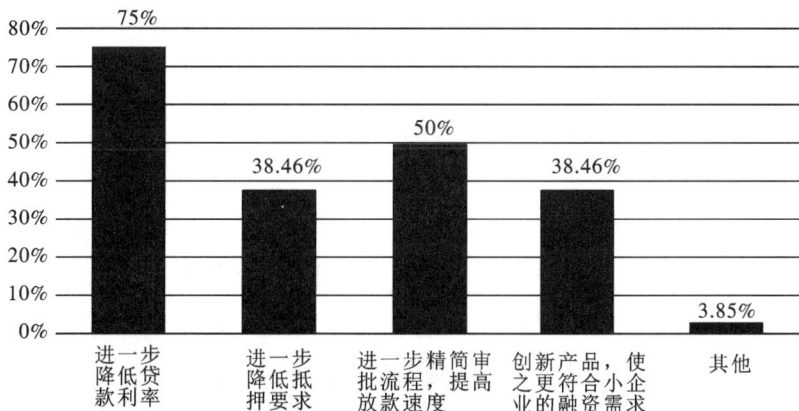

图 11 小微企业期待得到的金融政策统计

二、小微企业融资难原因分析

（一）小微企业受困自身特性，加剧企业融资难题

1. 小微企业"涓涓细流"，缺少充足留存资金

小微企业的特性是：生产规模小，盈利能力差，运营资金薄弱，企业留存使用的资金数量有限。前期，小微企业被强制停工停产，已经消耗了大量的资金，2020 年第一季度收益几乎为 0，面临资金链断裂危机。

2. 小微企业"潭小水浅"，难以获得适价抵押物

调查显示，抵押贷款是小微企业获得资金的主要来源。

然而，小微企业缺少足够的资金购买价值高的固定资产；经营利润低，流动资产很不稳定；同时缺少技术研发投入，获得专利少，缺乏可抵押的无形资产，这些问题制约了小微企业的融资能力。根据现有政策，抵押贷款最高金额只能获得抵押物的七成，这无疑是雪上加霜，在原本较低的基数上，又打了折扣，小微企业无法通过抵押贷款满足资金需求。

（二）小微企业经营陷入恶化，难达融资准入标准

小微企业经营状况不稳定，固定资产价值不高，无形资产难量化，流动资产不稳定，使得企业难以达到融资的准入标准，同时企业违约可能性较高，银行贷款的风险增加。因此获得贷款的可能性降低，一定程度影响到了企业的融资贷款。

1. 小微企业上游"失源"，供应端断裂新危机

（1）原材料供应断裂

对于处于供应链中心地位的核心生产企业来说，如果缺乏原材料，即使机械设备、人力资源、厂房等一应俱全，也没有办法顺利地复产。如果上游合作企业在武汉等新冠严重地区，在新的供货渠道一时未建立的情况下，可能陷入"无米下锅"的尴尬境地，成为复工企业的硬伤。或者因为原材料供应的延迟，导致生产企业没有办法按时完成下游的订单，造成违约等后果。

（2）原材料价格攀升

除此之外，在物资紧张带动效应下，相关原材料、零部件出现一定程度的涨价，使复工复产的中游企业还要承担上游涨价的压力，导致流动资金占

用增加。据对 24 个省（市、区）流通领域 9 大类 50 种重要生产资料市场价格的监测显示，2020 年 1—8 月生产资料市场价格每月变动情况如图 12 所示。自 2020 年 5 月以后，价格上涨的生产资料占比较多。

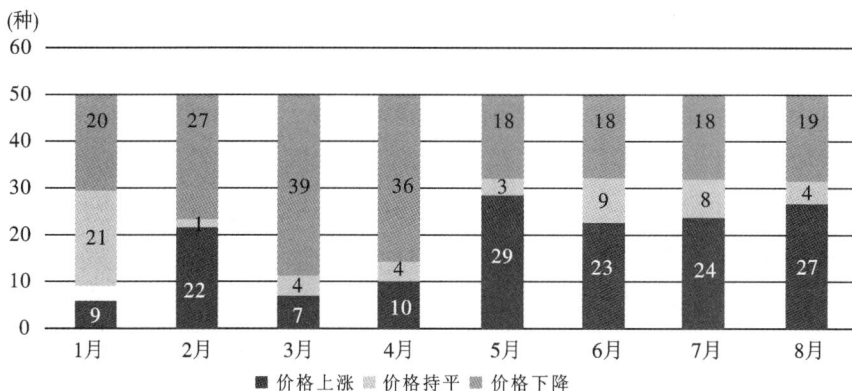

图 12　生产资料市场价格变动情况

2. 小微企业中游"失活"，生产端成本新压力

（1）预防物资新支出，开工额外新难题

在特殊时期，预防物资成为特殊支出，消毒水和口罩消耗量大，累计费用高。在常态化防控阶段，预防物资的支出也会一直存在。尤其，如果高峰再一次来临，面对物资紧缺的情况，成本会进一步升高，那么此类支出会在原有基础上，给企业增加新的成本负担。

（2）失业难题"蓄水池"，劳动成本急上升

长久以来，小微企业在解决失业问题上发挥着重要的作用，随着抗疫防控走向常态化发展，小微企业成为了吸纳就业的"蓄水池"。伴随着扩大再生产承载的大量人力投入，小微企业的劳动力成本急速攀升，带来现金流压力。调查显示，特殊时期小微企业融资主要用于支付人力成本（57.69%），占比数最高。

3. 小微企业下游"失力"，销售端面临新风险

（1）销售渠道变化

由于不同地区、不同企业复工复产的步调不一致，下游企业减少、取消订单的情况不同程度存在，导致一些企业订单减少甚至没有订单。这种状况将导致已开工的企业员工复工却无工可做。特别是部分西方国家对我国贸易、旅游等方面采取限制后，或导致部分企业停工停产无法按时按量完成订单，或出现部分采购商借故解除合同。

（2）订单数量骤减

目前企业面临复工不复产主要原因是客户需求的波动和下降，目前，新冠正在国外大面积爆发，大量外贸订单被取消，不仅仅是面临需求的减少，还要面对需求波动带来的巨大不确定性，如果上游客户取消订单、下游已经委托生产，这将给企业带来额外的成本支出，这对外贸型企业是巨大的打击。虽然，国内经济逐步稳定，内需有所稳定，但工薪家庭的购买力还未完全恢复，国内需求仍存在不稳定因素，内需存在缺口。金融机构面临信贷风险，投放信贷谨小慎微。

4. 小微企业识别难度加大

小微企业天然存在信息不公开、不透明的问题，银行很难真实、全面地了解到小微企业以前的经营状况等。调研结果显示，80%的银行表示，无法辨别小微企业经营状况恶化的真正原因，15%的银行表示很难辨别或者需要投入较多的时间和人力物力。

5. 不良贷款影响信贷质量

受新冠肺炎影响，截至2020年6月末，全国银行不良贷款余额3.6万亿元，比年初增加4004亿元，不良贷款率2.10%，比2020年年初上升了0.08个百分点。团队调研结果显示，在参与调研的52家银行之中，82.73%的银行在抗疫期间，不良贷款率持续上升，这对银行的信贷资产质量造成了严重的影响。

（三）金融科技发展不够纯熟，难以覆盖企业需求

1. 数字化转型不彻底，转型刻不容缓

此次公共卫生事件冲击之下，传统"线下接触式申请，人工审批"的信贷模式，由于受到银行网点服务停业的影响，受到了较大的限制，在这种情况下，银行完善线上平台搭建，加速数字化转型刻不容缓。然而调研结果显示，70%的小微企业反映在抗疫期间线上金融服务没有发挥很大的作用，银行在数字化生态建设、构建线上线下闭环服务的道路上还有很长的路要走。

2. 金融科技局限仍在，亟须继续完善

金融科技能解决的主要是风险评估与管理的问题，无力让供应链恢复运转。换言之，供应链的物流、商流、信息流、人流等各方面的恢复，还需要政府、各类生产性服务企业以及实体经济中的核心企业与中小企业本身多方在理念、制度、模式、技术方面一起努力。

另外，金融普惠技术本身的成熟度不足，能发挥的作用受限。虽然人工智能、云计算、区块链、物联网等技术已经在我国发展多年，但是在小微企业融资领域，还远不达完善的程度。

（四）"贷后管理"欠缺落实跟进，供需两侧存在落差

1. 贷款用途错配

抗疫期间，部分银行贷款业务员为完成小微专项"经营贷"考核业绩指标，"经营贷"逐渐开始变味，慢慢走向"粗放"，市面上随之出现了经营贷资金违规流入房地产市场的现象。优惠的小微企业专项贷款却被"炒房客"钻了空子，贷款产生了用途错配的现象，让真正需要帮助的小微企业与融资贷款"失之交臂"。

2. 贷款期限错配

新冠肺炎疫情让银行面临较大的未来风险和不确定的市场环境，发放短期限的贷款成为了其理性的选择。缺少中长期的流动性安排，选择"以短代长"让小微企业在发展过程中一旦遇到资金困难，往往临时抱佛脚，方寸大乱，难有妥帖的解决方案。

三、政策建议

（一）小微企业积极"造血"自救，改革发展新动能

1. 告别粗放式管理，提升品牌影响力

小微企业首先需要告别粗放模式，提升管理水平，重视企业信用建设，聘请专业的财务人员对企业的财务状况进行规范化管理和记录，保持在银行征信系统的良好信用记录。而在融资能力塑造方面，企业要提升品牌影响力、知名度、美誉度，让投资者看到企业的市场价值，及时进行产品创新研发，提升产品的核心竞争力。对于下一步融资，企业要做好企业融资发展规划，从融资规模、还款计划、工作对接等方面做到精细化管理。

2. 加速数字化转型，引领"线上化"风潮

小微企业加速数字化转型，在线教育、生鲜电商、云办公等业务在此期间如火如荼。小微企业正在经历阵痛，而产业互联网正是解决当前困境的一剂良药，在这次战役大考中，小微企业从"线下"至"线上"的突围将使其具备更强的生命力和抗风险能力。小微企业要积极推进企业转型，向高附加值产业链升级，向数字经济产业转型。小微企业应加快发展新型商业模式，

进行多元化销售渠道转型，充分发挥阿里巴巴、京东、亚马逊、网易等互联网平台企业作用，扩大网上销售，适度嵌入云技术、区块链技术，通过小程序、社群等方式提高营销渠道多样性。

3. 夯实供应链环节，打通"最后一里路"

小微企业陆续复工复产后，多数企业面临产品告急、断货、上游供应困难等问题。小微企业需要关注供应链环节，这是复工复产后的核心工作。小微企业应及时与上游供应商、下游渠道商沟通，对企业复工复产后的供应能力和订单需求量进行判断，利用客情关系维系供应链资源，积极做好备选方案与多渠道采购，必要时需要考虑跨境采购。

小微企业除要加强与供应商的联系外，还要密切关注动态，如复工时间、上岗员工统计、上游原材料情况、订单状态、资金链问题等。小微企业可视情况考虑通过预付款或定金来确保上游供应商优先供货，与供应链薄弱的企业联合，短板互补，长板叠加；通过为上游优质或核心供应商提供必要的资金、消毒物资等，争取获得复工后急需原材料优先采购的机会，并切实增进客情关系，为后续构建牢固的供应链关系奠定基础。

（二）政府加大宏观政策实施力度，为企业"保驾护航"

1. 完善股权融资体系，拓展小微融资渠道

现阶段，股权融资因独有的低准入、短耗时、低成本、灵活融资、额度可控的特点，成为小微企业理想的融资渠道。我国要更加重视和支持股权投资基金的发展，政府要营造更加友好的环境，从税收、财政等方面对其加大支持力度。同时，将私募股权投资公司纳入金融机构范围，加大监管力度，减少金融风险事件的发生，为小微企业融资渠道的拓展提供更多选择。

2. 实施扩大内需战略，打通国内外双循环

融资是给小微企业救急的"及时雨"，但要想从根本上解决小微企业的经营困境，应当带动小微企业订单销售数量的回春。从国内来看，近几个月经济数据回暖，整个 2020 年上半年经济呈现趋稳向好态势。我国作为世界工厂，拥有全球完备的工业制造业体系，完善的基础设施系统。我国还拥有 14 亿人口和人均 GDP 突破 1 万美元的超级大市场，由此来看，我国应当致力于通过发挥内需潜力，提高产业链供应链稳定性和竞争力，更好地联结国内市场和国际市场，拉动内外需增长。

3. 发挥正向激励作用，改进双线考核标准

通过改变银行评级标准，降低小微企业贷款风险权重，对符合政策的不

良小微贷执行及时核销政策，提高对小微企业不良贷款容忍度来减轻银行对小微企业放贷的顾虑。同时对银行从业人员实行尽职免责正向激励制度，适当降低小微金融从业人员利润考核权重，增加贷款户数考核权重，提高放贷积极性。对在征信平台缺乏信用记录的"首贷户"，建议纳入普惠口径小微贷款考核标准，鼓励银行重点加大对小微企业"首贷户"的信贷投放力度，针对性地设置授信审批条件。

（三）金融机构积极"输血"，稳住小微融资基本盘

1. 银行业数字化革命，打造线上线下服务闭环

新冠疫情在对实体经济产生阶段性巨大冲击的同时，也带动了各行各业新一轮数字化转型的高潮。针对业务线上化成为不可逆的重要趋势，各家银行要顺应时代潮流，围绕金融科技输出、发展线上信贷、搭建金融场景等方面，进一步完善线上运营体系、优化线上服务、简化流程手续，帮助受新冠影响较大的"三农"、小微企业恢复经营。同时，各家银行可积极与外部场景平台合作，拓展客户，进一步延伸金融服务触角。金融机构应当紧跟大数据时代的步伐，加快建设更加完善的小微企业信用信息共享平台，对小微企业主体信用信息进行整合，严格记录小微企业违法、违约等信息，并保证及时披露共享，挖掘更多诸如支付类、财务类、商务类信息，进一步丰富小微企业大数据工具，支持银行机构获取更多有信贷需求企业的信息。做好企业数据挖掘、积累和整合工作，降低信息不对称，提升首贷效率。

2. 大力发展金融科技，加速数据分析智能化

加快推进金融科技发展，加强线上业务发展与创新，提升大数据分析能力，提高客户线上线下一体化服务水平；实现业务智能化转型，重视远程办公能力及工具建设。监管政策上，制订行业标准，在风险可控的前提下给予适当的试错空间，促进金融科技发展；完善线上业务的安全规范和应用规范；加快推进各地监管沙盒落地，引入金融科技力量，促进产品创新；加快数据安全立法，促进全社会数据要素共享流通，在合规的前提下实现金融数据的开放共享。

3. 畅通疏解产业链条，构筑智慧供应生态

一方面，通过将信贷资金注入核心企业上下游的配套小微企业，从源头上逐个疏通核心企业销售现金回流渠道，激活整个"链条"的运转。另一方面，将银行信用融入全产业链，向产业链上的供应商提供货款及时收达的便

利，或者向其分销商提供预付款代付及存货融资等服务，通过推动供应链上各环节资金的顺利归流，有效促进全产业链上企业复产的协同性。此外，创新适应"无接触式银行"服务，通过消费金融激活消费市场终端，进而传导至上游企业。从需求端溯流而上，或许是解开目前产业链不协同、推动全产业链复工复产的有效路径。

参考文献

[1] 徐洁，隗斌贤，揭筱纹. 互联网金融与小微企业融资模式创新研究［J］. 商业经济与管理，2014（4）.

[2] 李文中. 小额贷款保证保险在缓解小微企业融资难中的作用——基于银、企、保三方的博弈分析［J］. 保险研究，2014（2）.

[3] 朱武祥，张平，李鹏飞，等. 疫情冲击下中小微企业困境与政策效率提升——基于两次全国问卷调查的分析［J］. 管理世界，2020（4）.

[4] 张夏恒. 新冠肺炎疫情对我国中小微企业的影响及应对［J］. 中国流通经济，2020（3）.

[5] 杨承训. 内循环为主双循环互动的理论创新——中国特色社会主义政治经济学的时代课题［J］. 上海经济研究，2020（10）.

小额信贷"保民生、促脱贫"模式与效果的调研报告

课题组成员：张　艳，曾　娜，梁慧欣，周怡文，
　　　　　　朱雯欣，刘跨文，曹国俊
指导老师：阳　旸

摘要：扶贫小额信贷政策是金融扶贫、精准扶贫的重要举措，对实现精准扶贫有着积极作用。本次调研对湖南、安徽、河南和广东四个地区进行数据收集，对农户、个体工商户、政府等不同主体进行走访调查，采用描述性分析、交叉分析等方法，归纳了小额信贷政策在抗疫期间落实与发展的状况，从困境产生的原因出发，提出有针对性、长效性的发展建议。

关键词：小额信贷；脱贫攻坚；调研

脱贫攻坚决战已进入全面收官阶段的关键时刻，2020年3月6日，习近平总书记在决战决胜脱贫攻坚座谈会上强调：到2020年，现行标准下的农村贫困人口全部脱贫，是党中央向全国人民做出的郑重承诺，必须如期实现。这是一场硬仗，越到最后越要紧绷这根弦，不能停顿、不能大意、不能放松。

扶贫小额信贷政策是金融扶贫、精准扶贫的重要举措，然而新冠肺炎疫情的爆发给脱贫攻坚带来了新的困难和挑战。团队在现状调研的基础上，探究小额信贷政策在调研团队所在调研地的实施成果，深挖政策实施的痛点、难点，并致力于直击痛处、解决难题，以保障小额信贷政策的可持续性发力保民生、促复工。

一、研究设计

（一）调研地点

湖南省邵阳市绥宁县（绥宁县将集中授信和分散授信相结合，提高了授

信工作的效率）、湖南省邵阳市大祥区罗市镇（罗市镇主力扶贫项目包括扶贫小额信贷，农产品深加工助力脱贫攻坚等）、广东省广州市增城区（近年来，积极探索金融扶贫新思路，建立健全扶贫领域财政投入保障制度）、河南省焦作市温县（温县实施 2020 年度温县"雨露计划"、扶贫小额信贷贴息等措施来进行脱贫攻坚）、安徽省合肥市肥东县（为助力脱贫攻坚，开展资产收益扶贫，完善利益联结机制，折股量化和收益分配向弱劳动力和无劳动力的残疾贫困户人口倾斜，帮助贫困群众分享产业扶贫红利）、湖南省长沙市岳麓区莲花镇（为促进小额信贷发展，当地政府对小额贷款政策进行宣传，及时调整相关政策，为城镇失业人员、失地农民及返乡创业农民等的小额贷款提供担保）。

（二）研究方法

1. 文献研究法

团队成员通过查阅相关文献，利用大数据等平台搜索相关行业报告和数据，聚焦小额信贷的成果与问题探究，并提出相关建议与意见。

2. 问卷调查法

此次调研问卷的发放采用网络问卷与实体问卷相结合的方式，既提高了问卷发放的效率也保证了问卷的质量。

3. 实地访谈法

本组成员在各调研地进行分地调研与访谈。通过与调研对象面对面访谈及搜集资料，深入挖掘农村贫困农户对小额信贷的需求与建议。

二、研究成果

（一）调研数据初步分析

1. 问卷调查结果统计分析

采用描述性统计分析以及交叉分析，借助现有的数据平台的原始数据对行业和人群数据进行描述性分析等，佐证我们的结论。

调研问题 1：调研人群抗疫期间是否出现了资金困难

大部分的调查者抗疫期间出现了资金困难，其中近 6% 的调查者资金问题严重。

资金非常紧张，
5.68%

资金充裕，37.50%

资金比较紧张，
56.82%

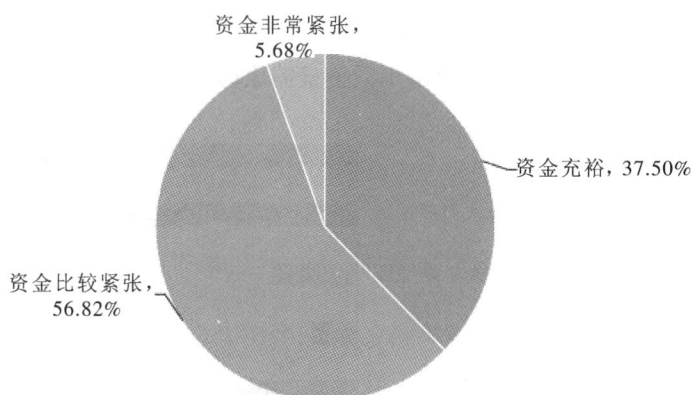

图1　调研人群抗疫期间资金状况调查结果

调研问题2：调研人群前后的申贷情况

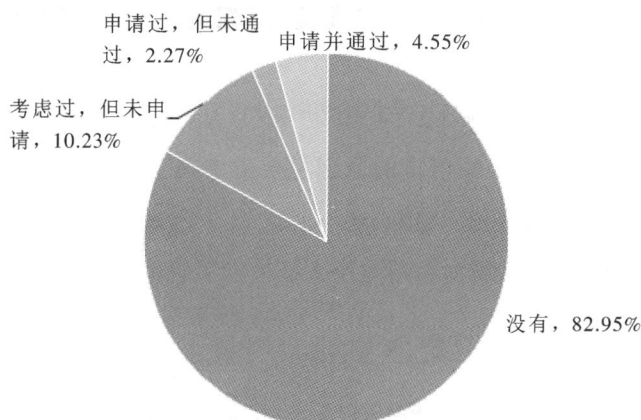

申请过，但未通
过，2.27%

申请并通过，4.55%

考虑过，但未申
请，10.23%

没有，82.95%

图2　调研人群抗疫之前小额信贷申请情况调查结果

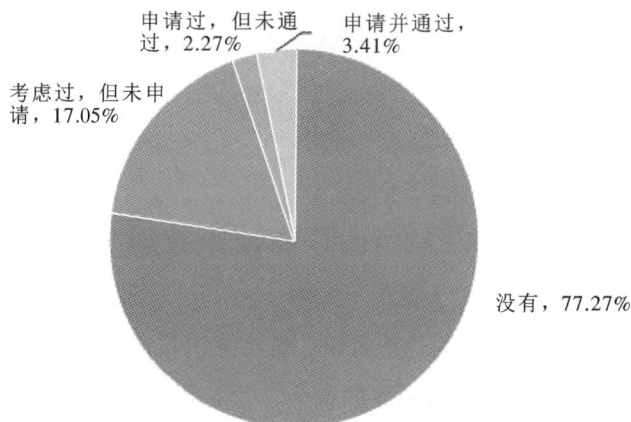

申请过，但未通
过，2.27%

申请并通过，
3.41%

考虑过，但未申
请，17.05%

没有，77.27%

图3　调研人群抗疫期间小额信贷申请情况调查结果

大部分人无论是抗疫前还是抗疫后期都没有考虑过或者申请小额信贷。

调研问题 3：调研人群未申请小额信贷的原因

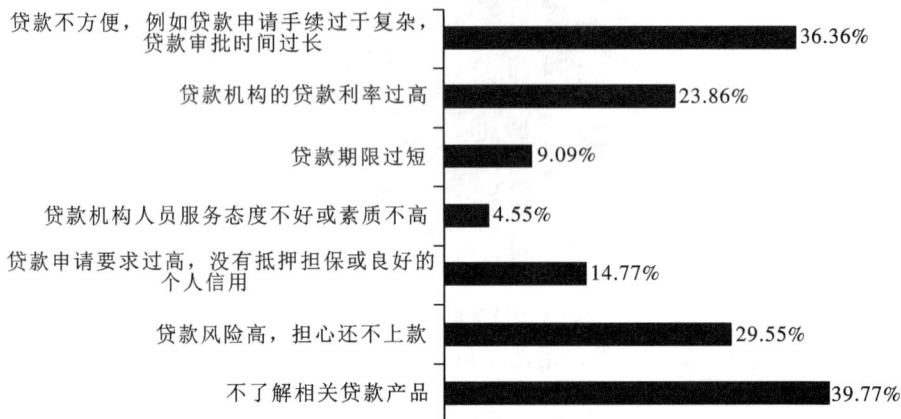

图 4　调研人群未申请小额信贷的原因调查

被调查者没有申请小额信贷的原因主要集中在"不了解相关贷款产品""贷款不方便""贷款风险高，担心还不上款"三个部分。

调研问题 4：调研人群对信用与个人征信的了解程度

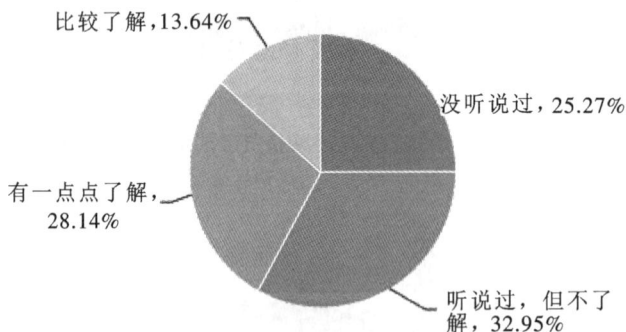

图 5　调研人群对信用与个人征信的了解程度

大部分的被调查者对个人征信不了解。

调研问题 5：调研人群的信用意识、诚信意识等情况

大部分被调查者认为欠贷不还的行为"会影响个人征信记录""要承担法律责任""在道德上是不确的"。

A.短期内逾期不还的话没有什么 ████ 9.09%

B.会影响个人征信记录 ██████████████████ 89.77%

C.在道德上是不正确的 ████████ 43.18%

D.出现无法偿还贷款现象，银行也没办法 ███ 7.95%

F.要承担法律责任 ███████████ 56.82%

G.无奈之举，可以理解 ██ 4.55%

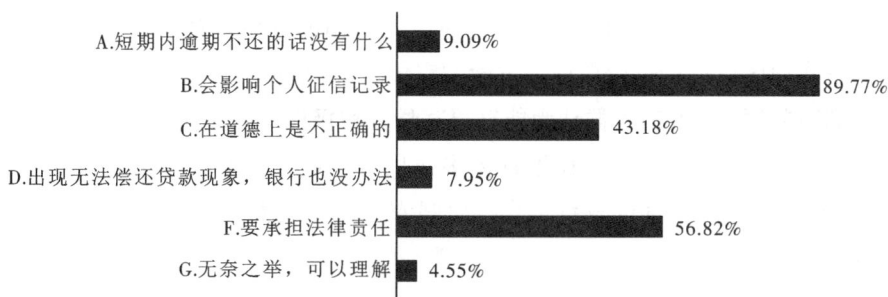

图6　调查者的信用意识、诚信意识情况

调研问题6：当地政府或银行机构是否进行了农户基本信息收集工作

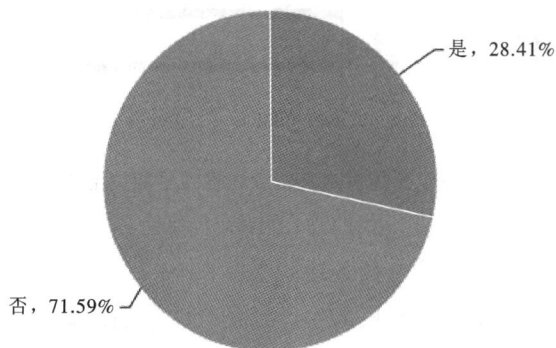

是，28.41%

否，71.59%

图7　当地政府或银行机构是否进行了农户基本信息的收集工作

近72%的被调查者表示所在地区的政府或金融机构未进行基本信息收集工作。

调研问题7：当地有关征信方面宣传教育活动的进行情况

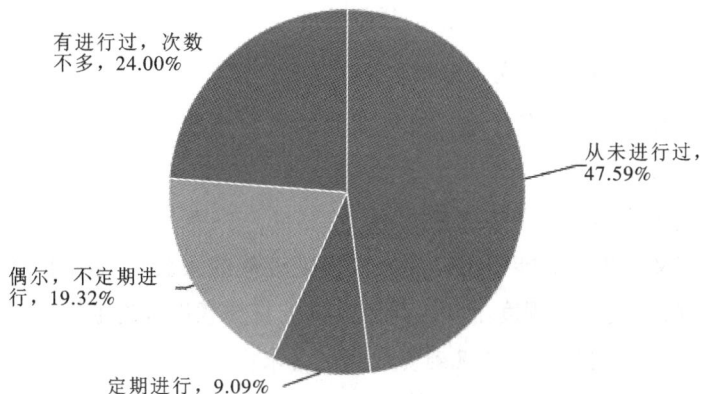

有进行过，次数不多，24.00%

从未进行过，47.59%

偶尔，不定期进行，19.32%

定期进行，9.09%

图8　当地有关征信方面宣传教育活动的进行情况

近48%的调查者所在地区未进行过征信方面的宣传教育活动，24%的调查者所在地区仅进行过少数征信方面的宣传教育活动。

调研问题8：调研人群认为能够提高贷款积极性的相关措施

大部分调查者认为，"积极宣传多样化贷款业务，增强对贷款知识的了解""金融机构强化宣传教育工作，增强农民的信贷意识"能够提高贷款积极性。

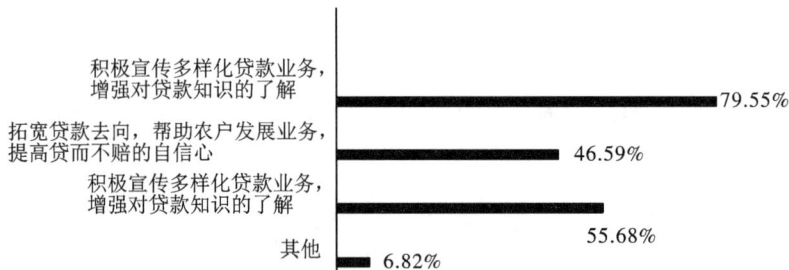

积极宣传多样化贷款业务，增强对贷款知识的了解 79.55%
拓宽贷款去向，帮助农户发展业务，提高贷而不赔的自信心 46.59%
积极宣传多样化贷款业务，增强对贷款知识的了解 55.68%
其他 6.82%

图9　调研人群认为能够提高贷款积极性的相关措施统计情况

通过上述描述统计分析，我们总结出以下结论：

一是扶贫收官之年，脱贫任务还较艰巨；

二是新冠的爆发对许多村民的生产经营产生了消极影响；

三是农村村民普遍都有一定的诚信意识，但是对个人征信情况及相关的征信知识缺乏了解；

四是虽然调查显示村民的贷款意愿都很低，但多方的宣传对提高村民贷款积极性有很大的可行性；

五是地方机构对征信知识宣传教育重视度较低，应加强征信建设，多样化宣传贷款业务来提高当地居民的贷款信心。

（二）问卷调查结果交叉分析

调研问题9：受教育程度、抗疫期间的资金情况、征信认识程度对贷款主观需求的影响

1. 从受教育程度到贷款主观需求

通过交叉分析我们能得出，受教育程度较低的人会更偏向于"向亲朋好友借款"，随着受教育程度不断提高，人群的贷款意识也逐渐增加。

2. 从抗疫期间的资金情况到贷款主观需求

通过交叉分析可知，大部分抗疫期间出现资金困难的农户没有贷款的主观需求，一部分农户有考虑但未申请贷款。

3. 从征信认识程度到贷款主观需求

根据数据，对个人征信及当地的征信系统建设了解程度越高的人，向金融机构贷款的意识更强；而对征信了解越少的人，会更倾向于民间借贷。

我们总结出以下结论：

一是抗疫期间许多有资金困难的村民不愿主动去银行贷款，反映了农村地区的金融意识普遍不高。

二是宣传征信的相关知识，增强村民对贷款产品和政策的了解，改变传统金融思想，是提高村民贷款积极性的主要途径，且可行性较高。

（三）调研成果深入分析

1. 脱贫成果探究

作为精准扶贫的十项工程之一，众多地区以扶贫小额信贷为脱贫攻坚的重要抓手，找准精准扶贫的方向，"贷"动金融活水，助力脱贫减贫。

（1）安徽省：截至 2020 年一季度末，全省扶贫小额信贷余额 28.25 亿元，累计发放扶贫小额信贷 11.67 亿元，新增受益贫困户 36869 户，贫困户获贷率为 1.95%。

（2）河南省：2019 年 9 月末，全省发放产业精准扶贫贷款余额 964 亿元，带动贫困人口脱贫增收 118 万人次。

（3）广东省：全省扶贫小额信贷余额从 2017 年初不足 3000 万元快速增长到 2020 年一季度末的 15 亿元，助力近 6 万户贫困户发展经营生产。

（4）湖南省：截至 2020 年 4 月底，湖南省已累计发放扶贫小额信贷 231.44 亿元，贷款余额为 67.6 亿元。目前，全省就地办理扶贫小额信贷业务对贫困村实现了全覆盖，已带动超 60 万户贫困户发展生产稳定脱贫。

2. 发展困境分析

（1）农村征信系统不完善

一是农民信用观念缺乏，征信客体参与管理程度低。

部分农村地区虽然会开展征信方面的活动，但受众面过窄。大多数农民基本不了解个人征信，对自己的信用评级不清楚，对当地的征信体系建设知之甚少。

二是缺乏充足的人力和专门的组织领导，信息采集困难。

我国各地农村早已开始逐步开展信用体系建设，但农村征信组织体系很不健全，许多地方没有成立农村信用体系建设所需的专门领导组织机构。人们对小额信贷业务需求的激增与该方面人手及组织领导上的匮乏产生了矛盾。

三是不完备的信用评级制度。

农户贷款难的主要原因在于没有被金融机构认可的抵押物，在此前提下，农户的信用显得尤为重要。而我国缺乏完善的信用评估体系，从而造成在农村贷款中，由于信息不对称和道德风险等，款项难以贷给有需要的人，迫切需求款项的农户难以贷到款。

四是尚未形成互联网＋金融运行分析的征信系统。

目前各地农村征信体系主要由两部分构成，一是人民银行建立的企业、个人征信系统；二是农村信用社建立的农户资信评价系统。两大系统尚未实现联网，多数农户因未与金融机构发生信贷业务，而没有在人民银行个人征信系统中建立信用档案，抗疫期间该问题影响较严重。

（2）农户贷款主观需求不足

根据团队问卷的统计数据和对调研地政府及各大银行的访谈结果分析得出以下几点：

一是小额信贷政策详情普及不足。

农户贷款需求与其对贷款政策的了解程度成正比。而团队成员通过调研得知，大部分农户不了解小额信贷政策，这导致了农户们了解与申请小额信贷的主观积极性很小。

二是贫困户缺乏创新性生产带来的资金缺口。

贫困户大多受教育程度较低，可支配收入较少，创新性思维较弱。个人难以发展创新性行业。且因此次新冠疫情冲击，农产品外销受阻，传统农户扶贫产业劣势渐显，贫困户缺乏生产经营渠道，进而缺乏需申请小额信贷的资金缺口。

三是贫困户对自我后期还款能力不信任。

团队成员通过对个体农户进行访谈，得知贫困户大多经济收入能力较弱，对自己的偿债能力感到怀疑。大部分贫困农户具有"固执"的传统借贷观念，借贷压力大，在能实现温饱的情况下不愿借贷实现财富创造。

（3）银行贷后管理与数字化转型困境

一是不良贷款影响信贷质量。

从全国范围来看，受新冠肺炎等因素的影响，截至2020年6月末，全国银行不良贷款余额3.6万亿元，比年初增加4004亿元，不良贷款率2.10%，比年初上升了0.08个百分点。同时，团队调研结果显示，在参与调研的52

家银行之中，82.73%的银行在抗疫期间，不良贷款率持续上升，这对银行的信贷资产质量造成了严重的影响。

团队成员了解到，绝大部分不良贷款产生是因为小微企业刚实现复工复产，短时间内没有资金收入偿还贷款，但仍然不排除部分企业利用特殊时期的特殊情况，恶意拖欠贷款。

表1　抗疫期间不良贷款率变化情况

抗疫期间不良贷款率变化情况	所占比例
不良贷款率上升	82.73%
不良贷款率下降	10.79%
不良贷款率基本没有变化	6.48%

二是"贷后管理"面临更高要求。

公共安全危机背景下，国家和地方政府有很多通过银行下拨的资金都是专项资金，这些资金应该是要做到专款专用的，但是银行在进行下放的过程中，是否将资金下放到了合适的企业，就要求银行（或者是银行的相关部门和信贷员）在企业识别的过程中能够有较好的识别能力，同时对于专项资金后续使用情况进行跟进。

三是数字化转型刻不容缓。

此次突发事件冲击之下，传统"线下接触式申请，人工审批"的信贷模式，由于受到银行网点服务停业的影响，受到了较大的限制，在这种情况下，调研结果显示，70%的银行在抗疫期间，开通了线上金融服务，在开通了线上金融服务的银行中，有超过80%的银行认为在这种情况下，线上金融服务发挥了很大的作用。

四是金融科技仍需完善。

根据受调研银行对金融科技在当前时期所产生的实际作用的评分，40%的企业认为当前情况下金融科技起到的作用很大，20%的银行认为发挥了一定的作用，其余的认为作用小或不起作用以及未使用该技术。

团队根据访谈结果，认为原因主要有以下几点：

一方面，面对突发背景下供应链停摆、经济休克的状态，仅有金融科技的作用是不足以解决融资问题的，因为科技能解决的只是风险评估与管理的问题，其只能在特定的场景中发挥特定的作用，并不是万能的，其无力让供应链恢复运转。另一方面，技术本身的成熟度不足，能发挥的作用受限。虽然人工智能、云计算、区块链和物联网等技术已经在我国发展多年，但是在中小企业融资领域，还远达不到完善的程度。

（三）访谈记录与案例分析

本次访谈的样本数据共计 14 个。其中访谈个体农户的样本数据 8 个，访谈金融机构的样本数据 6 个。

1. 个体农户

团队成员通过在各自所在调研地的走访调查，得出了以下结论：

从农户的贷款需求来看，对小型农户影响不大，而大型农户在抗疫期间的亏损严重，大部分农户出现了不同程度的资金问题。但是由于大部分农户对小额信贷的了解甚少，甚至对小贷产品的认识出现误解，不会主动向金融机构申请贷款，从而导致对贷款主观性需求不强。

从农村地区小额信贷的普及性来看，大部分地区的地方政府和金融机构都缺乏对小额信贷的有针对性和有效性的宣传，农户缺乏对当地小额信贷帮扶政策和小贷产品的了解，这也是目前小额信贷发展困境的根源问题。

从扶贫小额信贷政策的实施效果来看，大部分农村地区扶贫政策实施过程出现问题，当地政策不能有效贴合贫困户需求，存在下级政府政策传达实施不到位的现象。

2. 政府与扶贫办

调研地所在的大部分政府与扶贫办的工作人员表示当地有小额信贷政策，但普及度不高，推行力度不强。扶贫小额信贷政策以农户的信用为基础发放，在了解当地的信用建设情况时，团队成员发现农村信用机制并不完善，评定标准多需工作人员上门核实且与附近居民交谈了解，工作任务量大且错误率较高。可知，农村的信用建设尚在起步阶段，仍需进一步完善。

3. 金融机构

调查的银行中都有针对贫困户、农户的贷款产品，抗疫期间，结合上级要求和当地环境，相应下调小额信贷的利率，实施延期还本、全额贴息、再贷款再贴息等政策。银行贷款工作都受到影响，其中农村地区线下贷款流程受影响大。大部分银行都有线上小贷产品，但在农村地区实施效果不佳，只有个别银行线上平台发展较好。

与此同时，深入调查了广州市邮政储蓄银行增城支行，发现了该行小额信贷模式的一些创新点：

（1）向带动建档立卡贫困户就业的小微企业发放贷款，实行优惠政策，鼓励企业利用自身的生产资料和技术优势带动贫困户脱贫就业。

（2）深化与政府、协会、企业、担保公司、保险公司等平台合作，进一步推进"银政""银协""银企""银担""银保"五大平台合作模式，持续打造协同支农生态。

（3）优化线上贷款产品，着力打造"小微易贷"和小额"极速贷"大数据拳头产品。

（4）在线上产品运营方面，提供在线预约开户、远程面签服务，运用电子签名、人脸识别等技术，实现运营自动化。在管理方面，依托大数据技术，加强贷前负面信息筛查，实现贷后自动监控和预警，建立数据驱动的全过程风控体系。

三、发展建议

（一）完善农村征信建设

1. 增强征信宣传教育力度，积极完善相关法规制度

农村征信建设是一项长期工作，不可局限于一时的宣传，要把宣传工作日常化，通过长期开展征信、信用知识教育，切实提高农村经济主体对金融产品与服务的认识，在农村地区积极营造良好的社会氛围。同时，针对抗疫期间不法分子利用征信系统的漏洞进行骗贷等违法操作，政府及银行各相关部门应同时建立健全守信激励、失信惩戒机制，并保证各项风险管控规则不可分离，需要互相协作完成，加强体系风险管理建设，保障资金的安全。

2. 建立分工明确的组织领导，进行多层次的信息网收集

我国在城市地区实行的是政府主导、市场化运作的征信模式，因此现阶段我国农村征信体系建立的最佳模式亦应做到以下几点：其一，决策、统一协调管理，规划农户征信体系建设进程，将农户征信体系建设纳入当地经济发展规划，进行统一领导；其二，针对抗疫期间信贷业务激增和人手缺乏的矛盾，各部门增设核心人员，减轻原工作人员的压力并提高效率；其三，可根据农户居住分散的特点，构建多层次的信用评级组织体系，如：构筑"三网合一"的信息审核系统、建立"四级三层"内外联络信息网等富有层次的信息系统。

3. 将农村征信体系与"互联网＋金融"相结合

互联网金融高速发展，迫切要求征信体系与之相结合，"互联网＋金融"

为征信建立了一个新的体系，反之征信又为互联网金融注入新的活力。因此，需要通过建立信用信息共享平台，依法依规地将大数据征信纳入传统征信系统，进一步丰富和完善金融信用信息基础数据库，避免和减少"信息孤岛"的产生。同时，重视大数据征信等科技金融在农村的使用，可以改变传统农户信贷风险管理模式，使之更有效率。

（二）增强农户贷款需求

1. 创新宣传教育模式

政府的官员和企业负责小额信贷的人员需要一起下乡工作，为客户群体普及小额信贷的相关政策，增加对贷款知识的了解。同时，针对农村居民知识受限、技能不足的情况，基层工作人员应该为农村提供人力资源培训，让农村居民了解不同的商业模式，结合当地特色创造能够实现经济利益的产业，从而实现脱贫的目的。

2. 集体申贷助力脱贫致富

单个贫困户申请小额信贷的风险过大，导致农村居民申请小额信贷的积极性不高。当地政府可以组织当地居民成立农村合作社，以合作社的名义申请小额信贷，用申请的贷款发展种植业与养殖业，在降低贷款风险的同时，给贫困户提供较好的工作岗位，从而达到促扶贫、助脱贫的积极作用。

（三）加强银行风险管理

1. 强化风险防范

受突发性公共卫生事件影响，当前各行业企业经营困难、资金匮乏已经成为不争的事实，特别是实体经济下滑导致的产业链中断、企业坏账上升，流动性出现问题，部分银行势必面临较大的不良资产风险。各家银行必须加强风险防范，谨防不法分子骗贷，持续加强贷前、贷中、贷后管理，突出关注受新冠影响较大的行业与企业，建立管理台账，加大风险排查力度，提高管理的精细化程度，并未雨绸缪，提前做好不良资产处置准备工作，确保资产质量稳定。

2. 推动担保体系建设

应当鼓励多元化主体参与小额信贷，对目标客户提供贷款担保的担保机构，按担保余额的一定比例给予风险补偿。充分发挥政府融资担保、信用保证保险的风险保障和缓释作用，减轻单一主体的风险负荷，撬动更多资金服务贫困户，农村个体工商户，同时放宽定价限制，允许机构对政府担保的目标客户进行市场化定价。

四、研究结论

2020 年为脱贫攻坚收官之年，突发公共卫生事件的爆发给保障小额信贷机制常态化运行带来了一定的困难与挑战。团队成员从贫困户、政府与当地扶贫办以及金融机构三方入手，探究政策实施困境，深入分析问题，寻找解决措施。通过问卷调查、实地走访，并借助相关工具分析结果，团队成员发现一些亟待解决的问题：农村征信体系不完善、农户贷款主观需求不足、银行贷后管理和数字化转型陷入困境。针对上述四个问题，团队成员通过深入分析探究，并查阅相关资料，总结出了相关对策与发展建议。

综上所述，为切实发挥小额信贷，进一步完善农村征信建设、增强农户贷款需求、加强银行贷后管理以及促进银行数字化转型刻不容缓。

参考文献

［1］习近平．在决战决胜脱贫攻坚座谈会上的讲话［J］．党建，2020（4）．

［2］刘丸源，贺立龙，涂云海．政策性金融扶贫的精准性：基于扶贫小额信贷乡村调研的经验考察［J］．当代经济研究，2020（7）．

［3］李明贤，刘美伶．扶贫小额信贷对贫困户收入的影响［J］．农村经济，2020（6）．

［4］周孟亮．我国小额信贷的"双线"融合与政策优化——基于可持续性金融扶贫视角［J］．社会科学，2019（12）．

［5］刘健挺，李明贤．脱贫攻坚如何用好小额信贷［J］．人民论坛，2019（17）．

［6］申云，李京蓉，杨晶．乡村振兴背景下农业供应链金融信贷减贫机制研究——基于社员农户脱贫能力的视角［J］．西南大学学报（社会科学版），2019，45（2）．

［7］刘建民．农村金融制度创新支持精准脱贫的难点与对策——基于我国中西部金融扶贫的调研［J］．学术论坛，2018，41（5）．

长沙市岳麓区地摊经济
动态发展的调研报告

课题组成员：高鸣越，王娜鹃，俞何柯妮，刘吉胜，

朱　灵，李晓翠，曾　好，牛舒瑶，

刘乐瑶，陈博源

指导老师：郭　辉，焦晓云

摘要： 在 2020 年特殊背景下，全国文明城市测评指标中不将占道经营、马路市场、流动商贩列为文明城市测评考核内容，长沙市岳麓区地摊经济随之蓬勃发展。本文以岳麓区地摊经济为研究对象，通过调查研究了解岳麓区地摊经济发展现状，从相关政府部门、地摊摊主、企业商户、普通民众等角度为岳麓区地摊经济的发展提供相关措施建议，助力岳麓区地摊经济的健康发展。

关键词： 岳麓区地摊经济；经济现状；健康发展

在新背景下，地摊经济成为了"保民生、稳就业"的有力措施。据悉，地摊经济在岳麓区的发展空间很大，但又面临许多挑战。我们将目标锁定到岳麓区地摊经济，并向居民发放调研问卷，深度挖掘岳麓区地摊经济的潜在价值，分析在经济下行压力增大和全面建成小康社会的双重背景下地摊经济面临的问题，并寻找到多方面的解决方法。

一、研究内容

此次调研主要是针对长沙市岳麓区地摊经济发展过程中所遇到的问题，通过搜集政府部门相关人员、地摊摊主、受地摊影响的实体店店主、地摊消费者对于地摊经济的看法和建议，发现岳麓区地摊经济发展过程中存在的问题和不足，充分认识地摊经济具有的优势和特色，为其健康发展开辟道路。

二、调查对象与方法

（一）调查对象

在本次调研中，我们在岳麓区大学城针对不同年龄和职位的群体共发放

了问卷 300 份，其中有效问卷 283 份。

在问卷样本中，25 岁以下年龄段占比最大，达到 40%，25～35 岁、35～55 岁年龄段占比较为相似，55 岁以上年龄段人数相对较少，但各个年龄阶段都有涉及；收入方面，2000 元以下、2000～5000 元、5000～10000 元、10000 元以上的占比相差不大，说明问卷填写者经济基础有区别度的同时，各收入群体人数均衡；填写问卷的人员以学生和个体户居多，其他职业较少。

（二）调查方法

1. 问卷调查法

我们采用在五一广场、大学城附近、梅溪湖以及麓山夜市附近随机发放的方式。同时按照标准化的程序进行问卷的回收以及数据的统计。

2. 现场访谈法

我们对长沙市发改委、长沙市市场监督管理局、长沙市岳麓区发展改革局、长沙市岳麓区城管局等相关政府人员、部分地摊摊主、受地摊经济影响的实体店老板进行了现场访谈。

3. 分析归纳法

对于调查问卷的数据分析，我们运用问卷星软件进行统计与分析，得出相对精确的数据和结论；对于访谈进行录音和后期的文字整理。

4. 文献法

在社会实践前，团队在湖南日报、岳麓区人民政府网站、指尖岳麓公众号等查阅相关背景资料；在筹备阶段，通过中国知网等网站查询与主题相关文献。

三、数据统计与结果分析

（一）问卷对象受新冠肺炎疫情影响进而增加对地摊经济关注度分析

表1　这次疫情对您的家庭经济是否有影响？

选项	频数	比例
A. 没有影响	25	8.83%
B. 影响较小	120	42.40%
C. 影响较大	98	34.63%
D. 影响很大	40	14.14%

表2 您觉得疫情过后长沙物价水平呈现什么样的趋势？

选项	频数	比例
A. 无上涨	27	9.54%
B. 略有上涨	150	53.00%
C. 严重上涨	23	8.13%
D. 不确定	83	29.33%

表3 您认为可以采取哪些措施促进地摊经济的发展？

选项	频数	比例
A. 发放消费券	162	54.55%
B. 平抑物价	80	26.94%
C. 畅通销售渠道	71	23.91%
D. 改善交通运输	49	16.50%
E. 放宽地摊经济的限制	208	70.03%
F. 其他（如选，请填写）	12	4.04%

以上数据表明，新冠在一定程度上对人们的收入有影响，一般居民较抗疫前更有可能进行地摊消费。

（二）问卷对象在地摊选择消费商品种类与价格分析

表4 您能接受的地摊商品的最高价格是？

选项	频数	比例
A. 0~20元	41	14.49%
B. 21~50元	126	44.52%
C. 51~100元	91	32.16%
D. 100元及以上	25	8.83%

表5　您在地摊上选择购买的商品种类有?

选项	频数	比例
A. 小吃烧烤	180	63.6%
B. 玩具饰品	81	28.62%
C. 美妆美甲	20	7.07%
D. 衣物鞋帽	84	29.68%
E. 生活用品	132	46.64%
F. 蔬菜水果	137	48.41%
G. 游戏类（套圈、设计类）	26	9.19%
H. 书籍报刊	82	28.98%
I. 其他	2	0.71%

　　地摊消费者能接受的最高价普遍在100元以内,且大多人在地摊上花费不愿超过50元。消费者购买的商品种类中小吃、果蔬和生活用品占比较大,其次是衣帽、书刊与玩具饰品,其他类别如美妆、游戏类也有一定占比。

（三）问卷对象进行地摊消费的时空因素分析

表6　您在地摊购物的频率是?

选项	频数	比例
A. 从不去地摊买东西	14	4.95%
B. 很少会去地摊买东西	92	32.51%
C. 有时会买地摊商品	154	54.42%
D. 经常逛地摊夜市	23	8.12%

表7　您在什么时间段去地摊购物?

选项	频数	比例
A. 每天下班后	111	39.22%
B. 每周周末	172	60.78%

表8　您经常在白天还是晚上到地摊购物?

选项	频数	比例
A. 白天	35	12.37%
B. 晚上	248	87.63%

表9　您通常会在什么位置的地摊买东西?

选项	频数	比例
A. 杨帆小区	82	28.98%
B. 麓山夜市	79	27.92%
C. 梅溪湖	19	6.71%
D. 万家丽广场	9	3.18%
E. 五一广场	64	22.61%
F. 望月湖	9	3.18%
G. 其他	21	7.42%

以上图表显示多数地摊消费者是在周末、晚上前往地摊进行消费,频率不高,地点主要在家庭周边小区楼下的地摊和区内的麓山夜市,再者便是网红打卡地五一广场。

（四）问卷对象进行地摊消费的影响因素分析

表10　您选择地摊消费的原因主要是什么?

选项	频数	比例
A. 价格便宜,经济实惠	165	58.3%
B. 种类丰富,还可能买到商店没有的商品	98	34.63%
C. 享受地摊热闹自由的氛围	106	37.46%
D. 在街道、住宅附近,方便快捷	133	47.00%
E. 路过看到一时兴起,没有特别的原因	101	35.69%
F. 其他（跟随大众的脚步）	1	0.35%

表 11　关于地摊消费，您认为消费者会更看重下列哪个选项？

选项	平均综合得分
安全或卫生	3.11
销售品质量	2.89
价格	2.24
服务态度	1.76

表 12　您在选择地摊进行购物时，受到哪些因素的影响最大？

选项	频数	比例
A. 购买需求	242	85.51%
B. 促销力度	109	38.52%
C. 铺面规模和美观度	111	39.22%
D. 消费者数量	34	12.01%
E. 摊主的年龄或性别	35	12.37%
F. 其他	6	2.12%

由以上图表可知，吸引问卷对象前往地摊消费的主要因素是地摊商品便宜又丰富，购买便捷，气氛热闹；购买时主要根据自身购买需求、铺面整洁美观度与商品促销力度进行商品选择；同时填写人员多认为商品的安全卫生最为重要，质量与价格也需多加考量。

（五）问卷对象对地摊经济发展看法分析

表 13　您认为目前地摊经济存在哪些问题？

选项	频数	比例
A. 质量问题：商品质量无法保证，消费者权益没有保障	210	74.20%
B. 市场问题：市场缺乏规范管理，市场秩序混乱	137	48.41%
C. 交通问题：存在阻碍交通现象，影响居民出行安全	126	44.52%
D. 卫生问题：未办理卫生许可证，食品安全存在隐患	200	70.67%
E. 治安问题：存在占用消防通道、夜晚噪音大等影响居民生活的问题	125	44.17%
F. 竞争问题：威胁实体门店，实体店收入减少甚至倒闭	40	14.13%
G. 其他	4	1.41%

表 14　相比于网店和实体店，您认为地摊有什么优势？

选项	频数	比例
A. 运营成本低，不需要承担租金、雇员工资等压力	229	80.92%
B. 价格较为实惠，优惠活动多	141	49.82%
C. 人流量大，所处位置优越	151	53.36%
D. 商品种类丰富，满足消费者需要	121	42.76%

表 15　您认为地摊经济可以对社会发展带来哪些好处？

选项	频数	比例
A. 促进就业，改善低收入者生活	213	75.27%
B. 促进居民消费，带动经济的恢复和发展	177	62.54%
C. 方便居民购物和休闲，提供物美价廉的商品	172	60.78%
D. 促进年轻人积累社会经验，培养勤劳致富品质	131	46.29%
E. 增加城市的"烟火气"，使城市更有人情味	148	52.30%
F. 其他（提升上班族的生活效率）	3	1.06%

在地摊目前存在的问题上，质量与卫生问题最令问卷填写者担心，此外也有不少填写者表示市场、治安和交通问题也比较突出。至于地摊经济的优势则与之前人们选择地摊消费的原因有许多共同之处，如成本低、价格便宜、生活气息浓厚、热闹又有"烟火气"等。

四、问题的讨论

采访人员：湖南师范大学学生，高文丽（以下简称高）

　　　　　湖南师范大学学生，王宇（以下简称王）

采访对象：岳麓区城管局局长，晏青（以下简称晏）

（一）岳麓区地摊经济的发展现状

高：地摊经济的实施对于我们大学生来说还是提供了很大的便利，我们现在一出门就能买到东西，不需要走很远，也不用像网购那样等几天才能拿到东西。而且商品价格实惠，很大众化，很适合我们大学生的选择。

王：现在，地摊经济的兴起使这座城市有了浓厚的"烟火气"，往来的人更加频繁，流动性增强，路边小巷很热闹，生活气息浓厚。像我们大学生饭后都喜欢在地摊附近逛逛，感受这座城市的活力。

晏：我们按照"三有四不为"的要求来明确经营的时间范围，包括地点和内容。到今天我们还是在这里讲，这里有一系列的政策——"三有四不为"来进行夜市规范点、疏导结合点的设置。关于开放大型商场、超市的店外促销活动。我们明确了，在一定的时间段，允许大型商场里面的产品拿到外面来促销。但是每个月控制时间，控制数量。另外，针对街道社区，城乡接合部，由街道社区负责农民自产自销的产品，设立临时的流动摊贩集中点，规定一个时间段，比如从早上6点多，卖到早上9点多，因地制宜、因时制宜，就按这个时间来。就是说在不影响这个交通，在不影响这个准入出口的情况下，找到一个可行的道路摆点菜，可能从6点多卖到9点多，卖完了就可以收摊。我们目前仅仅是在试点。关于这个地摊经济，我们作为城市管理工作人员，一定要做到规范有序，而不是说一放开大家都围拢的无序状况。它不仅不能促进经济发展，还会扰乱市场的秩序。

（二）岳麓区地摊经济存在的问题

晏：现在已经是在我们的疏导结合点里面，它是有明确规定的，包括健康证，包括食品的制作和售出都要可追究。但是这些自发的，就是我们今天在这里也摆，那里也摆，你没办法知道它是不是卫生的，包括它的产品哪里来的，你搞不清……会给这个城市管理带来很大的压力。我们明令禁止的一些地方，如很多干道，出现了一些占道经营摆摊的现象，对于城市管理工作，包括市容环境等带来了极其不利的影响，甚至说破坏，使我们城市管理的维护成本越来越高，对城市居民生活的影响也越来越严重。另外，长沙作为省会城市，这些不规范的摆摊设点与我们城市经营的理念有所违背。所以，我们城市管理面临的压力越来越大，管理难度也越来越大。

五、建议与对策

（一）相关政府部门

1. 放开"门槛"，给予摊主更多的自主权

地摊经济存在已久，但一直处于被压制的状态，管理过死、缺少人性化导致依赖地摊经济生活的低收入群体与城管之间的矛盾非常尖锐。2020年中央文明办已经明确不将占道经营、马路市场、流动商贩列为全国文明城市的

考核内容，相关部门也应该跟随指示，减少对地摊经营的限制，在保证城市管理规范的限度内给予摊主更多的自主权，"一些地方允许商户临时占道经营、有序开放地摊，稳就业、促消费"。

2. 引导为主，加大对摊主的扶持力度

第一，政府有关部门要在政策法规上加强宣传引导。利用报刊、电视、广播等多种形式大力宣传卫生管理、诚信经营、依法纳税等知识，营造良好的舆论氛围。

第二，有关部门要在政策上予以充分支持。如免除小商贩的各种税费，在食品安全、防疫检测方面提供必要的支持和帮助，引导金融机构为小商贩提供低息的启动资金、原料采购等小额贷款，对于资信条件好的摊贩，可逐渐放大贷款规模。

第三，要增加正向激励。对于规范经营、服务水平持续提升、消费者满意度高的小商贩要给予奖励，鼓励其从小商贩到个体工商户、小企业的发展，培育新的市场主体。

3. 管理为辅，进一步落实精细化管理

开放摆地摊并不意味着可以乱摆乱放。在释放"地摊经济"活力，缓解就业压力的过程中，相关管理部门务必通过精细管理，让地摊经济尽可能地少出现卫生、市容、秩序等问题，更多地体现其正面效益。

第一，限定摊位摆放的区域、数量和时段。因为地摊的流动性极强，通过划定摊位的摆放范围，可以将管理人员的工作范围大大缩小，将更多精力放在维护秩序和规范地摊摊主行为上，同时，摊位摆放在一定区域内，经营过程中所产生的垃圾比较集中，可以减轻环卫工人的工作量，有利于维护城市环境的卫生整洁。

第二，针对政府部门管理人员人手不够的情况，可以借助社区管理人员的力量。利用抗疫期间逐渐成熟的网格化管理机制，定期在各居民生活区进行巡查，对在非规范点经营的摊主进行引导教育，帮助其规范经营。

第三，地摊产品质量问题难以保障，要加强审查力度并建立地摊经营者登记制度，"可以由省市级政府制订流动摊贩登记表和登记证，由摊贩本人在互联网或到街道城管机构进行登记，登记事项只需姓名、身份证号、住所、联系电话、经营项目、营业社区即可，登记和登记证仅收取成本费"。

第四，政府部门要利用现代信息技术，提高城市治理能力现代化水平，加速应用、推广智能化管理软件，以提高管理效率，保障消费者权益。

4. 文化魅力，着力打造特色区域品牌

（1）人间烟火气，最抚凡人心。地摊经济蕴含着的深厚且独特的街头文化和人情味让人流连。长沙岳麓区可以借助原本拥有的夜经济基础和文化优势，借地摊经济兴起这一契机，把历史文化的深厚内涵和地摊独有的"烟火气"结合起来，打造独具特色的文化景观，形成自己的区域特色品牌。

（2）抓准区域品牌定位。有关部门要从岳麓区的经济发展、历史传统、文化精神、自然资源等多个方面开展深入细致的调查和研究，进一步厘清其性质与发展方向，利用依山傍水的优势区位，再把岳麓区深厚的历史文化底蕴与内涵和地摊独有的"烟火气"结合起来，打造独具特色的文化景观。

（3）推动区域品牌建设。①持续不断改善区域环境。强化日常管理，不断提升岳麓区基础设施保障，努力营造宜居环境；②重视区域文化积淀。有关部门既要注重对本区域物质文化遗产的保护，也要重视对非物质文化遗产的保护；③强化产业发展。有关部门应根据区位条件、资源禀赋等，抓住岳麓区产业创新和产业转移机会，提供优质产业环境；④设计有吸引力的品牌标志，将区域建设的精神内在外化以促进传播。

（4）促进区域品牌传播。①借大型活动造势。利用举办各类大型赛事、节日庆典礼、会议展览等活动，凝聚区域资源，扩大影响力，提升形象；②善用媒体。有关宣传部门既要整合新旧媒体，进行全渠道传播，又要提高互动能力，创新传播的内容和传播的方式；③口碑传播。做好口碑点设计和口碑传播路径管理，做到润物细无声，通过持之以恒的努力来提升区域品牌价值。

（二）地摊摊主

地摊经济一直因为"脏""乱""差""吵"而深受诟病，作为地摊经济中最重要的主体，地摊摊主能否规范经营至关重要。

1. 规范经营，拒绝"脏乱差"

针对"脏"——地摊经济影响城市环境卫生，摊主要提高自觉意识，在经营结束后自行清理垃圾，减轻环卫工人负担。过期变质的原材料应及时处理，假冒伪劣产品应自觉抵制，不能贪图蝇头小利而放弃建立信赖关系；针对"乱"——地摊分布散乱导致交通堵塞。地摊经营者不应该站在城市管理者的对立面，应该自觉维护城市面貌，摊主要积极配合管理人员工作，不在非规范点和城管玩"猫抓老鼠";针对"差"——产品质量和售后追责问题,摊主要诚信经营,实事求是,不夸大产品性能,提高产品质量和性价比,自觉提供联系方式进行售后服务。针对"吵"——噪声污染扰民,摊主要改变传统的音响揽客的营销方式,同时也要注意营业时间,避免打扰居民正常休息。

2. 加强创新,互联网 + 激发地摊活力

互联网电商在给地摊经济带来巨大竞争压力的同时也促进了地摊营销模式创新,比如地摊的营销和引流可以通过直播、自媒体发文、交友圈推荐等方式,还有人直接线上摆摊或线下卖虚拟产品,新型交易模式不断涌现,催生出线上线下结合经营的更多可能性。所以,为了提升竞争力,地摊摊主要加强互联网知识的学习,学会利用互联网进行营销借力,此外,还要重视地摊场景性强的特点,将线下体验和网上查找选购结合,发挥这一特色优势。

3. 良性合作,形成规模效应

由于地摊摊主都集中在一些相同的路段,合作的时间长了,随着越来越多经营同类产品的地摊加入进来,地摊摊主可以组成一个联盟,一起摆摊,交流市场信息,实现商品种类的互补,搞规模化经营。也许有一天,会出现品牌化、规模化经营的地摊连锁组织。那将会是一张庞大的供销网络。

(三)企业商户

地摊和企业、商户的客户需求不同、销售品品质不同,因此地摊经济对二者的冲击只是局部的、暂时的,从长远来看两者可以合作共赢、协同发展。

1. 与地摊合作,开拓销售市场

企业和商户主可以参与到地摊经济中,为地摊市场提供更多品质化、品牌化的商品,可以利用地摊经济为自己带来新的客流量,实现扩大销售、强化品牌宣传等营销效果。商户主在有固定商铺的同时,也可以参与到地摊经济中分享红利,吸引往来人流,在商铺的基础上再增收入。

2. 将地摊作为试验田,低成本创业

创业企业可以把地摊作为新产品和新创业项目的试验田,为创业新品做产品测试提供试验条件,检测其市场适应度、受欢迎度。快速测验、快速迭代,抓住低成本"精益创业"的好机会。

3. 给予地摊商户支持,提升品牌形象

品牌商可以给予地摊商户一些必要的支持,提供更规范的销售道具,在

便利摊主的同时，也能够为自己做宣传，提升品牌形象，扩大知名度。此外，品牌商还可以为地摊商户提供新的销售方式，结合本地市场实际，将线下市场与企业线上业务结合，譬如合伙人模式、直播带货等，实现互利共赢。

4. 开放供应链，借助地摊扩大宣传

面对新的市场变化，零售商企业可以面向摊主提供商品资源，开放供应链；将摊主经营与现有到店业务努力做好融合，借助相关摊主扩大品牌的宣传，结合全渠道、社群零售等销售模式，开拓消费市场。

（四）普通民众

1. 作为地摊经济中的消费者

民众在地摊消费时，要提高判断意识，学会分辨地摊中的劣质产品与不卫生食品，保护自身利益与安全。面对地摊中的各色商品，不管是食物还是衣物，不管是电子产品还是生活用品，都要甄别判断好才能在源头上阻断不良商品的购入与流通。

2. 作为地摊经济的监督者

地摊经济管理虽已有体系，但是一些问题的解决需要民众的配合。民众有权维护自身权益，打击不良地摊群体，也可对管理人员的工作提出意见和建议，规范地摊经营。

3. 作为地摊经济中的参与者

民众要自觉遵守地摊经营秩序，营造良好的经营环境。无论是地摊经济还是实体经济，消费者都要有良好的消费礼仪，尊重商家及其规定，不能因是地摊经济而对其抱有过度的"低价"心理，从而过度压低价格让地摊摊主无法经营下去。

4. 作为长沙市岳麓区的一员

美化城市环境人人有责，民众要自觉带走自己在地摊消费中产生的垃圾，减少地摊经营区的环境污染，维护地摊区域的环境卫生，做有责任心的文明村民。

5. 作为抗疫攻坚战中的重要参与者

在抗疫期间，公民有义务佩戴口罩点餐，有义务在身体不舒服时自觉隔离，远离地摊这种人流密集的区域。

地摊经济在此严峻背景下反遇发展契机，是城市经济中一个特色组成部分，促进民众收入增加的同时也带来了各色问题，政府有关部门、地摊摊主、企业商户以及普通民众如果可以齐心为地摊经济发展助力的话，一定会使地摊经济的发展更上一层楼。

参考文献

[1] 裴长洪.“六稳”“六保”与高质量发展内在联系探讨 [J]. 财经问题研究，2020 (10).

[2] 陈兵. 地摊经济重启与更生的法治轨道 [J]. 人民论坛，2020 (22).

[3] 周振国. 疫情防控与习近平科学决策力 [J]. 领导科学，2020 (16)

[4] 孙洁，侯鱼凡. 后疫情时代我国地方财政政策的变化与调整 [J]. 党政研究，2020 (4).

[5] 石楠. 地摊 [J]. 城市规划，2020，44 (6).

[6] 王成栋. 引导“地摊经济”有序发展 [J]. 人民论坛，2020 (20).

长沙市地摊经济发展现状及
对策的调查报告

课题组成员：姚首琼，周紫冰，胡倩琳，余　晓，
　　　　　　刘小松，毛西子，高月阳，陈笑霜
指导老师：何　昀，袁　超

摘要： 地摊经济作为长期存在于我国社会经济结构的经济形式，有其在社会中存在发展的基础，但以往的发展中也存在着管理规划上的不足。在特殊时期我国政府相关部门采取了一系列刺激居民消费、拉动经济发展的举措，其中包括放宽对地摊经济的管控、鼓励地摊经济健康发展。以长沙市为例，当前地摊经济的发展有其合理性，在促进就业、刺激消费、丰富村民生活等方面发挥着积极作用。但同时也面临着地摊经济市场发展不规范、有关部门权责划分不明确、地摊影响市容市貌等问题。为促进地摊经济进一步适应经济社会发展新形势的需要，应从 "放" "管" "服" 三方面齐发力，准发力。

关键词： 后疫情时代；地摊经济；对策

2020 年 3 月国务院办公厅发布《关于应对新冠肺炎疫情影响强化稳就业举措的实施意见》，指出 "合理设定无固定经营场所摊贩管理模式，预留自由市场、摊点群等经营网点"。2020 年 5 月的全国两会上，在恢复经济活力的议题中，全国人大代表杨宝玲建议在进一步加强规范城市管理的同时，因地制宜，释放 "地摊经济" 的最大活力。这一建议迅速引起了社会各界的强烈反应。2020 年 6 月 1 日上午，李克强总理考察山东烟台一处老旧小区，小区对面的许多商户在店门前摆起了摊位，他对摊主们说："地摊经济、小店经济是就业岗位的重要来源，是人间的烟火，和 '高大上' 一样，是中国的生机。" 新政策的出台及党和国家领导人的高度重视为地摊经济的发展提供了重要支持。多年来，政府对地摊经济严加管制，取得了一定的成效，但管理制度与方式依旧存在许多不合理、不完善之处。政策与制度的改进与完善不可能一蹴而就。新形势下地摊经济发展的现状如何、存在哪些问题、如何

更好地实现地摊经济的可持续发展，迫使我们尽快提出行之有效的对策。

一、调查研究设计及实施

（一）研究意义

1. 剖析特殊时期政策转变的依据和影响，有利于丰富相关理论体系

疫情之前，学术界对于地摊经济的研究较多持否定态度。而疫情爆发，要让经济逐渐复苏，国家对于消费更为重视。与其他业态相比，地摊经济更为亲民，拉动消费的效果也更为明显，学术界对此也持肯定态度，疫情下如何为地摊经济"松绑"，也成了研究热点之一，具有极大的研究价值。

2. 有利于地摊经济在当前政策条件下合理运行

推进"地摊经济"健康发展，满足居民多元化需求，增加就业岗位，做好"六稳"工作、落实"六保"任务。通过优化"放、管、服"政策，保障民生、促进就业、刺激居民消费和经济恢复，为城市带来更多的"烟火气"。

3. 为政府对地摊经济的管理服务提供具体措施，有利于疫情后地摊经济的可持续发展

地摊经济是适应我国国情和经济发展趋势的，但是要全面发挥地摊经济效应，既要将实惠真正装到中低收入人群的口袋里，又要确保城市规划的基本合理性，防止过度泛滥而影响居民的生活，这需要多方支持与监督，在放和收之间，找到平衡点，让地摊经济真正成为城市经济的一部分。

（二）国内外研究综述

1. 国内研究综述

笔者就大量文献归纳后，得出当前对于地摊经济的研究思路主要分为两大类：

一类侧重于规范分析，强调部门、制度和法制建设等内容，主要从法学视角或地理科学与社会规划视角出发。朱仁显、黄雀莺从完善立法、理顺体制、规范执法、强化司法审查功能等方面入手，推进城市综合管理法治化规范化；黄耿志在其《包容还是新的排斥——城市流动摊贩空间引导效应与规划研究》中，针对空间疏导治理流动摊贩的模式，对不同态度下的政策利弊进行了剖析；杜培培、李惠芬对特定社区违建商铺流动摊贩进行实证研究，从城市空间规划与治理层面和城市社区行动者层面提出建议。

一类侧重于经验分析，强调一线执法的情景、复杂性和不确定性等内容，主要在社会学或者与社会学有交叉的学科领域入手。一种是地摊经济的历史成因，史明萍从社会经济结构的角度，深入剖析地摊经济的产生原因并指出城管和摊贩的长期矛盾成因；刘磊在《街头政治的形成：城管执法困境之分析》通过分析执法冲突的街头情境、集中行动的冲突与秩序等方面，揭露社会管理和治理难题。

然而，以经济学为基点，对地摊经济进行分析的研究成果较少，将规范分析与经验分析高度结合、统筹分析的案例较为匮乏。

2. 国外研究综述

国外关于城市地摊经济的研究集中在20世纪90年代，相关文献较少。

美国著名经济学家约翰·弗里德曼提出城市应当能够包容各个阶层利益，治理目标是实现城市美丽和谐，居民安居乐业。因此，城市发展应本着包容和谐的理念，充分尊重底层弱势群体的基本生存权，给流动摊贩谋生留有一定的空间。

也有其他西方学者认为，街头流动摊贩经营种类各式各样，甚至有很多贴近民生的细微服务，能够有效补充店铺和市场的不足，满足不同阶层消费者的多种需求。同时认为政府应充分关注民生，公共政策要向社会底层倾斜，为社会底层弱势群体提供更多就业岗位和职业技术培训，维护城市底层弱势群体根本利益。

（三）概念界定

地摊经济是一个较广泛的概念，是指通过摆地摊获得收入来源，流动性是其主要特征，由于其合法性存在争论而被视为城市里的边缘经济形式。但近年摊主通过缴纳摊位费的形式获得在固定位置经营的资格，地摊经济流动性有所下降。

（四）调研对象

摊主、消费者、附近居民、管理人员（包括环卫工人与安保人员）。

（五）区域选取

调查区域涵括长沙市芙蓉区、雨花区、天心区、开福区、岳麓区、望城区共6个行政区。重点调查了以下14个摆摊区域：扬帆大市场、宇成朝阳网红夜市、望龙小区、德思勤商业广场、新星小区中心广场、红星步步高广场、坡子街上碧湘街、太平街地下通道、先锋街道老甫冲路、湘腾城市广场、保利麓谷林语小区、四方坪浏阳河畔、大麓珍宝古玩城前坪、尚都花园城。并对岳麓区城市管理执法局、岳麓区城管执法中队、长沙市市场监督管理总局、先锋街道办事处、坡子街城管中队、上碧湘街自治管理委员会、湖南奢厨餐饮有限公司、湖南昂达文化有限公司进行了实地走访，对6个行政区的区城管局与城管执法大队均进行了电话访问。

（六）研究方法

1. 文献分析法，即通过各种途径搜集和分析相关的文献资料；通过CNKI、万方、维普、湖南师范大学图书馆的电子全文期刊数据库等中文学术文献数据库，全面查阅国内外城市地摊经济管理方面的论文、著作和研究报告等，为本文的理论分析和文献综述做准备，通过借鉴当前国内外城市管理的相关成果以及类似的其他地区城市地摊经济管理体系建设的经验，寻求合理的对策建议并提供理论和经验支撑。通过百度和搜索引擎等途径收集各种公众媒体上的关于地摊经济的有关报道，分析长沙市在改革开放以来对地摊经济的管理政策及其变化，全面了解全国各城市地摊经济管理的情况。

2. 访谈法，即对相关的摊主、消费者、管理者和附近居民进行相关的走访调查，了解各级管理者对地摊经济的管理政策，摊主对政府管理的看法与期望，以及社会公众对地摊及地摊政策的态度等。具体调查方式有结构式访谈、非结构式访谈。共深入访谈 36 人。

3. 问卷调查法，对消费者与附近居民采用随机抽样、偶遇抽样进行问卷调查；对摊主和实体店主的问卷调查，研究人员主要采取多段抽样的方式进行。调查共计收集 1100 份问卷，经检验合格的问卷为 1078 份。

4. 参与式观察法，课题组成员刘小松与同学于 2020 年 7 月至 8 月摆摊售卖冰凉粉。在摆摊期间获取邻近摊主对摊主职业与发展的看法，加深了对摊主群体特征的认知。

（七）问卷回收情况

本次调研工作于 2020 年 6 月开始准备，8 月中旬正式开始，共计发放问卷 1180 份，实际回收 1100 份，问卷回收率为 93.22%。经核验有效问卷 1078 份，问卷有效率为 98.00%。其中，摊主 444 份、消费者 378 份、实体店经营者 160 份、附近居民 96 份。

二、调查研究结果与分析

（一）地摊经济的积极作用分析

1. 提供就业机会，推进复工复产

"我们人均年收入是 3 万元人民币，但是有 6 亿人每个月的收入也就1000 元。"在 2020 年 5 月 28 日的人民大会堂记者会上，李克强总理提到的 3个数字刷屏网络。受疫情影响，我国经济社会发展各方面压力颇大，庞大的低收入群体生计艰难。对于他们的实际困难，除了要"雪中送炭"，更重要的还是保就业稳饭碗。"没有就业那就是9亿张吃饭的口，有了就业就是9亿双可以创造巨大财富的手。"

疫情背景下，地摊经济对推进复工复产、缓解失业、稳定人心具有重要作用，一定程度上推动公共危机的解决。调查结果显示，有59.91%的摊主在疫情前并未从事过地摊经营工作，42.79%的摊主将地摊经营当作临时性工作，50.90%的摊主从事地摊经营工作的原因中有"就业困难"这一项。这表明地摊经济在缓解疫情导致的失业现象方面有重要作用。

摆地摊的运营成本少，就业门槛低，而且行业和门类广，包容性强，对文化层次较低、缺少专业技能等在就业竞争中处于劣势的城市下岗人员、进城务工人员以及经济基础薄弱的创业者（如大学应届毕业生），具有很大的吸引力。

2. 刺激消费，满足中低收入的人群消费需求

疫情给我国经济带来一定冲击，国家统计局发布的2020年上半年居民收入和消费支出情况显示，人均生活用品及服务消费支出582元，下降6.4%，占人均消费支出的比重为6.0%；人均其他用品及服务消费支出215元，下降22.6%，占人均消费支出的比重为2.2%。据调查，68.92%的摊主（306人）表示营业额呈减少态势，最主要的原因是疫情，这从侧面反映疫情期间大众消费意愿相对较弱；8.11%的摊主（36人）表示营业额呈增加态势；其余摊主（102人）表示营业额基本不变。

根据词频分析，在地摊上的消费，每次在20～50元居多，其中"20元""30元""50元"的词频最高。调查中有43.92%的消费者认为地摊商品的质量足够可靠，而56.08%的消费者认为不够可靠。68.25%的消费者认为地摊商品的性价比更符合自己的要求。虽然地摊商品的质量并不一定足够可靠，但其较低的价格使其性价比得到了显著的提高，更加能够满足消费者的需求。

经统计，此444个地摊售卖商品的单价情况如下：最低单价平均值为9.78元，波动范围为0.5～120元；最高单价平均值为72.53元，波动范围为5～2160元。

在城市化发展过程中收入差距不断拉大，低收入阶层的购买力较小，对商品的价格需求弹性较小，对于购买相同质量的商品，消费者会更倾向于以更低的价格购买。地摊商品相对较低的价格正好满足了这部分人的需求。这也是地摊经久不衰的内在原因。

3. 在新形势下助力农贸产品的销售和小微企业的生存发展

针对消费者的问卷调查结果显示，有265位（占比70.11%）消费者选择经常去菜市场附近的地摊上购买农产品（尤其是绿色食品与土特产）。在

96 份附近居民调查问卷中，87 人（占比 90.63%）认为地摊农副产品性价比更高。瓜果蔬菜等农副产品，若不及时销售处理，则会大量堆积腐坏，对农民造成极大损失。农民摆摊可减少中间商，在提高自身利润的同时给消费者带来低价福利。

在望城区走访的过程中我们向一位服装生产商了解到，由于受到中美贸易战和疫情的冲击，部分企业的外贸订单急剧下降。"在正常情况下，外贸订单量通常较大，一个小工厂做不完会把订单量分给其他的工厂加工，现在外贸订单一下子减少，但工厂的生产需求依然存在，造成了供给侧的倾斜，我们需要消减一些库存从而让资金回流。"调查数据显示，26.78% 的摊主为去库存而摆摊。小微企业与地摊经济的联合，确实能够帮助小微企业去库存、销尾货，度过艰难时刻。

4. 丰富了城市的文化结构，使人民生活更加便捷

地摊能够营造一种特殊的城市街头文化。摊点上售卖的商品常能使外地游客最快最直观地领略当地的风土人情，同时，地摊也给居民休闲娱乐提供了新去处。

表 1　地摊经营项目

经营项目	数量	占比
服装类	53	11.94%
食品类	142	31.98%
小商品类	86	19.37%
维修服务类	33	7.43%
美容美妆服务类	27	6.08%
观赏动植物类（宠物）	9	2.03%
娱乐游戏类	27	6.08%
其他	67	15.09%

87.3% 的受调查者表示，地摊经济的存在让他们的生活更加便捷。相较于位置更为固定的商场、商城，流动性较强的地摊满足了人们对便捷性的渴望。在我们实地调查的过程中，发现以开福区四方坪街道浏阳河附近为代表的地摊聚集区，夜晚有大量到此散步、消暑、闲谈的居民，在休闲的同时，也带来了更多的消费。"流动摊贩生意虽小，但我还是喜欢在这里买东西，价钱实惠、口味也地道，规范点的设置从便民利民的角度来说很有必要。"经常在摊点买菜的刘阿姨对规范点的设置表示认可。

在长沙街头，几十年不变的糖油粑粑小摊和乡音无改的老婆婆勾起人们儿时的回忆，小摊上闻起来臭吃起来香的臭豆腐是外地游客争相品尝的"黑

色经典",还有常德鸭霸王、益阳麻辣烫、湘西泡菜……地摊上丰富的特色小吃使外地游客充分领略湖南的美食文化;湘绣扇子、苗族银饰吸引游客驻足摊前,激发人们对湖湘女子心灵手巧的赞叹。

(二) 地摊经济存在的问题分析

不可否认的是,在带来一系列益处的同时,地摊经济在某些方面也存在较严重的问题。本文将小组成员在实地调查过程中发现的问题以受访对象的不同进行如下分类。

1. 摊主市场行为不规范

主观上,摊主不诚信经营,缺斤少两与使用假币的现象时有发生,地摊的流动性为摊主提供了良好的庇护;客观上,食品安全无保障。大部分地摊不具备经营执照与食品安全许可证,即便证照齐全,由于露天经营与货源的不确定性,食品安全与产品质量依旧得不到保障。

2. 消费者自身权益易受到侵害且难以维权

调查结果显示,高达 68.78% 的消费者不知道如何维权,说明消费者维权知识的空缺;同时,31.75% 的消费者因为"麻烦""烦琐"和"不知道如何维权"等原因直接放弃维权。

可见,维权途径对多数消费者来说并不清晰。由于地摊管理的复杂性,多部门联合介入,消费者不清楚应该向哪里寻求帮助。而词频图显示,"举报电话""消费者协会""与摊主协商"是消费者仅有的手段。而在此后的调查中我们发现,有 31.75% 的消费者选择放弃维权,根据词频图的显示其原因在于"麻烦""烦琐""效率低下""应付差事""效果差"。

3. 管理难度大且缺乏完善的管理机制

(1) 地摊经济流动性大,管理难度大。

流动性经营指地摊没有固定摊位,也没有固定经营地点,所以流动性地摊难以划分管理归属。流动性、隐秘性经营的摊贩是地摊管理规则的漏网之鱼,会给城市卫生、城管执法带来极大的负面影响。除此之外,他们的存在对于遵纪守法的地摊来说是不公平的,这可能会导致更多固定合法摊点向流动摊点转变,从而造成管理系统的崩溃。

(2) 管理主体多,权责划分不明确。

上层职能部门和下层执法人员缺乏沟通协调,政策难以落实到位。雨花区德思勤广场附近一实体店主反映:"我老公之前准备在新星小区摆摊卖卤制品,但在设备工具都准备好后,城管突然不让摆了。听说是城管要小区物业交钱,物业不给,城管一生气就都不让摆了,我们好多人都准备好了,这样一搞,大家都亏钱哪。"除此之外,由于地摊流动性、隐秘性等特点,一线城管执法人员的管理成本巨大，且管理成本难以从其他管理主体收取的摊位费中找补。同时，由于一线城管执法人员难以进行全面有效的治理，客观上产生的区别执法现象引发摊主群体的强烈不满。

（3）规范点的设置不合理，摊位收费不规范。

调查数据显示，摊主在选取摆摊地点时主要考虑该地与住处的距离及人流量等因素。目前长沙市获批的大型规范性摊点较少，摊位较为紧张，甚至出现"一摊难求"的现象，且部分合法摊点存在位置较为偏僻、人流量较少等问题，导致许多摊主宁愿违反城市管理法规私自选择去人流量较大的非规范性地点摆摊，加大了城市管理的难度。大部分规范摊点的摊位费收取较高，且存在不合理涨价等现象，摊位费的流向并未公示，安保与卫生等管理方面的投入无法得到保证。少数摊位费在 20 元以下，17.02% 的被调查者反映每天的摊位费在 100 元以上，但是大部分地摊的日营业额在 100 ~ 600 元，甚至存在 16.22% 的摊主营业额在 100 元以下。高额的摊位费使得摊主的利润大人减少，部分摊主对地摊经营失去信心。

（4）缺乏服务意识与创新意识。

摊主缺乏仓库、缺乏停车场、水电供应不及时等问题客观存在，但管理主体在收费盈利的前提下，时常忽视摊主在经营过程中遇到的问题，解决问题的效率较低，在优化经营环境方面的工作乏善可陈。管理常停留在新文案上而非实际行动上，管理方案常年不变，缺乏形式上的创新。

三、推动地摊经济健康发展的对策建议

（一）摊主方面

1. 制订确切的地摊管理措施，对商家进行普及教育

在调查之中，近半的摊主表示不了解地摊经济管理政策。对此，相关部门应制定完整确切的地摊实行政策及法律法规，使其有法可循、有章可依。加强对地摊商家的教育，在摆地摊前强制约束其认真阅读相关政策和法规，并采用问答或者测试的手段，合格者方可进行地摊经营，提高地摊商家的职业素质和文化素质，使政策真正下放到管理部门且落实于商贩。

2. 制订合理性摊位费及审批制度，奖惩分明

首先，对于摊位费的收取对象应划定不同层次，对于一些享有最低生活保障和社会救助的群体，可优先审批摊位，并按比例减少摊位费。其次，在此基础上设定合理的摊位费波动范围，做到摊位价格公开、透明，避免因政策对接不到位而让摊主误导性产生"无端涨价"的错觉。最后，以摊位费的

波动约束地摊卫生而采用适当的奖罚制度。有关部门可定期对摊贩的商品质量及卫生实行检查评鉴，并进行打分，以累月打分的总分高低来采取奖惩措施，对于前几名高分摊贩给予例如免去一段时间摊位费的奖励政策。

3. 加大政府投入，为地摊经营提供良好环境

第一，规范经营规模、经营时间、经营品种等，为规范管理收集第一手资料。第二，加大政府相关投入，扩大规划设计，按量规划分配，增加摊位聚集点，避免出现摊位乱象导致的交通堵塞情况。第三，摊位聚集点的选择在不影响市容的前提下，将聚集点设在人流量较多的区域，促进摊贩收益提高，得到多方共赢的局面。

4. 加强商品质量监管

管理部门要切实负起责任，从源头上特别是自制商品的原材料进行监管调查，对于假冒伪劣产品等问题坚决予以严肃处理，从整体上提升地摊商品的水平和质量，让地摊商贩获得更理想的经济收益。

（二）消费者方面

通过对调查数据的整理和分析，提出以下四点建议。

1. 当地政府应当积极响应中央对地摊经济发展的支持，给摊主提供帮助，扩展规范合理的地摊聚集点。地摊经济的繁荣不仅能够便捷人们的生活，而且有助于国家经济的恢复，所以积极且合理地发展地摊经济是可行的。

2. 提高地摊产品的准入门槛，规范地摊产品的质量。地摊产品价格相对便宜，但是质量的无法保证始终是地摊经济繁荣的一大障碍，地摊产品质量的提高有助于地摊经济蓬勃发展。

3. 加强地摊管理，完善防疫措施，减少废弃物、噪声等污染，严防出现摊贩堵塞交通的现象。制定严格的环境卫生管理制度，可以适当建立合理的奖惩制度，坚决落实疫情防控措施，营造一个安全健康、有序的消费环境。

4. 普及完善有关地摊维权的相关知识，简化投诉维权程序，努力做到每个消费者的合法权益都能够得到有效保障。地摊的流动性较大的特点使得消费者维权较为困难，消费权利的保障也是地摊经济发展的前提条件。

（三）管理人员方面

1. 加大对城管和街道社区等管理人员的监督工作，使收费标准制度化，工作内容透明化，层级关系清晰化，加强对管理人员相关的食品安全等方面的入职培训和礼仪培训等，先学再管。知道管什么，怎么管，作为工作内容的一部分，面对各形各色的摊主，不仅需要相应政策去强制管理，更需要拥有良好的工作态度和职业素质去帮助老百姓，解决民生问题，形成良好友爱

的市场氛围。

2. 对于无相关资质的流动商贩要积极引导走规范经营之路，加强市场秩序监管，保证有序的市场秩序和食品卫生质量安全。从以前的"睁只眼闭只眼"式管理到如今的政策导向趋势，由于没有明确的文件制度，各区和街道有不同的管理方法，但这并不是理想的精细化管理，只能称之为无序杂乱的管理方式。对于流动摊贩，在开放地摊经济的同时，还需健全合理的管理政策，不能放手不管，更不能乱收费不管。如果需要更加规范的管理，还需要相应制度使管理人员积极引导，讲解食品卫生和市场秩序等问题，在有利于百姓生计谋出路，帮助就业的同时，做好卫生安全，交通疏导等引导工作。

3. 食品、卫生、质量部门安排临时抽检，对售卖不合格产品、食品卫生不合格的摊位采取定期曝光、公示、勒令整改等监督手段。规定地摊商品、食品的相关质量标准，建立消费者维权通道并定期抽查市场情况，对于产品质量、食品安全问题"零容忍"。

4. 针对上述问题，需对应前置规则，如摊主实名化，严格规定摆摊区域，建立食品卫生定期和抽查制度，卫生上岗证等。建立摊贩诚信档案，摊主违反摊贩管理条例一定次数以上，即终止出摊资格。

参考文献

[1] 罗萍. "两个强化"呵护"地摊经济" [N]. 黄冈日报，2020 - 06 - 18（003）.

[2] 井水明. 地摊经济考验管理智慧 [N]. 中国审计报，2020 - 06 - 15（006）.

[3] 赵丽梅，李若一，王林. 地摊经济如何升级 [N]. 中国青年报，2020 - 06 - 09（005）.

[4] 陈永胜. 让"马路市场"活起来 [N]. 朔州日报，2020 - 06 - 04（001）.

[5] 钱周伟. 习近平新时代社会治理思维方略内涵阐释——从"怎么看"到"怎么办"[J]. 河南大学学报（社会科学版），2018，58（5）.

[6] 杜培培，李惠芬. 城市社区非正规经济空间生产的互构性分析——基于 N 市 J 社区违建商铺、流动摊贩的实证研究 [J]. 城市发展研究，2017，24（6）.

[7] 约翰·弗里德曼，冯革群. 走向美好城市的六大战略 [J]. 国际城市规划，2015，30（6）.

[8] 刘磊. 街头政治的形成：城管执法困境之分析 [J]. 法学家，2015（4）：31 - 47 + 177.

[9] 朱仁显，黄雀莺. 城市综合管理的法治化规范化——基于厦门的个案分析 [J]. 东南学术，2015（4）.

[10] 黄耿志，李天娇，薛德升. 包容还是新的排斥？——城市流动摊贩空间引导效应与规划研究 [J]. 规划师，2012，28（8）.

乡镇有无特色产业对扶贫
收官影响的调查研究

课题组成员：湛泽汇，罗　娉，张彩明，
李俊廷，刘丽夏，毛贝贝
指导老师：张　宜，杨　果

摘要： 以有无特色产业为区分，以隆回县，平江县，麻阳苗族自治县等七个县为调研范围，开展调研活动。利用实地访谈、电话访谈等方式进行调查，重点研究了脱贫典例麻阳苗族自治县脱贫经验，总结出有无特色产业对2020年脱贫攻坚战顺利收官的影响，分别对无特色产业的地区提出了产业分配、精神扶贫等方面的对策建议。

关键词： 特色产业；脱贫攻坚；扶贫政策

打赢脱贫攻坚战是我国全面建成小康社会的必然要求。2020年是全面建成小康社会的决胜期，脱贫攻坚战的收官之年，这是本次研究最为重要的时代背景。特色产业扶贫工作在"十三五"规划的指导下有序开展。自2016年12月2日国务院印发《关于"十三五"脱贫攻坚规划的通知》以来，我国有序开展一系列产业扶贫工程。许多贫困地区因地制宜，精准发展产业。国内特色产业发展现状及对策等方面的研究已经相对成熟，对特色产业的作用研究相对较少。此外我国存在某些贫困地区未能发挥本地优势、发展特色产业不足的问题。通过研究发展特色产业成功脱贫的地区优秀经验，为下一步达到建立解决相对贫困的长效机制打下基础；对未成功脱贫的地区进行数据分析，借鉴成功地区的经验，因地制宜，高效扶贫。

一、调研方式

（一）问卷调查法

问卷调查法是社会研究的分支方法，在针对研究主题以问答或表格形式形成问卷后，进行线下发放，了解目标对象对相关研究问题的看法与意见。

调查问卷主要针对贫困户和扶贫干部两大群体设置，各小组成员分别以自己所在乡镇为调查样本地，采取抽样调查的方法进行调查。

（二）访谈调查法

访谈法是根据调研需要，以口头提问形式向被访者提出有关问题，通过被访者的答复来收集事实材料的方式。

本次调研采用的访谈法主要有线上电话访谈与线下实地访谈，将贫困户和扶贫干部的问题有效精准衔接，达到调查目的的同时，解答贫困户的疑惑，反馈贫困户的建议，构建起贫困户和扶贫干部之间交流的桥梁。

（三）文献调查法

文献调查法指通过建立调查计划，搜集研究主题相关文献，对权威性文献进行整理分析，从中获取有用信息，指导调研的正确方向。

调研前期，本团队通过研读论文及相关政策资料，对脱贫攻坚的定义、政府的相关扶贫文件、各乡镇的扶贫措施及成果、特色产业的发展等方面进行了解，还查阅到经济贫困与扶贫精神、信息传达、医疗保障之间的内在联系，为后续调研工作的开展形成了一定的知识储备。

（四）案例研究法

案例研究法指针对调研主题，在进行典型案例的筛选之后，对该典型案例进行相关的研究，达到从特殊看整体的目的。

本次调研以麻阳苗族自治县作为典型案例，研究了麻阳苗族自治县的基本情况、脱贫成功的经验、特色产业发展状况、发展过程中存在的问题以及相应的对策建议，丰富了调研结果。

二、数据分析

（一）基本人口学信息

此次调研问卷针对乡村贫困户共发放问卷 71 份，其中有效问卷共为 58 份。此次调研访问，对 15 名乡村扶贫干部进行线上访谈，对 36 名扶贫干部进行线下访谈，其中有效访谈 45 次。调查通过问卷调查以及访谈调查的方法，以湖南省为主要调研地，调研走访地点涉及湘西湘东等地区，均为典型贫困地区，达到地区均衡覆盖，获得可靠数据来源。

（二）基本村户信息调研

1. 致贫因素

了解导致贫困的原因是进行精准扶贫工作的首要要求，我们通过对 51 位村干部的访谈调研，了解到各地村委会干部根据"精准扶贫"行动有关文件的要求，实地考察工作所发现的各类致贫原因。此外，我们通过对 71 户贫困户的实地探访，总结出如下致贫因素：

从外部原因看，当地地处偏远，与外界交流困难；当地政府缺乏重视，工作能力不足。

从内部原因看，主要包括以下几个方面：一是因病、因残。因病指家里亲属出现大病或者慢性病等情况，需要长期用药或住院，入不敷出导致贫穷；因残指因为残疾导致缺乏劳动力，引起贫穷。二是因学。家庭因为难以承受孩子教育费用导致贫穷。三是因灾。如自然灾害导致农作物严重损失，继而引发贫穷。四是缺技术。指家里有一定劳动能力，但因为没有技术，导致只能长期务农，且务农技术低下，导致收入低下。

经过调研，我们发现缺乏技术是导致贫困的主要原因。所以，由于年轻人大多外出，乡村中老年人缺乏健康常识，导致大病就诊迟，因病是导致家庭贫穷的第二大原因。

2. 脱贫攻坚最后冲刺关键时期乡村贫困户脱贫及返贫情况

2020 年是全面打赢脱贫攻坚战的收官之年，但脱贫攻坚工作也存在多种挑战因素。为此，我们围绕调研主题，通过问卷调查和访谈调查两种方式，对贫困地区政府及乡村贫困户进行了详细的走访调查，以此了解各地在脱贫攻坚最后冲刺关键时期扶贫脱贫工作的开展及与贫困户的实际对应情况。

根据调研走访，我们发现在脱贫攻坚的最后时期，各地政府仍然保持高度的激情开展扶贫工作，极少部分存在工作效率相对降低的情况，总体来说，各地都在努力为脱贫工作画上圆满的句号。

根据走访调研和数据统计分析，我们发现各地区贫困户接收扶贫相关政策的速度较快，政策对接程度较好，各地已脱贫数据的平均比例在 90% 以上，且截至目前返贫率为零，没有返贫现象出现。

（三）特色产业发展对脱贫攻坚产生的影响

产业脱贫是脱贫攻坚的重要途径，是中国特色扶贫开发模式的重要特点，中央明确把产业扶贫摆在"五个一批"的首位。

1. 乡村特色产业发展情况

从调查访谈有效的 45 位村干部了解到的关于村内是否有发展相关特色产

业进行扶贫的情况如下：

近80%的乡村在根据当地现有的自然和社会资源的基础上，在产业扶贫政策的指导下，发展了相关的特色产业推动扶贫工作；约20%的村干部表示村里某些方面的条件欠缺，还未正式发展起真正适合本村的特色产业，但也已在规划之中。

2. 特色产业发展情况对脱贫产生的不同影响

在对比了有无发展特色产业的乡村的脱贫情况后，本团队了解到特色产业发展情况对脱贫产生的不同影响。有特色产业地区的特色产业对脱贫率的影响达到55%，基于有无特色产业发展的乡村脱贫率的对比可以得出，发展了相关特色产业的乡村建档立卡贫困户的脱贫情况相对较乐观。

（四）特殊情况对不同特色产业发展产生的影响

特色产业扶贫涉及光伏、旅游、中药材等许多方面的内容，经过对已发展特色产业乡镇的村干部的访谈，我们大致了解到不同乡村的地理气候等方面自然条件不同，因地制宜而发展的特色产业也不尽相同。

访谈得到的特色产业发展类别大致如下：

在乡村发展较为普遍的特色产业主要为特色种植养殖业，油茶、龙牙百合以及稻香鱼等的占比达48%；中小企业建厂也成了特色产业扶贫的重要推力，比如隆回县石岭村的枫林山泉生产的桶装水销往各地。

三、对策建议

（一）有特色产业地区的改进对策

对利用特色产业带动扶贫工作的地区采取重点案例研究，有利于深入剖析，更好地学习经验，寻找未来发展道路。本调研团队以麻阳苗族自治县为典例进行研究，探索其发展优势、存在问题以及相应对策。麻阳处于雪峰山与武陵山之间，气候湿润，以丘陵为主，麻阳冰糖橙、富硒刺葡萄等是麻阳著名的名优特产，其中以麻阳冰糖橙最为出名，2000年编印的《中国名优土特产年鉴》将麻阳命名为"中国冰糖橙之乡"，2001年，"麻阳"牌柑橘被授予国家地理标志产品，经农业部评定为极优产品。

优势一：保护生态，村庄规划建设，开发旅游业

麻阳县全面落实《村庄规划条例》，领导小组主持大局，加大资金投入，进行住房建设规划，统筹国土、能源、水利等多个部门，联合行动，立足本地区青山绿水的资源优势、利用"长寿乡""中国冰糖橙之乡""中国最美养

生栖居地"的品牌效应，发展特色旅游业。

优势二：电子商务"互联网＋特色农产品"助推第一、二、三产业融合发展

麻阳县生态环境良好，土壤中富含磷、钾等微量元素，适合多种植物生长。当地根据气候特点和土壤特性发展精准农业，重点推进葛根、水稻以及黄桃、猕猴桃、冰糖橙等种植业；探索出"互联网＋特色农产品"的电子商务发展模式，在发展精准农业的同时，通过各大电商服务点推销产品，形成特有品牌（其中以麻阳冰糖橙最为出名），促进了种植业、加工业与服务业的融合发展。

优势三：产业立法，保障特色产业有序发展

2014年，经湖南省第十二届人大常委会批准，《麻阳苗族自治县柑橘产业发展条例》作为湖南省首部产业立法的单行条例正式施行。条例明确了苗木生产经营者应具备的条件及苗木质量安全追溯制度，就柑橘生产标准化的推广运用和品质保障，科研、技术推广与服务、病虫害防控等方面做出了具体规定，促进了柑橘产业的有序发展；特色产业领域的法律体系不断完善，麻阳县走上了一条产业法制化的发展道路。

优势四：小额信贷为特色产业发展缓解资金紧张难题

麻阳县将小额信贷扶贫与特色产业扶贫结合，通过直接帮扶、股份合作等方式，以信贷形式为农户生产和特色产业发展提供稳定的资金支持，缓解了原有的农户缺乏发展资金、产业资金融通困难等难题，从而全方位地促进了全县经济产业的发展，提升了全县扶贫工作的质量，有效地促进了本县特色产业经济的发展。

经研究，本团队对麻阳苗族自治县当前仍存在的问题提出以下对策，并提炼总结出针对所有已开始发展特色产业地区的建议。

1. 建立特色产业的长期发展机制

旅游业规模化产业化层次较低，产品供给不足与游客旅游需求存在矛盾。麻阳苗族自治县地处湘西山区，有盘瓠文化，长寿之乡，冰糖橙之乡和滕代远故居等丰富的旅游资源，但缺乏有力的推广，对本地苗族文化底蕴的挖掘也有所欠缺。另外，由于县内地形以山区为主，旅游资源存在空间分布分散、集中度不够、景点组合较差的问题，多数旅游资源吸引力有所不足。

强化麻阳苗族自治县的宣传促销活动。充分利用各种媒体，采取多种宣传方式，加大宣传力度，让更多的外地人们了解麻阳鲜果特产，积极开展整体旅游景观、服务和当地特产的宣传，提高人们前往当地旅游的兴趣。

积极挖掘旅游资源，加快基础设施的完善。对苗乡文化历史底蕴的深入挖掘有助于丰富其文化风光旅游特色，增强其民族文化色彩，吸引更多对民族文化感兴趣的人们前往感受当地的特色文化。同时，基础设施的尽快完善也是扩大规模、提高综合效益的基础，只有交通便利，旅游服务质量提升，才能有效提高其旅游接待能力。政府应该积极宣传当地的优质旅游项目，吸引外来投资资金发展尚存欠缺的水电路等基础设施，减轻农村基地及农户的压力，增强乡村地区的接待能力，以更好的旅游服务提升游客们的满意度，投入资金维护旅游地区的自然及人文环境的可持续发展能力。

由调研数据结果可见，特色产业能够为贫困人口提供岗位和多种生存渠道，拉动经济增长，为脱贫攻坚战收官做出了极大的贡献。2020 年脱贫收官任务顺利完成之后，即将迎来下一个攻坚点——建立解决相对贫困的长效机制。对于有特色产业发展的地区，应当利用自身优势，形成更加体系化的发展机制。"一村一品，一乡一业，一县一特"的特色产业发展必须长期化。

随着社会的发展，特色产业也应该有相应的进步与革新。由目前的数据看来，特色产业发展的潜力大、后劲足，因此应当促进地方市场与全国市场的融合，做好市场开放；处理好政府与市场的关系，做好产业开放；加快巩固区域特色，推动区域一体，做好区域开放。

2. 保证一、二、三产业融合均衡发展

不少依靠农产品发展起来的特色产业都缺乏深加工且农业技术水平低，存在工业产业起步晚、发展弱的问题。麻阳县有冰糖橙、黄桃、蓝莓等优质农业资源，但产品基本都以初始形态卖出，卖出价格低，缺乏完整进行农产品深加工的工业产业链，产品附加值不高。另外，农业技术水平低，现代化程度不高，导致每年农产品受自然灾害影响较大。最后，与外界的信息交流程度不高，销路受天气等外界因素影响极大。

由此可见，应当注重工业化、链条化发展，打造完整的产业生产销售链。从调研数据致贫原因中可以看出，某些地区的致贫原因是低效务农。在科学技术高度发展的今天，仅仅靠祖辈经验务农会导致务农收入低下致贫。根据国务办指导思想，应当坚持四个全面战略布局，着力构建农业与二、三产业交叉融合的现代产业体系，形成城乡一体化的农村发展新格局，为国民经济持续健康发展和全面建成小康社会提供重要支撑。因此，有特色产业的地区要在保证提高农业综合生产能力的情况下，加大因地制宜分类指导的力度，激发发展活力。

3. 为贫困户带来更多的知识储备

尽管在特色产业已经发展起来的地区，村民获得的谋生渠道更加多样，但是仍存在村民无法有效提高生存技能等问题。扶贫必扶智，不仅需要对下一代进行优质的教育，更需要对当前的农民或者工作人员进行专业培训，为他们获取相关的知识技能提供保障。

麻阳县乡村地区占全县比例较大，乡村地区的基础设施建设仍不够完善。此外，基础设施建设资金来源过于单一，农村基础设施建设所需资金多数由农村集体及农户自主承担，进行扶贫后大多以政府投入为主，引进外资及金融机构贷款比例较小。污水处理、垃圾处理等关系到城市社会与生态可持续发展的环境基础设施建设也不够完善，大多乡村甚至没有此类基础设施。由此本团队提出以下建议：

（1）提高劳动者素质。要从根本上解决农民传统落后的发展观念，对他们进行新加工技术的培训，提高农业技术水平，推动实现生产现代化，培养农业及相关技术开发推广和应用的农业专门人才。

（2）利用新科技改善现状。通过深加工改变农产品以初始形态低价卖出的现状，提升其附加价值，加工成更现代化更简易便捷的食品，价格也适度上调，有效提高农产品的经济效益。同时，也要积极引进新技术设备，提高出产率，减少自然灾害带来的损失。

（3）充分利用现代化新推广方式。近几年兴起的直播带货在许多地方都提高了当地产品的对外销量，大大减少了农产品堆积浪费，还提高了农民们的经济收益，在推广直播售卖的同时，也要完善实现产品大量外销的运输条件。

（二）无特色产业地区的改进对策

1. 科学评估，寻找潜力特色产业

根据我们的调查结果，近80%的乡村因地制宜发展本地特色产业，取得显著成效，超过一半的脱贫人口是靠当地特色产业的发展成功脱贫的。因此在脱贫攻坚工作中，贫困地区的特色产业发展对脱贫攻坚的成功有着举足轻重的作用。

而近20%无特色产业的乡村仍主要依靠原始的农业、工业收入，创新型项目支撑带动作用薄弱，仅仅依靠农业带动当地贫困户脱贫的实际效果并不明显。因此，首要的解决方法就是要坚持精准脱贫，以新型、有潜力的特色产业为着力点，深入挖掘符合当地特色的产业潜力和价值，科学评估、实地

考察、综合评估当地的气候气温、土地资源、网络资源等条件，寻找、发掘并深入发展有潜力的特色产业。

2. 改变旧有济贫模式，有效运用其他扶贫方式，建立长效扶贫机制

中共中央政治局会议指出，脱贫攻坚"要激发贫困地区广大干部群众内生动力"。激发广大基层干部和基础贫困群众的内生动力是脱贫攻坚的关键。我们的问卷调查反映出广大贫困户所共有的一种"等投喂"的懒惰思想，要想加快脱贫攻坚的步伐，就要改变旧有的济贫模式。变"输血"为"造血"，变"送红钞、油、米、面"为"送技术"，从根本上改变贫困户的思想，提升他们的思想觉悟，从"要我脱贫"变为"我要脱贫"，让他们从被动、跟随国家脱贫变为主动脱贫。只有贯彻落实这种长效扶贫机制，才能为脱贫攻坚的顺利完成打下坚实基础。

3. 积极创新，基层干部要勇做脱贫攻坚的"先锋人"

在脱贫攻坚的过程中，基层扶贫干部是国家与基层贫困群众的重要交流桥梁，在传达上级命令、对接政府和群众工作部署安排、服务民众等方面发挥着重要作用。基层干部在扶贫工作中要注意带头引领基层干部发掘新型及创新型产业，结合时代潮流和网络技术的应用普及，为乡村的扶贫工作开辟一条甚至多条脱贫致富道路，要将脱贫视为一个小的节点，最终实现共同富裕的大目标。同时，要注意有效实行奖励评估机制，"群众是基础，干部是关键，产业是重点"，充分调动贫困户脱贫的积极性，思想上引导贫困户用自己的双手脱贫致富，行为上积极带领群众寻找脱贫致富之路。

参考文献

[1] 雷玉琼，罗小江. 精准扶贫领域腐败现状及防治对策——基于 h 省相关平台报道的案件 [J]. 中国行政管理，2019 (11).

[2] 侯晓艳. 中国农村扶贫：实践逻辑、误区与未来发展，农业经济 [J]. 2020 (1).

[3] 钟惟东. 信息贫困视角下经济贫困成因及对反贫困的政策启示 [J]. 图书馆，2020 (4).

[4] 李月. 教育扶贫视域下贫困农民可持续脱贫能力建设的意义、挑战及对策 [J]. 中国职业技术教育，2020 (13).

[5] 张湘玉. 少数民族贫困地区村庄规划建设管理实例——以麻阳苗族自治县为例 [J]. 管理观察，2019 (13).

[6] 罗云湘，李莉. 麻阳：产业立法开先河，助推精准扶贫 [J]. 人民之友，2017 (6).

第三部分　中国特色社会主义文化发展篇

高考综合改革背景下中学传统文化教育提升策略研究

课题组成员：唐佳地，李佳怡，吴柏瑜
指导老师：丛　杨

摘要：新高考综合改革该如何将高考与中华优秀传统文化深入结合，是应该要探讨的问题。以长沙市中学为例，探查当地新高考改革的基本情况，将新高考改革前后学生对于优秀传统文化的了解做对比，从而讨论新高考改革对传统文化教育的影响。从教育部门、学校、中学生三个层面分析目前存在的问题及障碍，提出推动高考综合改革与优秀传统文化深入结合的相关对策。

关键词：高考综合改革；传统文化；教育；长沙市中学

本次调研通过对长沙市中学新高考改革实施情况进行走访、问卷调查等调查活动，旨在了解长沙市中学新高考改革背景下优秀传统文化在教学领域的参与情况，以及优秀传统文化深入教学领域对于高考改革的重要意义。

一、研究设计与实施

（一）调研问题的提出

2013 年 11 月 12 日，党的十八届三中全会审议通过了《中共中央关于全面深化改革若干重大问题的决定》，明确指出考试招生制度改革是中央部署全面深化改革的重大举措之一。这是恢复高考以来最为全面和系统的一次考试招生制度改革。2017 年 1 月 25 日，中共中央办公厅、国务院办公厅印发的《关于实施中华优秀传统文化传承发展工程的意见》中将中华优秀传统文化贯穿国民教育始终作为重点任务。高考改革历来是社会变革的方向标和突破口。针对新时代新要求，我们小组决定将这两项相结合，将主题确定为"高考综合改革背景下中学传统文化教育提升策略研究"，其中包括了解长沙市中学新高考改革实施的情况，新高考改革下优秀传统文化在教学领域的参与情况，影响优秀传统文化在教学领域深入的因素，以及优秀传统文化深入教学领域的重要意义与优秀传统文化深入教学领域对于高考改革的重要意义。中华优秀传统文化的继承与发扬的任务最终都要交付给一代一代的年轻人，在教学领域深化优秀传统文化的传播有利于年轻一代接触其文化，从内心深处培养对于优秀传统文化的认同感，真正达到文化传承的目的。新高考改革目的之一就是促进学生健康、全面地发展，优秀传统文化深入教学领域有利于学生培养文化细胞，文化品位，接触到除了专业知识以外的学识，提升修养。

（二）调研目的

在建设有中国特色社会主义市场经济的大背景下，传统文化对高考制度的影响将长期存在。为了学习贯彻落实习近平新时代中国特色社会主义思想和党的十九大、二中、三中、四中和五中全会精神，全面推进新高考改革。本次调研通过对长沙市中学新高考改革实施情况进行走访、问卷调查等调查活动，旨在了解长沙市中学新高考改革实施的情况，新高考改革下的优秀传统文化在教学领域的参与情况，影响优秀传统文化在教学领域深入的因素，以及优秀传统文化深入教学领域的重要意义与优秀传统文化深入教学领域对于高考改革的重要意义。

（三）调研意义

传统文化教育旨在引导青少年了解中国传统文化知识，把握中华民族精神，践行知行合一理念，使青少年成长为堂堂正正的中国人。这是传统文化教育的目标，也是中华民族立国的根本。"高考"作为一根指挥棒，对于社会有着导向作用，利用新高考改革，扩大优秀传统文化在教育教学中的比例，让传承传统文化的思想扎根于青年脑海。有利于推动社会主义文化强国的建设，增强国家文化软实力，加快社会主义现代化进程，实现中华民族伟大复兴的中国梦。

（四）调查对象

经过两周的调查研究，随机调查各类样本共计420人，调查对象为长沙市长郡中学、雅礼中学、师大附中在校学生。共收到问卷420份，有效问卷400份，有效率95.24%。

（五）调查方法

1. 问卷调查法

组员分工合作，从各个方面查找关于长沙市中学新高考改革的教学措施，并参考了其他同类所设置的研究问题，确定问卷内容。由于疫情的影响，加上我们的调查对象是高中生，他们可以熟练地利用网络，我们最终决定问卷的发放模式改为线上，这样不仅能避免疫情期间受感染的风险，也能扩大样本容量。

2. 查阅资料法

我们全面搜集、阅读中央关于实施优秀传统文化的文件以及新高考改革相关事项，在中国知网及其他各大学术期刊查找了多篇文献，让我们的调查更有可信度。

3. 统计分析法

对调查回收的问卷进行数据处理与分析。从"被调查者对传统文化的了解情况和兴趣程度""被调查者高中学校对传统文化的重视程度""被调查者了解传统文化的途径""被调查者对传统文化的认识"等多方面进行数据的处理与分析，用所采集到的数据为报告结果提供数据支持，并依靠数据处理后的结果进行数据分析，提高报告结果的科学性。

二、数据分析

（一）被调查者对传统文化的了解情况和兴趣程度

1. 被调查者对传统文化的了解情况较为可观

被调查者对传统文化的了解情况程度较高。调查数据中，64%的被调查者对于古典诗词曲赋或小说有了解，对传统节日有了解的被调查者占68%。在民族音乐或乐器、国画、先秦诸子百家的著作和思想、传统服饰、非物质文化遗产、书法等方面都有超过20%的被调查者有所了解。由此可见，在传统文化学习的大背景之下，中学生对传统文化的了解范围都比较广，尤其是与学习生活息息相关、非常贴近的事物，就会有更多的人了解，见表1。

表1　被调查者对传统文化的了解情况（多选）

类别	频数	占比
古典诗词曲赋或小说	256	64.00%
民族音乐或乐器	80	20.00%
民族戏曲	56	14.00%
书法	96	24.00%
国画	96	24.00%

（续表）

类别	频数	占比
传统节日	272	68.00%
玉器或瓷器	32	8.00%
先秦诸子百家的著作和思想	96	24.00%
非物质文化遗产	112	28.00%
传统服饰	112	28.00%
其他	72	18.00%

2. 被调查者对传统文化的兴趣程度不高

据了解，只有一半的被调查者会在高中课余去了解与传统文化相关的东西。还有32%的是出于学科学习的目的在课余时间了解传统文化，还有12%的被调查者不会去了解，因为对高中学习没有什么帮助，另外有6%的被调查者不关心也不感兴趣。数据说明，学生们在高中时期主要是迫于学习的压力去学习传统文化，甚至有些人认为对学习无用时就不去了解。真正感兴趣的人只占到一半。所以，高中时代的学生对传统文化的兴趣程度不高。

（二）被调查者高中学校对传统文化的重视程度

1. 被调查者高中学校的课程设计与传统文化相关度不高

被调查者高中学校的课程设计中，与传统文化相关的内容较少。被调查者高中学校的课程设计里面与传统文化相关的内容一般都有，但32%的被调查者认为不是很多，42%的被调查者认为很少，只有12%的被调查者认为比较多，还有14%的被调查者的高中学校的课程设计中没有与传统文化相关的内容。由此可知，在应试教育的大背景下，大多数的学校还是主张分数优先，即使有对传统文化的宣传，但也只是停留于表面，就连在最贴近学生的课堂，融入的传统文化元素也很少。

2. 被调查者高中学校举办的与传统文化相关的活动形式单一

由表2中数据直观可知，被调查者高中学校所举办的与传统文化相关的活动大多都是诗词大赛、朗诵、书法绘画展览，分别占到了40%、74%、32%，而古典乐器表演、非物质文化遗产参观等活动不到10%，没有任何一个被调查者所处的高中学校举办过玉器或瓷器展览。由此可知，一方面，学校会更容易去举办成本低的活动，所以导致所举办的形式不多样，另一方面，从这些数据看来，高中学校对传统文化的重视程度还是不够，与学习内容相关性不大的活动学校大都没有怎么举行。

表2　被调查者高中学校举办的与传统文化相关的活动

举办的活动形式	频数	占比
诗词大赛	160	40.00%
朗诵	296	74.00%
汉服表演	40	10.00%
书法绘画展览	128	32.00%
古典乐器表演	24	6.00%
非物质文化遗产参观	16	4.00%
传统节日特殊节日举办	48	12.00%
玉器或瓷器展览	0	0.00%
其他	56	14.00%

（三）被调查者了解传统文化的途径

据了解，大部分高中生了解传统文化的途径都是课堂知识学习、观看电影或电视剧、课外阅读，分别占到了56%、54%和72%，并且随着互联网的发展，手机的使用范围越来越广，功能越来越全面，通过看新闻和刷视频来了解传统文化的占比也分别达到了34%和44%。家庭教育和学校传统文化有关活动的举办占比分别为10%和12%，只有6%的被调查者通过实地考察了解传统文化。由此说明，学生在学习和玩手机娱乐时所接触到的传统文化多，一般情况下是被动地接受，主动去了解的学生占比很少。这也可能是因为高中学习压力较大。

表3　被调查者了解传统文化的途径（多选）

了解传统文化的途径	频数	占比
课堂知识学习	224	56.00%
家庭教育	40	10.00%
课外阅读	288	72.00%
看新闻	136	34.00%
刷视频	176	44.00%
玩游戏	16	4.00%
观看电影或电视剧	216	54.00%
学校举办与传统文化相关的活动	48	12.00%
实地考察	24	6.00%
其他	24	6.00%
合计	1192	298.00%

（四）被调查者对传统文化的认识

据了解，62%的被调查者认为新高考下不再文理分科，文理搭配使得学生所受传统文化教育增多；32%的被调查者认为新高考下，学生所学课程中增加了传统文化的教育部分；还有26%的被调查者认为新高考下更重视国学了，学校举办的与传统文化有关的讲座会增多；只有8%的被调查者认为高考综合改革对于学生学习传统文化没有影响。由此可知，被调查者大都认为高考综合改革背景下会使学生受到的传统文化教育增多。

大部分被调查者认为传统文化的流失和课程内容缺少传统文化教育息息相关。据了解，60%的被调查者认为现在传统文化存在缺失的原因是课程内容缺少对传统文化的教育，其次就是民众保护意识不强、与传统文化相关的工作设置的岗位少、部分学生对传统文化不感兴趣，持这些观点的被调查者均超过了50%，还有24%的人认为是之前文理分科制度的影响，38%的被调查者认为政府保护工作不够，被调查者也还认为还有一些其他原因。这说明，无论是政府、个人、学校还是社会，都存在保护传统文化不到位的情况，功利化的社会也使得继承传统文化越来越困难，学生大都在学校里获得传统文化的熏陶。

表4　被调查者认为现在传统文化存在部分流失的原因（多选）

传统文化流失原因	频数	占比
之前文理分科制度得影响	96	24.00%
课程内容缺少对传统文化的教育	240	60.00%
与传统文化相关的工作设置的岗位少	216	54.00%
政府保护工作不够	152	38.00%
民众保护意识不强	232	58.00%
部分学生对传统文化不感兴趣	208	52.00%
学习传统文化获利少，青年人不愿继承	200	50.00%
宣传意识不够	144	36.00%
其他	32	8.00%

三、问题及原因

（一）教育者对于传统文化的推动问题

1. 对传统文化的重视程度不够

调研过程中可以清楚地看到，学生们由于环境和学习条件的限制，往往只能够通过在学校里学习或者是参与其他的活动来获得传统文化知识，可是另外一方面也可以看到，学生们认为课本内容缺少传统文化的教育，也认为学校很少举办与其有关的活动，甚至觉得传统文化的流失也和书本知识的缺少有很大关系。这就说明，广大教育者在高考综合改革的背景下，依然没有对传统文化重视起来，教材编写、学习方法等还处于过渡期。

2. 改革制度下在传统文化学习方面还是没有真正实现文理综合

湖南新高考制度下不再实行文理分科，而是 3＋1＋2 的模式，看似可以随意搭配实现文理综合。可是在采访过程中，许多大学生表示，自己的学弟学妹们在选择科目搭配时，常常会询问自己所选搭配是否有利于大学专业的选择。高中生们也表示，不会仅凭兴趣爱好去选科目，一定是在询问了家长、老师这个搭配是否合理的情况下来选择，导致了许多全文和全理的学生出现。在询问学生认为哪些科目里可以经常接触到传统文化时，学生的回答大都是语文、历史、政治、地理这些科目，如果学生的科目搭配较之以前并没有很大的改变，那么也就说明改革制度下在传统文化学习方面还是没有真正实现文理综合。

3. 对于传统文化的工作有些仅停留在表面

如果真正要将国学文化渗透到高中的课堂中，绝对需要在很多方面做出实际行动。在应试教育的大背景下，教育者在一定程度上被迫走了形式主义，分数优先还是深深地根植于人们的观念中，导致了许多措施并没有落实到位，仅仅是停留在表面。

（二）学校课程开设及评价问题

1. 活动形式化

在对长沙市高中学校进行调研时，就会发现学校举办的与传统文化有关的活动部分存在形式化倾向，缺乏对传统文化内涵的深入剖析与挖掘。优秀传统文化进校园应当与教育相吻合。改革开放以来，我国高度重视中华优秀传统文化教育，从立德树人的高度来看待中华优秀传统文化教育的意义和作用。这与优秀传统文化的精髓是一脉相承的。在高考综合改革下，更是强调了将传统文化融入课堂。但学校往往只是任务式开展活动，开展朗诵、背诵活动，并未对传统文化精神进行挖掘，使立德、树人的任务错失优秀资源。

2. 资源碎片化

优秀传统文化资源浩如烟海，且以多种形态分布在不同层次，缺乏相应的指导标准，没有形成完善的体系，学校整合力度不足，在这方面开发的课程少，即使有些学校开设了一些传统文化选修课程，但也存在学生兴趣淡薄、开设定位不当、课堂上无氛围、老师上课方法不当等问题。传统文化资源广，老师又未给出查找资源的具体方法和方向，学生缺乏引导，就会使得原本激起的热情也渐渐凉了下来。

3. 评价的随意化

对学校传承优秀传统文化的考核存在难度。现行全国普通高校统一招生考试制度关系到千家万户，地方、学校等各方面的利益，其改革牵涉面广，不仅对高等教育，而且对中等教育乃至整个教育系统都有重大影响。对于传统文化的传承我们应理性对待，注重受教育者体质的增强，品性的陶冶，知识的增长，能力的提高，否则将会出现家长强迫孩子进兴趣班、教师逼孩子背诵古诗词、学校强制学生参与社团的情况，必然引起学生的反感。调查发现，许多学校在对待传统文化的考核上，非常地随意，活动仅仅也只是举办了，课程也是一些无关分数的课程，至于学生有没有从中学到东西一概不理，还是一如既往地抓学习。这种评价的随意化势必也会给学生传递出一种"这不重要"的观念，影响传统文化教育的推进。

（三）学生兴趣导向和课程学习问题

1. 功利取向主导

从学校调研和学生问卷信息来看，学生对待相关课程不够重视，认为相关课程可有可无。在社会大环境的影响下，加之中国应试教育的影响根深蒂固，学生个人在学习取向上功利色彩过于浓厚，忽视自身思想文化修养和道德素质的培养。即使是在高考综合改革条件下，很多高中生认为学习传统文化对他们的实际生活没有多大用处，另外，面临的升学压力日渐增大，学生们更关心的是怎么提分，怎么上好大学，这种急功近利的心态使得他们很少有时间和精力去培养个人的道德文化修养，没有与高考利益冲突的课程学生也不会认真对待。

2. 学生以被动学习为主

调查中发现，学生所接受到的传统文化教育都是直接灌输，也就是说高中生一直在被动地接受传统文化，缺乏主动的探索。课外，他们了解传统文化的途径就是刷视频、看新闻等。事实上他们刷视频、看新闻并不是为了了解传统文化，而是恰好在玩手机时看到了而已。

四、发展建议

（一）教育者应积极宣传，创新教育形式

1. 利用节假日渗透传统文化教育

充分利用传统节日进行传统文化教育，能增长学生的知识，使学生更多地了解传统文化。例如，在重阳节的时候，先给学生讲述这一节日的来历，然后给学生展示几首写到重阳节的古典诗词；中秋节的时候，告诉他们我国历来重视亲情和家庭和睦的传统美德，引导学生要珍惜亲情。这样的形式丰富多彩，故事性强，调动了学生学习的积极性和主动性，既符合高考综合改革的形式，又调动了学生的兴趣。

2. 利用校园宣传阵地渗透传统文化教育

校园文化是学校教育的重要组成部分，是德育渗透的主渠道之一，是无声的传统文化教科书。很多学校在校园的各个宣传橱窗中，在教室的墙壁上，在走廊两侧都张贴或者悬挂了一些传统文化的宣传语。比如《三字经》《论语》《弟子规》等，这些都是传统文化宣传的良好内容，而且这些内容学生读起来朗朗上口，便于记忆，而且理解也不难。学生进进出出，耳濡目染地接受这样一些文化的影响，心中也会树立起对国学文化的尊重。

3. 创新传统文化教授形式

传统的授课方式比较单一枯燥，学生的兴趣难以被激发，教学效率难以提高。尤其是传统文化教学，有些内容距离学生时间遥远，深奥枯燥，学生更不愿意接触。因此，教师在教学的时候要遵循高中生的身心发展特点，充分考虑学生的知识基础、认知规律以及兴趣爱好。创新教学形式，与时俱进，将传统文化教学内容与现代相结合，用更好的方式来说好中国故事。同时在高中也可以开展以传统文化为主线的，类似于辩论赛一类的竞技性比赛，使学生在各类的比赛活动中加深对于传统文化的了解和认识。

（二）学校应努力提高课堂质量，与社会通力合作

1. 优化师资，形成特色

高质量的教学要依靠优秀教师。调研过程中，通过对学生和老师的访谈，我们发现，许多上传统文化教育课程的老师是语文或历史老师，因学校要求临时给学生做一些宣传和辅导，并没有接受过专业的知识培训。由此可知，

想要将课堂做得出色，一定要先从师资着手，不能流于形式。

2. 立足课堂，形式多样

要想全面掌握一门知识，必须经过系统的学习，这是教学活动展开的必要条件，而课堂教学则是最有效的方式。高中学校的传统文化教育要想取得好的成效，首先还是应当将传统文化教育纳入教学体系之中，占据课堂教学这个知识传播的主渠道。课堂教学传授的知识相对更准确、全面、系统，课堂教学对于教师的教及学生的学都有考核，因而也能引起教学双方的重视，这是聆听学术报告、浏览网页、翻看微信所不能代替的。教学活动有固定的时间、固定的场所、固定的人员，这显然也不是社团等活动所能取代的。立足课堂，充分利用课堂主阵地，才能有助于传统文化教育的有效开展。

3. 相互协作，形成合力

既要发挥学校主阵地作用，又要加强社会、家庭与学校之间的配合，形成教育合力。具体而言，要充分利用当地或附近城市的博物馆、文化馆、图书馆、美术馆、剧院、故居旧址和名胜古迹等文化资源，有计划、有组织地动员学生进行实地考察。积极引导学生欣赏有品位的影视剧和综艺节目，如由中央电视台主办的《中国成语大会》《中国诗词大会》等优秀节目，陶冶情操，广识益智。同时，还可以从学生中寻找有着优良家风的典型，发扬其中的爱国、孝顺、勤勉等优良传统，营造出弘扬中华优秀传统文化的教育氛围。

（三）严格要求学生，搭建网络平台

1. 深入挖掘教材内容中的传统文化，激起学生兴趣

在中学课本里，许多文章都蕴含着丰富的传统文化。因此，教师可以以课本为基础，在课前深入挖掘教材内容，仔细探索其中所蕴含的优秀传统文化元素，并对这些优秀传统文化进行梳理，使其变得脉络清晰。在这一过程中，教师如何将这些优秀传统文化渗透于课堂教学当中是最为关键的环节。高考综合改革背景下，在一定程度上还是避免了从前的文理分科现象，学科渐渐综合起来，这个时候，怎么让学生在潜移默化中接受优秀传统文化的熏陶，加深学生对传统文化内涵的了解，是一个需要思考的问题。

2. 严格要求，不允许"水"课

在应试教育大背景下，学生迫于学习的压力常常会忽视老师讲的一些与传统文化相关的内容。然而，在高考综合改革背景下，一直在强调将国学进

入课堂，所以要有合理的评价机制，对于学生要严格要求。帮助其理解到传统文化传承的重要性和必要性，从其内心深处开始用传统文化熏陶，提升其自身素养。

3. 搭建网络新平台，提供多种学习途径

网络时代，要想更好地传播传统文化，必须积极搭建弘扬优秀传统文化的网络平台，充分发挥新媒体的作用。一些有条件的中学可以创办弘扬优秀传统文化的主题网站，利用微博、微信、QQ 等，定期推送一些优秀传统文化的文章、视频，利用网络平台引导学生开展有关传统文化主题的讨论。让学生拿到手机不是去被动地接受信息，而是有目的地阅读和浏览传统文化。

参考文献

［1］习近平. 关于《中共中央关于全面深化改革若干重大问题的决定》的说明［J］. 前线，2013，34（12）.

［2］赵敏. 学校场域是中华优秀传统文化传承的重要载体［J］. 教育发展研究，2017，37（22）.

［3］童锋，夏泉，陈夏. 论高考文化现象规律及其对我国高考改革的启示［J］. 中国教育学刊，2014（11）.

［4］柳博. 我国高考制度变迁及改革路径分析［J］. 教育研究，2010，31（6）.

［5］任翔. 中国传统文化教育的目标与内容初探［J］. 中国教育学刊，2019（1）.

红色文化融入新时代大学生
爱国主义教育的实践路径

课题组成员：戴灵芝，翁金燕，刘青云，
　　　　　　吴小丫，周美君，周　琼
指导老师：龚　曦

摘要：通过探索红色文化、新时代爱国主义教育以及区校共建的概念，调研新时代大学生爱国主义教育现状，与红色文化相结合，致力于在区校共建活动成为趋势的背景下，探索新时代大学生爱国主义教育的有效途径，增强爱国主义教育的效果，为红色文化更好融入新时代爱国主义教育提供参考。

关键词：红色文化；爱国主义教育；大学生；区校共建

在建党 100 周年之际，党和国家高度重视红色文化以及爱国主义教育的大背景下，本次研究结合具体政策背景，以湖南师范大学区校共建为对象，分析红色文化融入新时代大学生爱国主义教育的现状，发现目前爱国主义教育存在的问题和不足。探索红色文化融入爱国主义教育的新路径。

一、研究设计与实施

（一）研究背景

1. 政策背景

党的十八大以来，以习近平总书记为核心的党中央，高度重视红色文化资源的开发与利用。在中国共产党成立 92 周年前夕，习近平同志在主持中央政治局第七次集体学习时指出"历史是最好的教科书，也是最好的清醒剂"，"学习党史、国史，是坚持和发展中国特色社会主义、把党和国家各项事业继续推向前进的必修课"。为了贯彻习近平总书记的精神，中共中央党史研究室随后出版了《历史是最好的教科书——学习习近平总书记关于党的历史的重要论述》一书，书中总结了党的十八大前后习近平同志关于党史的重要论述，深刻启示着我们应该如何认真学习和运用党的历史等一系列问题。

2019 年 11 月，中共中央、国务院发布实施《新时代爱国主义教育实施纲要》，《纲要》指出，爱国主义是中华民族的民族心，民族魂，是中华民族最重要的精神财富（中共中央国务院，2019）。要坚持习近平同志新时代中国特色社会主义思想去武装全党、教育人民，深入开展中国梦、国情以及形势政策教育，大力弘扬爱国主义精神，加强爱国主义教育，实现中华民族的伟大复兴。

2. 已有的研究基础

国内有从红色文化资源融入大学生思想政治教育的路径分析，田鸿芬从红色文化融入大学生思想政治教育途径角度，认为应当把红色文化融入大学校园文化建设中，融入大学生思想政治教育相关课程的课堂教学中，融入大学生思想政治教育相关课程的实践教学中。韩延明研究指出将红色文化融入高校思想政治教育的途径有：深入红色文化研究，营造校园红色文化气氛；创新思想政治教育方式，融入红色文化资源；开展校园红色文化活动，提高红色文化影响力；构建高校新媒体团队，强化红色文化宣传工作；等等。

（二）研究意义

第一，爱国主义教育的对象是全民，重点对象是当代青年。在校区，利用红色资源，弘扬红色文化是高校进行爱国主义教育的重要手段。这一手段有助于提升学生的人文素养，在耳濡目染中形成强烈的爱国主义意识。

第二，在景区，利用红色文化对大学生进行爱国主义教育，可以将革命历史、革命精神以旅游的形式传播，让学生身临其境，寓教于游，在真实自然的环境下受到红色文化的熏陶。既能传播红色文化，弘扬革命精神，又能感染学生，无形中引导学生学习了爱国主义精神。

第三，在社区传播红色文化，可以深化社区爱国主义教育。有利于改善社区群众的业余生活质量，提升社区居民的精神境界，创新社区文化，发展繁荣的文化产业。能让红色文化在广大群众心中"活"起来，构建文明和谐社区。

二、研究设计

（一）概念界定

1. 红色文化

红色文化，总的来说，是在革命战争年代，由中国共产党人、先进分子和人民群众共同创造积累的先进文化。它承载着中国共产党为人民服务，为国家奋斗的初心使命，它体现着中国共产党独立自主、实事求是、自力更生的思想品格，它显示了中国共产党人的爱集体、爱人民、爱国家的精神力量。红色文化对于丰富人们的精神世界，形成正确价值观、人生观，传播爱国主义精神发挥着不可磨灭的作用。

2. 新时代大学生爱国主义

新时代爱国主义是将爱国主义时代背景与当代主题相互融合。结合新时代的大学生思想特点，又需要将大学生自我发展理论知识、社会理论知识融入其中，使大学生全面意识到，国家建设与个人发展之间存在直接联系，自觉形成良好爱国主义精神。维护民族和谐与国家统一，为祖国繁荣富强而奋斗。

3. 区校共建

"区校共建"是高校与社区合作发展的创新性模式。在社区和学校的共同谋划下，建立起合作互补关系。社区派出专门的共建专干团队与学校的教师和学生志愿者相互沟通联系，共同组织"区校共建"活动。这种模式的创建，改善了学校教育与社会脱节的问题，提高了大学生的各项素质。同时，也丰富了社区文化，促进社区发展。这一合作共建的创新模式充分契合十九届四中全会强调的"共建共治共享"的社会治理理念。

（二）研究对象

本次研究我们将以湖南师范大学旅游学院乐途区校共建实践项目中所涉及的"三区"，即校区、社区、景区，作为主要的研究对象。

（三）研究方法

本次研究分为三大部分。首先课题组采用文献研究法对相关的理论进行有机整合，然后针对上述研究对象通过调查分析法展开调查分析，最后采用个案研究法将研究课题中涉及的不同组织人员的资料及反馈意见进行个案调查，明确现状及存在的问题。

（四）研究思路

本次研究在建党 100 周年的大背景下，以街道社区、学校为样本，以社区工作者、居民、老师、在校学生、志愿服务队以及前往本地区的参观游览者为研究对象。首先，通过文献查阅分析国内外现有研究成果的同时，拟定调查问卷，通过学院团委下发问卷。从得到的数据中总结出当下课题所显现出的现实问题，拟定访谈的提纲，确定访谈人数，决定访谈的方式。然后通过对比法来分析区校共建活动中新时代爱国主义教育效果和大学思政课程下的新时代爱国主义教育效果，讨论区校共建背景下大学生爱国主义教育现状并提出相应策略，用爱国主义精神来引领大学生的思想和行动。在对策建议部分围绕如何将红色文化融入新时代大学生爱国主义教育研究主题，展开具有针对性的阐述并提出相应建议。

（五）数据分析

参与本次问卷调查的对象共计 1092 人，收回有效问卷 928 份，有效率为 85.0% 。从性别分布情况看，男生 210 人，女生 718 人。从年龄分布情况看，18 岁以下 20 人，18～29 岁 836 人，30～39 岁 10 人，40～49 岁 45 人，50～59 岁 14 人，60 岁以上 3 人。从政治面貌情况看，中共党员（含预备党员）122 人，共青团员 762 人，群众及其他 44 人。

三、研究结果

（一）现状分析

1. 新时代大学生爱国主义教育整体情况不容乐观

（1）大学生积极性不高

针对爱国主义学生积极性，我们首先设计了"您喜欢参加爱国主义教育活动吗？"这个问题。问卷结果显示，68.6% 的学生表示"喜欢"，但还有 7.8% 和 23.6% 的学生表示"不喜欢"和"无所谓"。由此可见，仍然有三成大学生参与爱国主义教育的积极性不高，究其原因可以主要归纳为教育内容和教育形式。

（2）区校共建与爱国主义教育结合不够

针对"区校共建与爱国主义教育结合情况"，我们设计了"在校期间，您是否做过区校共建志愿者？（以及是否参加过社团等组织的服务进社区的志愿活动等）"这个问题。据调查结果，71% 的受访对象表示参加过"区校共建"等进社区志愿活动，29% 的受访对象表示还没有参加过区校共建等志愿活动。由此可见，区校共建覆盖范围还有发展空间，与爱国主义教育结合的途径也需要继续探索。

（3）新时代爱国主义教育过程问题多且复杂

针对爱国主义教育过程中的问题，我们设计了"您认为现在的大学生爱国主义教育过程中存在哪些问题？"的选题，针对这个问题，619 名受调查对象选了"注重教育形式而忽视内在内容"，664 名受调查对象选了"注重理论灌输而缺乏情感共鸣"，538 名调查对象选了"注重知识学习而缺乏行为指导"，449 名受调查对象选了"注重抽象结论而缺乏逻辑解读"。超过半数的受调查对象都认为新时代爱国主义教育过程存在这四个问题。如何在教育过程中引发情感共鸣成为了爱国主义教育实践的重点及难点。

2. 大学生对爱国主义教育的态度与年龄、政治面貌有关

针对大学生对爱国主义教育的态度情况，我们设计了"你认为大学生接受爱国主义教育有必要吗？"和"你喜欢爱国主义教育吗？"两个问题，分别从爱国主义教育的必要性与个体对爱国主义教育的喜爱度来考察大学生对接受爱国主义教育的总的看法。

（1）年龄越大，接受爱国主义教育意愿越强

从年龄方面看：18 岁以下，18～29 岁，30～39 岁，40～49 岁，50～59 岁和60 岁及以上这六个年龄段中，选择"喜欢参加爱国主义教育"的百分比依次为 63.2%、67.6%、77.8%、94.9%、100%、100%，可见对接受爱国主义教育的意愿随着年龄递增。同时，如今青少年是接受爱国主义教育的主力军。

（2）中共党员、共青团员比群众更认同爱国主义教育的必要性

从政治面貌方面来看：在"你认为爱国主义教育有必要吗？"问题中，选择"有必要"的中共党员、共青团员和群众及其他分别占100%、96.4%、91.7%。可见受访人群中大多数认为接受爱国主义教育是有必要的，而所有的中共党员都站在了"爱国主义教育有必要"一方，坚定不移地支持与认同爱国主义教育的必要性。

（二）路径探析

针对目前爱国主义教育现状存在的问题，我们设计了"您对我国当代大学生爱国主义教育有什么建议"，经过调查数据和访谈分析，我们发现超过 8 成的受调查者的回答集中于三个方面："教育队伍""教育载体""实践活动"。可见作为爱国主义教育接受对象，大学生也在接受爱国主义教育的过程中不断思考，提出创新性想法。

1. 队伍建设影响爱国主义教育效果

（1）队伍结构组成

通过访谈乐途志愿者队伍负责人，我们获知乐途队伍的年龄结构组成。乐途队伍中，00 后和90 后占比共计达到了 83.19%，80 后占比 10.11%，70 后占比 6.70%。由此推测，00 后和90 后已是亲身践行爱国主义教育活动的主干力量。

（2）队伍专业化

发展爱国主义教育，关键在队伍，关键在人，归根到底在于培养一批专业化人才。专业化水平是专业知识、专业思维、专业方法、专业能力、专业精神的综合，无论是思想引领还是活动实践，都需要专业思维、专业素养、专业方法。

数据显示，高达73%的受调查者表示"有必要"组建一支专门的红色队伍来实践爱国主义教育。可见，培育一支专门的红色队伍是提升爱国主义教育效果，进一步发展爱国主义教育的重要途径。

我们访谈乐途志愿者时，当问及"在进入乐途志愿团队时，你是否有接受过专业化培训?"，在16名团队成员中，有13人明确表示"有"，仅有3人模糊表示"暂时没有"。

为进一步了解专业化队伍对于爱国主义教育的影响，我们访谈了乐途队伍的指导老师，他说："随着爱国主义教育工作的不断推进，活动形式不断拓展，各项工作对专业化、专门化、精细化提出了越来越高的要求，要进一步提升爱国主义教育效果，就要注重专业人才和专业活动的统一，支持对队伍成员进行专业的培训，努力打造热爱祖国、有干劲、有热情、推陈出新的专业化队伍结构，培养红色新人，这也是我们乐途一直在摸索的。"

可见，大部分的乐途志愿者都已经参与过专业培训，只有少部分同学因未来得及参加志愿活动而未参与培训。而建设专业队伍、培养红色新人对促进爱国主义教育效果具有明显的正向效应。

2. 红色文化资源是爱国主义教育的重要载体

（1）红色文化对爱国主义教育具有明显导向性

"红色文化是在马克思主义指导下和中国共产党的领导下，由全国各族人民在长期的新民主主义革命和社会主义革命过程中，立足于我国的具体实际，不断选择、融化、整合中外优秀文化所形成的具有中国特色的无产阶级反对帝国主义和封建主义的共产主义思想文化"，红色文化作为中国特色社会主义文化的重要内容，蕴含着深厚的家国情怀，有着鲜明的爱国主义底色。因此，红色文化的鲜明导向性很大程度上决定了红色文化是爱国主义教育的重要载体。

（2）爱国主义教育多依托红色文旅资源开展

为了进一步证实红色文化融入爱国主义的必要性，我们还设计了问题"您认为爱国主义教育与以下哪种载体相结合效果最佳?"，通过重大节庆日活动、网络媒体、文化产品和红色旅游资源四者之间的横向比较，以衡量在融入爱国主义教育的众多元素中，哪一元素最受大学生赞同与认可。通过分析，超半数的大学生认为红色旅游资源与爱国主义教育相结合的效果最佳。

在此基础上，我们以长沙市为例，汇总了岳麓山、长沙市花明楼景区、杨开慧纪念馆、秋收起义文家市会师纪念馆等11家长沙知名爱国主义教育基地。岳麓山、橘子洲以其知名度高、景区配套设施完善、地理位置优越等优势成为到访人数最多的两个爱国主义教育基地，但是如长沙市花明楼景区、杨开慧纪念馆、刘少奇同志纪念馆等红色特色显著的教育基地也备受喜爱，因此，红色文化教育是爱国主义教育重要内容，红色资源是爱国主义教育的重要载体。

3. 红色实践影响爱国主义教育的吸引力

开展红色实践，形式多种多样，在"您在学校参加过什么形式的红色实践教育活动"问题中，选择率最高的选项为"宣传讲座"，其次是主题班队活动，再其次是观看相关影视作品（如图3所示）。可以看出现阶段大学生红色实践的形式主要集中在讲座、影视作品等宣传类的活动，而缺乏参与度与体验感。

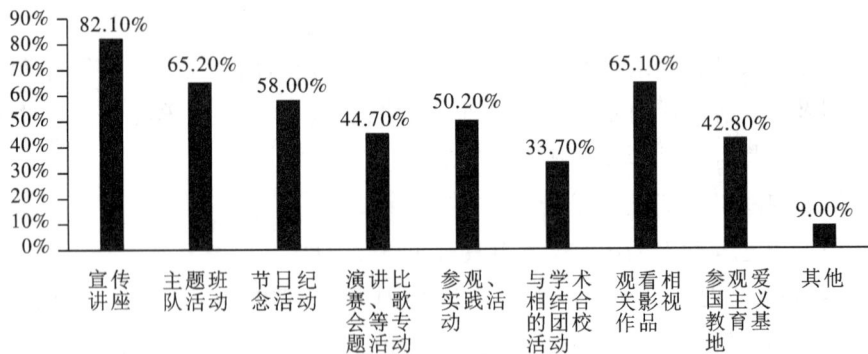

图3　高校举办的红色教育活动形式

实践出真知，但目前很多的红色实践活动并没有让学生深入到实践中来，而是停留在表面，难以激发学生的共情与感悟，导致红色实践教育效果不佳。活动吸引力是志愿者积极性的重要依托，只有认真打造好的品质，深挖红色实践内涵，做大学生喜闻乐见的实践产品，才能最大程度上调动志愿者的积极性，提升红色实践的质量。

四、红色文化融入新时代大学生爱国主义教育路径研究对策建议

进入新时代以来，红色文化如何更有亲和力、针对性地焕发"生命力"，如何"润物无声"有效引导"95 后""00 后"大学生实现自我价值值得思考。新时代以来阐述了很多关于红色文化的新注解、新内涵。在建党 100 周年之际，如何将红色文化融入新时代大学生爱国主义教育，以深化具体实施项目为依据，将红色文化融入具体的社会实践课堂，围绕"造红色师资队伍、育红色文化课堂、创红色文旅产品、出红色文化成果"等具体实践活动和要求，把红色资源利用好，把红色传统发扬好，把红色基因传承好，真正激发大学生爱国热情、报国行动值得深入探讨，这也是本项目的研究所在和根本任务。

（一）构建红色文化传播队伍，提升爱国主义教育吸引力

1. 加强红色文化融入新时代爱国主义教育的针对性

充分了解"95 后""00 后"新时代大学生的青年属性。当前大学生的需求更倾向于个性化等特点，可以通过谈心谈话、问卷调研等传统形式和微信、微博、短视频等新媒体，在个性中寻找共性，寻求更受新时代大学生欢迎的红色文化活动形式，有针对性地组织开展红色文化校园活动。

2. 突出大学生在红色文化融入新时代爱国主义教育中的主体性

组建一支专业的红色文化传播队伍。与旅游专业相结合，队伍成员以旅游学院学生为主，面向全校招募一批高素质的红色文化和爱国主义精神传播志愿者，积极参与区校共建服务社区的志愿活动，在岳麓、忠烈祠、橘子洲等红色文化讲习所的特定的红色文化环境中，充分利用红色文化资源，面向游客讲解红色文化内涵，传播新时代爱国主义教育思想，在实践中寻革命足迹、讲红色故事，传承红色基因，升华爱国热情。

3. 加强队伍导师在项目活动中的指导作用，加强师生同学同研

充分发挥教师主导、学生主体协同作用，通过开展红色文化交流研讨、红色文化实践活动等，使师生在同学中增加红色文化理论知识，探寻红色文化线下实践课堂，在师生同研中提高爱国主义思想认识，进而产生思想共鸣，切实提升爱国主义教育效果。同时，通过师生同学同研，遴选适用于教学的红色故事、革命片段等，再将红色文化、爱国主义教育渗透到具体的教学实践中，形成可供借鉴的红色文化融入新时代爱国主义教育的实践路径。

（二）打造红色文化移动课堂，增强爱国主义教育的吸引力

改变以往通过讲座、观看红色文化影片等形式来传播学习红色文化的方式，通过大学生带领中小学生前往红色文化景点，开展体验式的红色文化课堂的形式，让党团理论课堂更加生动有趣，更具吸引力。

1. 充分利用湖湘地区独特的文化资源，打造具有特色的红色文化

研学课程在利用岳麓山的红色文化资源设计开发"清明时节·缅怀先烈""讲述辛亥名人""关爱抗战老兵"等一系列的红色文化活动，以点串线，通过参观忠烈祠、岳麓山抗战文化园（纪忠亭—陆军 73 军阵亡将士公墓—归宿亭）等红色文化景点，来体验感悟传统革命文化精神。通过搜集资料、实地考察形式加深对红色文化的理解，不忘初心，不忘历史，在革命伟人的激励下，砥砺前行。

2. 加强红色文化德育实践项目建设，充分发挥区校共建实践平台的育人功能

红色文化社会实践是大学生坚定理想信念的内化过程，让大学生通过亲身体验和感悟，在浓厚的红色文化氛围中提升对红色历史的认识和理解，进而潜移默化地接受和认同红色文化，有效促进爱国主义教育。

3. 推动红色文化实践活动的反馈激励机制，提高大学生活动参与的积极性

通过问卷调查、量化评估等形式，详细了解社会实践开展情况，逐步完善红色文化实践育人模式。开展社会实践评比和宣传工作，开展十佳社会实践团队评比、优秀实践个人评选、优秀实践队事迹报告会等，激励学生将实践收获分享给更多的同学，让学生感染学生、思想影响思想，共同推动大学生爱国主义内化于心、外化于行。

（三）强化红色德育实践历练，丰富爱国主义教育形式

针对现阶段大学生红色实践的形式主要集中在讲座、影视作品等宣传类的活动，以及红色实践活动"吸引力不够""活动过程中学生积极性不高"而缺乏参与度与体验感的现状，高校应以"红色文化德育实践"为基本路线，把握时代特色，开展一系列红色德育实践历练，通过多层次红色实践，让学生在实践的同时，肩负社会现实问题探索的责任与担当，从而发挥爱国主义教育的最大作用。

1. 红色实践＋文化遗产保护

文化遗产是历史留给人类的宝贵财富，其蕴含着中华民族特有的精神价

值、思维方式，体现着中华民族的生命力和创造力。高校可以通过实地调研考察，发现当地文化遗产特色优势与现有问题，制订文化遗产传承与发展的相关对策，并与当地相关部门积极进行对接，使得当地在文化遗产的开发实施中激发其自身文化价值以及经济优势，更好地建设社会主义先进文化。

2. 红色实践 + 乡村振兴

高校在组织开展德育实践活动过程中，可以把握"乡村振兴"这一主题，再对选定的考察地进行调研研究，并对当地村户进行采访等方式了解当地现有的政策，分析保护与开发的现状及问题，并提出可行性建议。通过学生的创新思维与想法，结合严谨的实践调查，探索当地精准振兴政策、保护与开发的成功经验，提出符合当地保护与发展的具体建议。通过开放式探究，能够让学生在不同的环境中开展爱国主义教育活动，更有效地丰富其内容及形式。

3. 红色实践 + 大学生调研

通过对各类活动的调研，学生可以与社会产生交集，并通过调研、思考、深究等产生相应的红色成果，形成优秀的调研报告。其调研成果不仅是文本上的成果，更多的是其产生的社会影响力，通过新闻投稿、报道等形式，能让学生的成果引起社会更多人的关注以及响应，从而更好地引起对社会问题的共鸣，也能促进社会问题的解决，并为社会发展提供思路以及借鉴。该方式能够让大学生以青年视角去发现问题、找到问题，并探究解决问题的方法和举措，无疑是新时代爱国教育的高效之举。

参考文献

［1］习近平. 在纪念五四运动 100 周年大会时的讲话［N］. 人民日报，2019 - 05 - 01
（1）.

［2］中共中央国务院印发《新时代爱国主义教育实施纲要》［N］. 人民日报，2019 - 11 -
13（6）.

［3］田鸿芬，付洪. 课程思政：高校专业课教学融入思想政治教育的实践路径［J］. 未
来与发展，2018（4）.

［4］韩延明. 红色文化与社会主义核心价值体系建设研究［M］. 北京：人民出版社，
2013.

新时代"'非遗'+国潮"的推广应用研究

课题组成员：周　琼，刘　婷，张　慧，
　　　　　　彭　惠，王　涵，龙浩然
指导老师：杨　果，龚　曦

摘要：据统计，国家级非物质文化代表性项目传承人仅有3000多人，传承队伍老化，存在失传风险。通过问卷调查和实地访谈了解常德桃花源景区内刺绣、铜铸、根雕等"非遗"的传播情况、传承现状及"'非遗'+国潮"的可行性，发现当地"非遗"传播度低，"非遗"产品同质化，"'非遗'+国潮"有较强可行性。因此，我们将国潮与"非遗"结合，设计出"'非遗'+国潮"的 logo、品牌和文创产品。借国潮之风，通过创新"非遗"产品，能有效助力"非遗"文化的传承和振兴。

关键词：国潮；非物质文化遗产；青年

基于近两年出现的"中国潮流"（国潮）复兴趋势，通过"非物质文化遗产＋国潮"的模式助力"非遗"文化复兴发展。《2019 中国潮流消费发展白皮书》的数据显示，潮流消费规模不断增长，国潮品牌的渗透率从 2017 年的 25% 提升到 2019 年的 38%，意味着越来越多追逐潮流的年轻人选择了国产潮牌。《国潮骄傲大数据》则显示，从 2009 年到 2019 年，中国品牌的关注度从 38% 提升至 70%，意味着国潮不是部分消费者的特定文化需求，而是渗透至各个消费领域和消费群体的大范围热潮。国潮趋势为中国制造及自主品牌的市场拓展起到了实在的助推作用，"非遗"可以趁势借力国潮之风为自身的传承和发展找到突破口，以国潮为底助力"非遗"及其产品年轻化。

一、前言

（一）研究意义

推动"非遗"元素和国潮相结合，通过国潮的热度和特色能带动"非遗"的传承和发展。"非遗"的传承每况愈下，因为"非遗"产品同质化严重，"非遗"技艺学习期长、回报率低，"非遗"产品跟不上最新潮流，不符合年轻人的审美，吸引不了消费主力军的注意。近两年，各种"跨界新国货"在消费行业掀起了一波热潮。众多老品牌逐渐成为"国潮"复兴中的主力军。

1. 了解"非遗"和国潮文化，提高社会关注度

研究设计出的 logo 及文创产品，不仅能提升年轻人的艺术审美，还能让他们更加形象直观地了解到"非遗"与国潮的双重文化。还能够让更多人关注和了解到"非遗"，提高"非遗"在现代社会的社会关注度和传播率。不仅如此，还能提高大众对非遗文化的认知水平和情感体验；在古老的传统文化和潮流的现代文化之间架起了桥梁和情感媒介。将"非遗"与国潮相结合，能够吸引年轻人，可以让更多年轻人发现和了解甚至爱上这些古老的艺术瑰宝，使"非遗"更富生命力和再创新能力。国潮作为产品的构成元素，能在视觉上给人以震撼。同时由于产品的创新性和美感，能够给人带来新鲜感和艺术感受。

2. 吸引年轻人传承"非遗"，助力乡村振兴

将国潮与"非遗"相结合，能做到"老树开新花"，跟上现代潮流和审美，为"非遗"传承带来了新的机遇和发展空间。将国潮与"非遗"产品结合到一起，能够增加"非遗"产品的销售量从而推进"非遗"的传播和复兴乃至整个"非遗"产品产业链的延伸和发展健全，同时能够增加桃花源景区的吸引力，为景区创收。在有利润激励的情况下，还能促使更多的人学习"非遗"技艺，从事"非遗"文化产品的开发、生产、销售工作。不仅为"非遗"技艺的传承开辟了一条活路，还能为社会提供更多的工作岗位，减少失业率。极具社会意义和社会价值。

（二）概念界定

1. "非遗"

在国际上，非物质文化遗产指被各群体、团体，有时为个人所视为其文化遗产的各种实践、表演、表现形式、知识体系和技能及其有关的工具、实物、工艺品和文化场所。按上述定义，"非物质文化遗产"的内涵包括以下方面：口头传说和表述、包括作为非物质文化遗产媒介的语言、表演艺术、社会风俗、礼仪、节庆、有关自然界和宇宙的知识和实践、传统的手工艺技能。

在国内，非物质文化遗产，是指各族人民世代相传并视为其文化遗产组成部分的各种传统文化表现形式，以及与传统文化表现形式相关的实物和场所。它的内容包括以下方面：传统口头文学以及作为其载体的语言、传统美术、书法、音乐、舞蹈、戏剧、曲艺和杂技、传统技艺、医药和历法、传统礼仪、节庆等民俗、传统体育和游艺、其他非物质文化遗产。

2. 国潮

"国潮"中的"国"字，首先指向中华传统文化元素。这是传统与现代时尚跨界融合之"新玩法"。研判这股潮流，可见"国潮"包含两层含义：第一，具有中国传统文化的元素；第二，能将传统文化与当代潮流融合起来，使产品更能吸引年轻消费者的关注。

国潮泛指某种消费概念，即国货群体和有中国特色元素产品的走红。一方面符合东方美学和传统文化传承的特征，另一方面又更贴近年轻消费群体的审美和需求。国潮代表着中国审美、文化元素与现代前端时尚的深度融合，是依托于中国文化元素的剥离再造。

3. "'非遗'＋国潮"品牌

"国潮＋'非遗'"品牌是将传统"非遗"元素与国潮元素相结合，具有美观、潮酷的外表，符合当今年轻人的审美，无文化内涵违和感，且有助于创新"非遗"产品，复兴"非遗"，打开"非遗"产品的销路和市场，传递中国传统文化的内涵，体现出"非遗"的魅力，还能开创发扬"非遗"的潮牌。

二、实证研究

（一）研究方法

1. 文献研究法

在图书馆、知网、万方数据库、读秀、道客巴巴、豆丁网等网站查阅和收集有关国潮形象设计与"非遗"融合打造的生活实际应用的相关成果，学习国潮形象设计和"非遗"相关理论和实践经验，总结和掌握"非遗＋"的经验和缺口，为国潮形象设计和国潮形象与"非遗"的交融，做好知识储备工作。

2. 人物访谈法

通过向桃花源内的"非遗"传承人及桃花源工艺博物馆的负责人进行实

地拜访，就桃花源的"非遗"资源、传播路径、现有状况、发展方向等进行深入的调查。在访谈结束后，对比与总结访谈回答的内容，为国潮形象的设计和产品的发掘提供取向。

3. 问卷调查法

实践队伍围绕传承"非遗"的普遍规律，从"基本信息""了解程度""了解渠道""喜爱形式""品牌设计"这五大方面进行了问卷设计，随后向桃花源附近居民及调研成员们各自所在的人脉圈进行发放，然后筛选出有效问卷，采用 EXCEL、问卷星等数据分析软件进行数据的整理和分析，根据分析结果，设计出合理的方案来开发桃花源"非遗"品牌和文创产品以及传播方式。

4. 实地调研法

实践队伍依托学校以及湖南省常德市桃花源旅游有限公司提供的资源，实地研究和探索常德桃源县桃花源景区中的"非遗"，走访桃花源景区居民，深入学习和了解其中的"非遗"，即雕刻、铜铸、刺绣、纺织、制瓷等，以便将景区"非遗"特性、现有的各类资源与国潮品牌相结合，创新式地把国潮元素与"非遗"的传承与保护结合起来实际应用。

5. 统计归纳法

实践队伍在经过问卷调查、文献研究、实地调研后，将得到的数据信息和理论依据进行整理、归纳、总结。最终得出了基本的研究方案，为后面"非遗"品牌的设计与应用打下了扎实的基础。

（二）研究思路

首先，在知网、学术网等网站收集资料，大量阅读关于"非遗"的参考文献，了解当前"非遗"的基本情况以及"非遗"现有的传播途径。在此基础上，提出如何将"非遗"传承下去的问题，随后前往本次调研目的地常德桃花源进行实地考察，通过深入了解和学习景区非物质文化遗产、走访景区居民、发放调查问卷、采访景区"非遗"传承人，发现桃花源景区"非遗"的传播、传承等存在的一系列问题。实践团队以调研发现的问题为基础，就传承"非遗"、创新"非遗"表现形式以及传播方式展开讨论，最终得出了将国潮元素与景区的"非遗"结合设计品牌的方案，然后大量收集国潮元素，用于设计品牌 logo 并对品牌 logo 应用提出具体方案。

（三）问卷统计分析

本次调研分为两部分，前期调研和实地调研，共收集问卷 310 份，其中有效问卷为 303 份。

1. 样本基本情况

（1）不同年龄段发放情况

被调查者年龄最小为 11 岁，年龄最大为 60 岁，被调研群体年龄跨度大，增强了调研结果的普适性。年龄均值约为 21.1225，20 岁左右的年轻人占据了被采访群体的主要部分，这也与我们的调研目的"让桃花源'非遗'年轻化"紧密相关，所以样本数据具有代表性。

（2）被调查者性别比例

被调查者的性别分布为男性 88 人、女性 215 人，这与桃源当地旅游观光者的性别分布比例有关，也与线上参与问卷者性别比例有关。

（3）不同群体发放情况

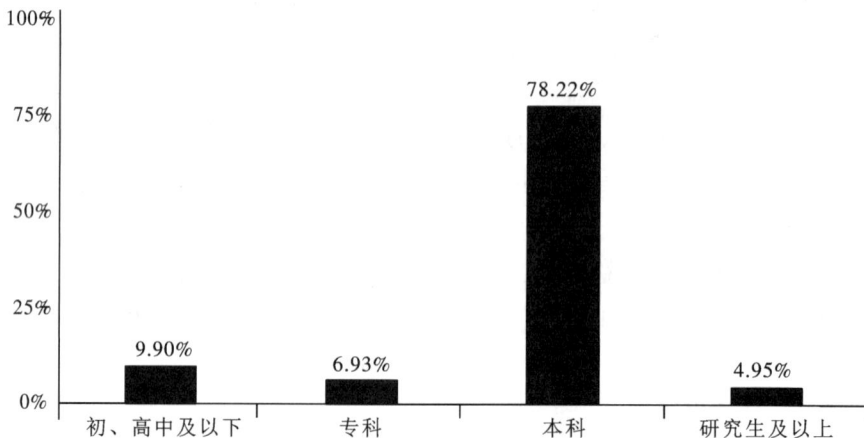

图 1　被调查者学历分布情况

由图 1 可知，在被调查者当中，"本科生"所占比例最大，占比为 78.22%，这与我们调查的主题和调研的范围有关，我们主要调研的对象以常德大学生为主；常德大学生作为常德未来旅游事业以及"非遗"发展主要继承群体，通过针对他们的调研，可以在保护常德桃花源"非遗"的同时，注入时代新能量；同时，国潮文化以青年群体为主，以本科生为主要调研对象可以更好地挖掘他们对国潮文化的独特见解等，有利于后期工作更好地展开。

2. "非遗"问题分析及结论

（1）您对桃花源"非遗"了解情况（1~5 分别表示非常不熟悉，不熟悉，一般，熟悉，非常熟悉）

表1　被调查者对桃花源"非遗"的熟悉程度分布图

选项	非常不熟悉	不熟悉	一般	熟悉	非常熟悉	平均分
《桃花源记》等桃源传说	22(7.26%)	21(6.93%)	51(16.83%)	97(32.01%)	112(36.96%)	3.84
桃源木雕	92(30.36%)	76(25.08%)	86(28.38%)	36(11.88%)	13(4.29%)	2.35
桃源工刺绣	102(33.66%)	83(27.39%)	77(25.41%)	35(11.55%)	6(1.98%)	2.21
桃源剪纸	104(34.32%)	74(24.42%)	71(23.43%)	44(14.52%)	10(3.30%)	2.28
傩文化	108(35.64%)	57(18.81%)	84(27.72%)	42(13.86%)	12(3.96%)	2.32
擂茶	71(23.43%)	45(14.85%)	66(21.78%)	78(25.74%)	43(14.19%)	2.92
小计	499(27.45%)	356(19.58%)	435(23.93%)	332(18.26%)	196(10.78%)	2.65

由表1可知，存在36.96%的被调查者对于《桃花源记》等桃源传说非常熟悉，且该项成为了年轻人最为熟悉的桃源"非遗"项目，所以我们的品牌形象也重点还原了《桃花源记》中的元素。再者，超过30%的被调查者对于桃源木雕、桃源工刺绣、桃源剪纸、傩文化均表示"非常不熟悉"，说明这些桃源民间艺术是属于知名度、传承普适性偏低的"非遗"项目，所以我们团队也将对这些发展现状有瓶颈的"非遗"项目进行传播推广、创新融合发展。

（2）您是通过哪些渠道了解到桃花源"非遗"的？

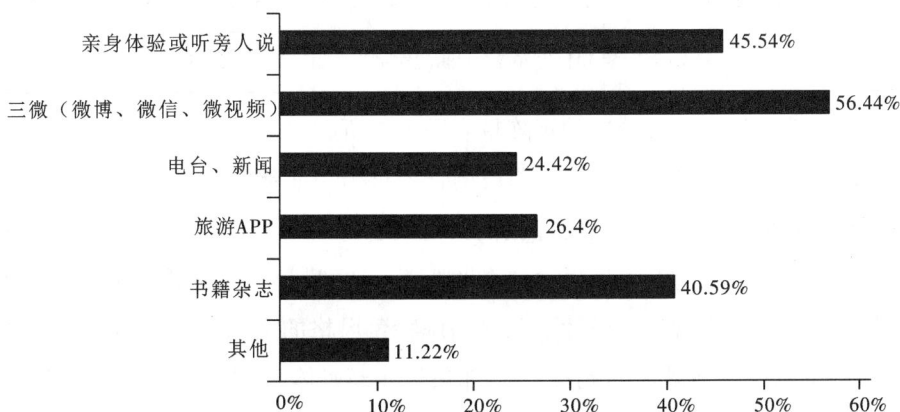

图2　被调查者了解到桃源"非遗"的渠道

由图 2 可知，凭借"三微（微博、微信、微视频）"平台了解到桃源"非遗"的人数最多，占比为 56.44%，这也充分说明了互联网时代下宣传的效率高，我们也将从三微平台去重点宣传团队产品。此外，"亲身体验或旁人说"也有较大比例，约 45.54% 的被调查者选择此项，经过实地采访和资料收集，分析可得原因有二。其一，被调查者中包含部分的本地桃源人，所以对于本土"非遗"还是有一定的了解；其二，桃源"非遗"凭借其体验感强吸引游客，提高了回头率。再者，电台新闻、旅游 APP、书籍杂志也是当代年轻人的不二之选，所以后续宣传也会综合考量。

（3）您更喜欢桃花源"非遗"的哪项创意开发？（1~5 分别表示非常不喜欢，不喜欢，一般，喜欢，非常喜欢）

表2 被调查者更偏爱的"非遗"创意开发

选项	非常不喜欢	不喜欢	一般	喜欢	非常喜欢	平均分
"非遗"+现代时尚元素	12(3.96%)	19(6.27%)	73(24.09%)	105(34.65%)	94(31.02%)	3.83
"非遗"+新媒体	12(3.96%)	28(9.24%)	88(29.04%)	100(33.00%)	75(24.75%)	3.65
"非遗"+文创	12(3.96%)	16(5.28%)	68(22.44%)	107(35.31%)	100(33.00%)	3.88
"非遗"+影音	10(3.30%)	17(5.61%)	85(28.05%)	114(37.62%)	77(25.41%)	3.76
"非遗"+研学	14(4.62%)	36(11.88%)	100(33.00%)	90(29.70%)	63(20.79%)	3.50
"非遗"+VR	14(4.62%)	25(8.25%)	74(24.42%)	86(28.38%)	104(34.32%)	3.80
小计	74(4.07%)	141(7.76%)	488(26.84%)	602(33.11%)	513(28.22%)	3.74

由表 2 可知，在五分制的矩阵量表题中，所有"非遗"创意开发的模式的平均分均在 3.5 分以上，这说明被调查者对于"非遗"的创意开发都秉持着积极支持的心态，这也是支撑我们调研改造等一切工作的支柱。其中，被调查者最偏爱的创意开发项目为"'非遗'+文创"，所以调研团队针对文创产品的高市场需求现象，设计了独具品牌特色风格的文创系列产品。除此之外，"'非遗'+现代时尚元素""'非遗'+新媒体""'非遗'+影音"得分均高，且均属于大学生团队切实能落地实践的创意项目，所以我们也将重点跟进。

（4）请您选出对您而言有吸引力的新媒体传播途径。

对被调查者有吸引力的新媒体传播途径中"短视频""歌曲改编""电台故事""游戏"分别占84.82%、59.41%、48.18%、41.58%。其中，短视频是最受当代年轻人喜爱的新媒体传播途径，这也符合我国短视频等新媒体发展迅速的现状。故调研团队将从短视频、歌曲改编、电台故事、游戏等方面宣传并与我们的创意产品有机结合。

（5）您购买桃花源"非遗"文创产品时的考虑因素。

超过38%的被调查者在购买桃源"非遗"文创时非常在意的因素为"文化底蕴丰富""实用耐用""价格优惠"，所以在文创设计时要注重实用性与内涵兼得。此外，"新潮美观"在桃源"非遗"文创方面是被考虑最少的元素。经过线下采访和资料搜集，总结原因有二：其一，桃源目前已有的文创产品中满足"新潮美观"要求的不多，所以购买者考虑的文创产品类别受限；其二，桃源旅游观光者中年轻群体本就不多，所以对于"新潮美观"的要求降低，更加注重文化内涵及物美价廉。为了突破解决这个问题，我们在设计文创时会将产品的美学价值和实用价值最大化，针对不同受众设计不同产品。

（6）如果为桃花源设计品牌，您认为可以加入什么元素？

支持国潮、国漫元素的占有74.92%，其次是支持率为72.28%的桃源工刺绣，支持率较高的还有武陵渔人元素（60.73%）、桃花（52.81%）、傩戏（39.60%）。由于近几年来国潮、国漫元素深受年轻人喜爱，而桃源工刺绣涉猎元素广泛，喜爱人数较多，所以对于桃花源的IP可主打国潮、国漫元素，结合桃源特色元素"武陵渔人"形象、"桃花"，借助桃源工刺绣的手艺，打造出系列产品。

（7）谈谈您对桃花源"非遗"的感受与建议。

调研后发现"非遗"传承遇到的最大问题就是"非遗"创新力不够，不能受到年轻人的喜爱。传播途径过少，宣传手段单一。建议较多的是可以与现代潮流时尚结合，打造新的"非遗"文创，走出"'非遗'+旅游"的舒适圈。桃花源非遗传承的问题还有诸多困难，我们调研团队应该加强对桃花源"非遗"项目的创意助力，加大宣传力度，吸引年轻人学习，为桃花源"非遗"注入活力。

（四）调研结论

综合前面的问卷调研数据，整体可以得出以下结论：

1. 当前常德桃源还没有出现极具吸引力的"'非遗'＋国潮"设计产品，而且相关文创产品缺乏创意，"非遗"呈现方式单一，虽然有想要与国潮元素相融合的想法，但是缺乏执行力，根据调研发现，大多数人都是希望在桃花源 logo 设计中加入国潮元素。除此之外，桃源工刺绣与武陵渔人也是呼声较高的两个 logo 设计元素。

2. 被调查者中，对于被调查者有吸引力的新媒体传播途径中，最受欢迎的是短视频，其次是歌曲改编、电台故事等。

3. 被调查者对于桃源"非遗"的了解度不够高，存在着仅仅停留在课本上的《桃花源记》的桃源传说这一现象；对于傩戏、桃源木雕、桃源刺绣、桃源铜铸等"非遗"了解有待加强。

4. 较大比例的被调查者喜欢的"非遗"创意开发中的"'非遗'＋现代时尚元素""'非遗'＋文创"，这与我们目前考虑加入的国潮元素和设计品牌 IP 的想法不谋而合。

三、对策建议

（一）提升景区重视程度，做好保护措施

"'非遗'保护的重心、根本、关键、落脚点在于'保护'，因而对'保护'的认知、理解、把握就至关重要。"而桃花源"非遗"经过调研发现，"非遗"面临着传承人年龄断层甚至缺乏传承人的现象。所以一些政府部门和社会团体应建立保护机制，将县级以上"非遗"项目申报并落实工作。构建"非遗"传承人考核管理制度，对"非遗"传承人发放差异化补助，加强学习"非遗"的积极性。政府部门还可以与高校签订合同，在高校开课，进行"非遗"知识的普及。

在"非遗"项目的规划布局中，政府管理部门要从实际出发，及时对破损的"非遗"项目进行修复。在传承发展过程中，要防止"非遗"项目大量商业化的现象。

（二）拓宽"非遗"传播渠道，加大宣传力度

步入新媒体时代，桃花源景区应当在线下宣传"非遗"的同时，适当运用新媒体技术，加大对"非遗"产品的宣传与传播力度，可以通过微信、B站、喜马拉雅、抖音等多媒体平台，设计各种符合当代年轻人喜爱倾向的视频、制作景区活动推送，根据桃花源现有的"非遗"与"非遗"资源来创造一些绘本等书面化文化内容。还可以建立网上"非遗"小课堂，聘请网红在直播中与观众进行有效互动，提高学习积极性和趣味性。利用电台用声音传播"非遗"，讲好"非遗"故事。这样不仅实现了线上加线下的双向传播，提高了群众对"非遗"的兴趣，也加大了传播力度。

（三）运用 VR 技术，打破传承"非遗"的限制

综合利用计算机图形系统和各种现实控制等接口设备，在计算机上生成具有沉浸感觉的三维环境。在桃花源景区中，可以利用 VR 技术，分区建立"非遗"项目展览馆，通过文字、视频、照片、音像、CG 动画、模型等形式，将"非遗"资源进行交互与动态虚拟现实演示，详细介绍桃花源"非遗"的历史渊源、表现形态、文化价值、特有魅力。一方面来让"非遗"焕发异彩，激发年轻人传承"非遗"的积极性。另一方面有效地拓展了传播"非遗"方式，比如说在疫情中，人们无法外出旅游，但依然可以感受到"非遗"的魅力。

（四）结合时代发展，融入"国潮"文化

近年来，国潮风越来越火，很受年轻人的追捧与喜爱。国潮里三个重要元素，一个是民族文化，一个是国货品牌，再一个最重要的是年轻力量。而经过实践团队调研发现，景区游客大多数为中老年人，年轻人认为景区"非遗"缺乏创新，对它不感兴趣。所以，景区应在已有的"非遗"基础上，结合时代发展，走出"'非遗'＋旅游"的舒适圈，将"国潮"文化融入"非遗"。可以将桃源刺绣、卡通版桃源人、"非遗"元素结合打造出属于桃花源景区的"'非遗'＋国潮"品牌。而后可以在日用品、"非遗"产品等物品上打造文创特色产品。同时聘请常德本地明星加以宣传，形成品牌效应和明星效应。一方面创新了"非遗"，获得年轻人的青睐；另一方面，在品牌产品利用中，可以助力"非遗"当地脱贫致富，达到乡村振兴的目标。

四、研究设计案例

（一）品牌设计

1. 品牌名称：桃源境

2. 设计元素

桃源人。此元素是陶渊明笔下的《桃花源记》中的桃源人国漫形象，武陵渔人因迷路来到桃花源，桃源人"设酒杀鸡作食"，武陵渔人离开时，桃源人又说"不足为外人道也"。由此可见，桃源人民风淳朴、热情好客、与世无争、和平恬静的特点。

桃花瓣。桃花源中有着大量的桃花林，这些桃花象征着桃源人对美好生活的向往与追求。

仙鹤。仙鹤是国潮元素的一种，仙鹤在古代是仅次于凤凰的"一品鸟"，明清一品官吏官服上的图案便是仙鹤，寓意着延年益寿。

3. 设计理念

（1）"国潮"的出现是当下中国消费者文化自信提升、开始重视文化归属感的必然结果。与此同时，市场进入品牌博弈时代，许多企业逐渐认识到文化是形成品牌差异化的重要因素，而在文化之中，本土文化最具特色和魅力。近年来，有许多人创立了自己的"国潮"品牌，尽管活跃时间较短，但消费者认可度高，市场反应良好。于是，我们打破了传统的"'非遗'+旅游"，走出这一舒适圈，利用"'非遗'+国潮"创立品牌，建立起品牌效应，既能传播"非遗"文化，又能为品牌使用者带来经济效益，从而达到助力乡村振兴的目标。

（2）通过对常德桃花源"非遗"的实地调研，调研团队发现了桃花源"非遗"作品较为传统，传播方式单一，缺乏创新，无法吸引青年人的喜爱。近年来，"国潮风"兴起，并被广泛应用于时尚单品、包装设计等方面，发展到现在，越来越多的人开始穿国潮，用国潮。于是我们采取将"非遗"与国潮融合的方式为桃花源设计了国潮 logo "桃园境"，借"国潮"东风，努力使"非遗"摆脱"老旧、过时"的形象，将潮流元素融入其中，用现代的设计手法重塑品牌年轻时尚的形象，拉近与消费者的距离，吸引更多的人了解"非遗"，传承"非遗"。

（二）品牌应用

经调研发现，桃花源景区内还没有设计出"国潮+'非遗'"的文创产品，又因为在调查问卷和访谈中有绝大多数人认为将国潮、刺绣融入"非遗"品牌是很好的创新，于是我们采取将"'非遗'+国潮"logo 以桃源工刺绣的方法绣在汉服、白 T、帆布包、鞋子等生活用品上，以及应用在桃花源的宣传册上。之后在桃花源景区形成一个"'非遗'+国潮"展馆，将所有文创产品展出并进行售卖。

"'非遗'+国潮"白 T　　　　"'非遗'+国潮"帆布包

"'非遗'+国潮"卡片

"'非遗' +国潮"手机壳

(三) 多媒体应用

1. 电台、微博等平台应用

利用此品牌 logo 创立电台、微博账号,桃花源景区聘请具有影响力的人物在电台上讲述《桃花源传说》《桃源傩戏》《桃源工刺绣》《桃源木雕》《桃源铜铸》《桃源焰口手势舞》等"非遗"故事。听众可以与主播进行连线,分享在景区的体会感受以及相关建议。以此来加强景区与游客的互动,加大对"非遗"的宣传力度。

2. 建立 VR 展馆

通过云端 VR 技术,5G 技术,将桃花源景区所有的"非遗",例如:桃源铜铸、桃源木雕、桃源工刺绣等形成 VR 展馆,而后分享展馆链接,扩大展会受众面积。而展馆的封面采用"'非遗' +国潮"logo 吸引大众,尤其是年轻人观看。

3. 抖音、b 站直播

将"'非遗' +国潮"logo 形成的文创产品,通过短视频的形式发布,介绍设计理念,以及实践团队在调研过程中的奇闻趣事,与"非遗"传承人之间的火花。开直播售卖相关产品。

参考文献

[1] 王煦炎.乌拉特刺绣图案在文创产品设计中的应用研究[D].呼和浩特：内蒙古师范大学，2020.

[2] 王然乐.湖南红色精神的视觉化设计及传播研究[D].长沙：湖南师范大学，2020.

[3] 朱鼎裕."非遗"语境中音乐传承人的身份建构研究[D].昆明：云南艺术学院，2020.

[4] 魏莎.波普风格影响下的本土潮牌包装设计的应用研究[D].武汉：武汉纺织大学，2020.

幼儿园"互联网＋家园共育"模式创新的调查研究

课题组成员：张　雅，张颖杰，向　琴
指导老师：康　丹

摘要： 家庭与学校是教育的关键支柱，决定着人才培养质量。在幼儿园层面，家园共育是新时代教育的重要组成部分。如何利用互联网重构家园共育模式促使家园形成合力协作育儿的问题亟待解决。本研究对"互联网＋家园共育"模式现状进行调查，在探讨家园合作困境的基础上提出家园共育模式创新的途径，以期实现家园共育模式最优化。

关键词： 互联网；家园共育；家园合作困境；创新途径

习近平总书记在党的十九大报告中指出，我国社会的主要矛盾已经转化为人民日益增长的美好生活需要和不平衡不充分的发展之间的矛盾。在新时代，破解发展不平衡不充分难题，更好地满足人民日益增长的美好生活需要，教育起着不可忽视的重要作用。家庭教育和幼儿园教育是影响幼儿身心发展的两大重要因素，在幼儿的成长过程中具有不可替代的作用。只有促进家庭与幼儿园协调一致，形成教育合力，才能达成最佳的教育效果。在新冠疫情期间，各地学校积极开展"停课不停学"活动。幼儿园层面，教育部明确强调严禁开展网上教学活动，可实行居家生活与保教指导。互联网对非常时期下幼儿园快速转换工作模式，在线指导家长开展家庭教育，从而保障幼儿居家生活质量与身心健康发展具有重要意义。与此同时，家园共育工作的实施开展中也出现了一些问题，如家园配合不够、师幼互动较少、缺乏针对性的教育指导等。本研究在湖南省内长沙市、常德市、怀化市等多地展开调查研究，综合采用问卷调查法、现场访谈法和文献法，对疫情中幼儿园家园共育工作存在的困境进行分析，并对"互联网＋家园共育"模式的创新路径进行探究，以期实现家园共育模式的最优化。

一、研究设计与实施

（一）研究意义

1. 有利于解决新媒体时代家园共育中的实际问题

家园共育是家庭教育和幼儿园教育相互协作开展教育的过程，幼儿园和家庭作为促进儿童发展的主体，在幼儿发展中具备各自的优势和特点，在家园共育中两者缺一不可。原有的家园共育多通过如家长会、家访等线下形式开展。但在疫情期间，幼儿无法按时返园，且无法像中小学一样开展线上网课，传统的家园共育模式不再适应形势的需要，互联网＋家园共育应运而生。在调查中发现，不同的地区、家庭和幼儿园都面临着不同的问题。比如父母外出务工，祖父母照顾幼儿，对互联网沟通较陌生，从而影响家园共育的顺利开展。而在学前教育领域，对于特殊事件下家园共育模式的探索并不多。本研究在湖南省内三个地区展开调查研究，了解不同地区疫情下家园共育开展的实际情况，收集家长和老师对于特殊时期家园共育开展所提出的意见，分析"互联网＋家园共育"模式的实际运用中所出现的问题并讨论实现突破创新的路径，探索家园共育的新机制、新模式、新方法，对促进非常时期下幼儿园家园共育的开展具有重要意义。

2. 有利于促进幼儿的身心健康发展

家庭和幼儿园是幼儿生活和学习的主要场所，是对幼儿发展影响最大、最直接的微观环境，发挥其他因素不可比拟的重要作用。在疫情期间，家庭成为幼儿生活和学习的唯一场所，家长更是成为连接幼儿和幼儿园的桥梁。家园共育使来自两方的学习经验更具一致性、连续性和互补性。同时，家园共育互动，使家长和教师建立密切的伙伴关系，使幼儿获得安全感。幼儿不仅能在家庭生活中获得相关的生活经验，同时能在线上平台和家长的指导下获得各种活动的经验，学习到参与社会生活的积极态度。因此，探讨特殊情况下开展家园共育的实施途径以及所出现的问题并讨论实现突破的方法，有利于促进幼儿身心健康成长，符合幼儿全面发展的需要。

3. 有利于教育资源的充分利用

疫情的到来，加速让互联网成为家园共育工作实施的重要媒介，促进了幼儿园家园共育的创新发展。家庭与儿童之间特殊的血缘关系使得家庭教育具有强烈的感染性和针对性，而教师是懂得幼儿身心发展的特点和规律、掌握科学的幼儿教育方法的工作者，通过互联网构建家园合作生态圈和农村幼儿园家园合作新模式，有利于充分利用教学资源，弥补原有家园合作的不足。幼儿园可以利用微信公众号等线上平台，系统地整合教育资源，让家长了解幼儿园的教育理念，获得一些科学的育儿经验和方法，积极完成家园共育的工作。还可以利用线上平台，发挥热心家长作用。组织那些文化素质较高的家长进行自我宣传，分享自己的教育方法和心得，供其他家长借鉴学习，助力家园共育的实施。在"互联网＋"时代下，遵循"互联网＋家园共育"教学理念，重构家园共育平台，拓宽家园共育指导途径，系统整合教育资源，为互联网时代下家园共育模式的创新发展提供参考。

（二）核心概念界定

家园共育是指家庭和幼儿园共同努力，密切配合，教师与家长在幼儿教育的理念等方面取得一致性，协同教育实现科学育儿的教育目标。《幼儿园工作规程》中明确规定：幼儿园应主动与家长配合，帮助家长创设良好的家庭教育环境，向家长宣传科学教育幼儿的知识，共同肩负育人的任务。《幼儿园教育指导纲要（试行）》指出：家庭是幼儿园重要的合作伙伴。应本着尊重、平等、合作的原则，争取家长的理解、支持和主动参与，并积极支持、帮助家长提高教育能力。而幼儿园家长工作的出发点就在于利用家长资源，实现家园互动合作共育。幼儿园主动通过多种形式，各种途径与家长保持联系，并向家长宣传、介绍科学育儿的知识、方法，指导家长创设良好的家庭教育环境，进行科学的家庭教育，促进幼儿健康成长。而家长在幼儿居家期间向幼儿园及时反馈幼儿的状况，积极主动和教师沟通联系，与幼儿园共同解决问题，主动接受科学的育儿指导。从根本上促使幼儿园、家庭形成幼儿教育合力。

（三）相关研究综述

家园共育是世界幼教发展的一大重要趋势，备受众多发达国家以及国际组织的重视。1984 年美国幼教协会颁布了《高质量早期教育标准》，规定：幼儿与家庭关系密切，唯有认识到家庭对孩子发展的重要性，并与家长有效合作，共商教育对策，才能使教育适应孩子的需要。1988 年日本颁布了《幼儿园教育要领》，指出：幼儿园的教育要与家庭密切配合，为人的终身发展奠定基础。国际儿童教育协会（ACEI）在 1999 年召开的"21 世纪国际幼儿教育研讨会"上，通过了《全球幼儿教育大纲》（简称《大纲》），《大纲》

指出："儿童的发展是家庭、教师、保育员和社区共同的责任，教师要和家长就儿童成长以及和儿童家庭有关的问题经常进行讨论、交流。"

顺应形势要求，国内对于家园共育理念的关注越来越多。在国家政策层面，2001 年 9 月中华人民共和国教育部颁布了《幼儿园教育指导纲要试行》（以下简称《纲要试行》）。《纲要试行》总则中提出了家园共育的现代教育理念。为新世纪幼儿园家园共育奠定了坚实的基础。其中更是明确指出："家长是幼儿园教师的重要合作伙伴。应本着尊重、平等的原则，吸引家长主动参与幼儿园的教育工作。"在学术研究上，目前国内研究者主要从家园合作的价值、存在的问题、策略三方面进行把握。家园合作有助于促进幼儿社会性的发展，有助于促进幼儿健康和谐发展；有助于整合教育资源；有利于提升教育活动的效果。但从实践层面看，目前家园共育存在家园合作的意识不强；家园互动机制不健全；家园双方缺乏有效沟通等问题。目前国内对于家园合作的模式路径探索较少，家园合作多通过家长会、家访、家校联系栏等途径实现。疫情的到来，传统的家园共育模式不适应局势的需要，也启示我们实现家园共育模式创新势在必行。

（四）研究思路与方法

1. 研究思路

本研究采取的基本研究思路是：首先，针对疫情中家园共育实施过程中所展现的问题制订研究方案。接着，进行有关的资料文献查询并设计问卷与访谈提纲。随之，前往实地开展调研，对收集的数据进行整理分析，得出结果并对发现家园共育所存在的问题进行讨论。最后，提出有关对策和建议。

2. 研究方法

文献资料法。通过查阅有关家园共育的国内外文献资料，了解相关家园共育的理论研究及研究方向，加深对家园共育的认识，并进一步了解中外学者对家园共育问题的探讨现状，为本研究提供理论依据。

访谈法。对 3~6 岁学前儿童的家长及老师进行访谈，主要通过实地调查、电话访谈、微信联系三种方式展开深入访谈，以了解湖南省三个地区的家园共育现状，为本研究积累丰富真实的调查资料。

问卷调查法。设计《疫情期间家园共育情况家长调查表》和《疫情期间家园共育情况教师调查表》，从家园共育的目的、主体、内容、途径手段、评价五个维度深入了解疫情下家园共育现状。

（五）研究对象与过程

依据我国儿童发展阶段划分标准规定，狭义的学前期（幼儿期）为 3～6 岁。本研究在湖南省长沙市、常德市、怀化市三个地区展开田野调查，选取的调查对象为 3～6 岁学前儿童家长与老师。

本研究基于疫情中幼儿园领域存在的实际教育问题，制订调研方案，对疫情期间家园共育的实际开展情况进行调查。接着在查阅文献资料基础上从家园共育目的、主体、内容、途径、评价五个维度编制调查问卷与访谈提纲。随之在湖南省三个地区找寻调查对象，对 3～6 岁学前儿童的家长和教师进行深度访谈，同时完成问卷的发放。过程中，为确保数据的完整清晰，在征得研究对象同意的前提下利用录音功能保存数据，据此采用语音转录的方式整理访谈文本资料。通过综合研究，最后提出促进家园共育模式的创新路径与建议。

共收集到家长访谈样本 33 份、教师 17 份，收到家长问卷 266 份、教师问卷 66 份，其中无效问卷总计 11 份，有效应答率为 96.69%。

二、幼儿园"互联网＋家园共育"的困境分析

（一）家长教育观念滞后，在家园合作中缺乏主动性

社会的进步与科技的发展促进教育观念的革新，在新时代教育改革中人们往往更加关注学校教育领域的改革，而家庭教育的发展受到了忽视，导致现实生活中存在很多家长教育观念滞后的问题，无法使家园保持观念上的一致，齐心协力共同育儿。疫情的爆发使时空压缩，也让原有家园共育工作中所存在的问题得以集中凸显。

调查结果显示仅有 15.41% 的家长对于家园共育的理念认识较为充分，其他家长对家园共育的认识较为浅显，甚至有的家长对家园共育这一话题完全不了解，将其简单看作幼儿园安排，家长服从开展教育的过程。在访谈中也有多名家长提到："幼儿园老师怎么安排，安排什么任务，我们家长跟着做就好。"将家园共育看作园方布置任务，家长配合完成教育的过程。这使家园无法实现相互协作，在双方理念保持一致的情况下积极开展幼儿教育，而长期的不对等关系也会大大降低家长参与幼儿教育过程的积极性。此外，在对幼儿教师进行关于"在疫情期间家园共育中与家长沟通中碰到了什么问题"时，有教师谈到："家园共育整体开展顺利，但比起线下教学，幼儿及

家长的参与度会低些，部分家长会忽略群内教师分享的活动不作回应。""我们虽然定期地发表一些故事、游戏、科学实验等作品给幼儿看，但是幼儿与家长的回应少，我们不能及时地得到反馈，家园共育比较滞后。"可见，还是有很多家长对家园共育理念认识不足，未准确认识到自己在家园共育中主体性地位并承担相应的教育职责，在家园合作中缺乏主动积极性。一方面，受传统"养教分离"的观念影响，很多家长将自己的教育职责过分外包，把责任推给了祖辈或是幼儿园、教师，未承担起自己的教育职责；另一方面，原有家园共育中不对等的合作关系，让许多家长一味认为这是教师主导，家长配合教育的过程，缺乏主动积极性。"家园共育"应是以"家"为先，更新家长观念，明确家长在家园共育中的角色定位，才能使家园双方互联互通，充分发挥各自作用，共同促进幼儿成长。

（二）教师角色缺位，造成家园共育工作的停滞

教师是家园共育活动的主要支持者，有着指导家长进行科学育儿的职责。在实际调查中发现，疫情期间家园共育工作的开展存在较为显著的教师缺位问题，尤其是民办幼儿园。

调查中显示疫情中仅有 9.09% 的教师平均每天花费 3 小时以上的时间在开展家园共育活动上，50.06% 的教师可能平均每天只投入 1 小时的时间来进行家园沟通。在对家长进行访问中，很多家长也说到"疫情期间幼儿园只在二月份疫情较为严重的时候发过一次通知，提醒大家注意疫情防控，之后也没有再继续开展工作了，而我们家也没有再继续交学费"（来自关于 Z 家长的访谈记录）。疫情迫使大部分幼儿园工作停滞，尤其是民办幼儿园，没有了足够的收入来源，无法支撑起教师工资及其他开销，教师的生存成问题，家园工作完全停滞。此外，疫情期间幼儿园工作如何顺利转换方式，以应对非常时期下家长教育的需要，为家庭教育提供良好的指导值得思考。在家园沟通内容上许多教师只强调了关于疫情防控的相关知识，组织家长填写健康表打卡登记，而未涉及其他方面。部分家长指出"幼儿园所提供的资源并未发挥实质性作用，比如疫情防护这些知识我们都可以通过电视、手机等全面了解，对家庭教育没有提供有意义的实质性帮助"（来自关于 L 家长的访谈记录）。教师是家园共育的重要主体，应对家庭提供有效的指导，帮助幼儿顺利度过特殊时期。但事发突然，幼儿园及教师也未能找到恰当的措施来有效应对突发事件，明确自己的职责找到合适的方法为家庭提供实质性帮助。

（三）线上沟通缺乏体验感，教育效率较低

在以往的家园共育中，家长与教师往往以面对面沟通为主，如家长会、离园对接等，线上交流很少涉及。疫情期间，线上沟通成为联系家长与教师的主要桥梁，也成为教师进行教育指导，家长获取教育信息的主要方式。互联网打破时空的局限，让家园沟通更加方便，但在实际的开展中也存在一些无法避免的问题。在访谈中，有家长提及："感觉跟老师也没什么交流，都是通过微信群联系的，偶尔打过一次电话就是问问现在孩子在家情况怎么样，嘱咐我们注意疫情防控，少出门，实际的意义也不大。同时老师跟小孩的交流也不多，可能就是简单打个招呼，还是希望师幼之间互动可以更多一点。"也有教师反映："纯语音或纯文字的交流方式往往由于理解的角度不同、语言使用习惯的不同，从而影响了沟通的效率，甚至还有可能造成误会，影响家长和教师的关系。"疫情期间家园多是以群聊方式联系，缺少一对一互动，也不能及时交流幼儿的问题。而家园沟通多是有关疫情话题的寒暄问候，对实际的教育问题涉及较少，无法实现家长育儿中实际问题的顺利解决。线上联系缺乏现场互动感，无法使交流双方的情感体验得以展现，教育效率较低，无法高效促进家园合作的开展，提高家园合作质量。

（四）教育资源零散，缺乏针对性指导

在访谈中，有家长提出："在家园沟通上，最大的问题是缺乏个别化的互动，幼儿园还有提升的空间，除了这种面向全体的信息发布，教师们其实可以和家长做一对一的深度沟通，了解每个家庭的育儿情况、优势和困境，因为每个家庭、每个孩子的情况都不一样，需要个性化的指导。疫情期间恰恰是一个很好的机会，老师们不需要上班，有充足的时间来进行指导，但实际中教师和家长联系太少，师幼互动也不够，没办法做到因材施教。"疫情期间，家园联系主要是通过教师在微信群发送短视频、公众号推文等为家庭提供教育资源，家长进行打卡学习。在学习时间上零散且不规律，家长根据自身情况来进行学习，很多时候都是把这些学习资料当作家长任务，应付式打卡完成。在学习内容上，教师提供的资源较为零散，缺乏系统性，家长学习起来较为困难，无法将科学知识内化运用在育儿过程中。在实际生活中，每个家庭、每个幼儿的情况都存在着差异，教师缺乏与家长一对一的深度交流过程，缺乏个性化的指导，无法满足每个家庭、每个幼儿的需求。推进家庭教育指导工作，要为每一个家庭提供个性化指导，帮助家长提升科学育儿

的素养，促进幼儿的发展。

（五）特殊家庭的教育情况受到忽略

随着科技的不断进步与发展，互联网得以广泛普及，但仍存在部分人群使用不便，无法顺利掌握并运用电子设备。在访谈中有多位家长提到"自己对互联网使用不便，未能熟练掌握设备和使用这些技术。比如老师让群接龙形式进行打卡，根本找不到在哪，这样的方式很麻烦"。也有老师提到"很多家里都是爷爷奶奶在带孩子，老人不太会使用电子设备，与教师联系不够。也有部分的家长不太会玩手机或者没法及时查看消息，从而也阻碍了幼儿教育指导活动的开展"。除此之外，有留守儿童、特殊人群、隔代教育等情况的家庭在非常时期无法获得良好的教育指导。目前对于这一部分人群的关注度还是较少，教育应当面向全体幼儿，面向全体家庭，如何在非常时期帮助特殊家庭有效开展幼儿教育的问题亟待解决。

三、"互联网＋家园共育"模式的创新路径

（一）促进"线上＋线下"联动，推进"互联网＋家园共育"模式的构建

线上互动与线下互动都有着各自的优势与不足，线上交流一定程度上可以打破时空的局限，让沟通更加便利，但也有着不可避免的缺陷，隔着屏幕互动缺乏面对面交流的体验感，一定程度上妨碍了教师与家长就具体的教育问题展开深度对话，达到家园合作的实质效果。此外，线上交流由于沟通双方对文字、语气的理解不同，可能会加剧冲突误会的产生。线下互动更具有真实形象性，但由于教师与家长时间精力有限，家园沟通的频率受限，影响合作的效果。因此，我们需要将线上与线下的互动交流结合，才能实现 $1+1>2$ 的合作效果。受疫情影响，幼儿园与家庭之间多采取了线上合作共育的模式，老师通过微信群、电话等方式与家长建立联系，为家园共育工作的开展提供新的思路，满足了特殊情况下对幼儿教育的需求。以微信群作为线上沟通的主要途径，不仅为教师与家长、家长与家长之间的沟通联系搭建桥梁，同时也为家长提供教育指导与资源支撑，引导家长科学育儿，有效帮助家长解决在疫情中出现的育儿困难，促进家园共育的良性发展。但在此过程中也受到许多因素的干扰，如很多家长不太方便使用电子设备、部分家长因精力不足或其他情况无法及时查看消息配合展开教育活动等，影响了线上教育的开展。因此线下沟通的方式也是必不可少的，如定期开展家长会、进行家访

等等，从而有集中的时间共同探讨线上没有解决的教育问题，有效弥补线上沟通的不足。实现"线上＋线下"联动，才能更好实现家园共育模式的最优化。

（二）加强个别化的教育互动，搭建个性化家园共育平台

疫情期间，教师与家长的沟通联系媒介主要是微信。教师在群内发布教育资源及相关信息，家长进行幼儿学习打卡或者配合教师完成相关安排等等，但教师发布的消息往往是面向全体的，缺乏对幼儿的具体化指导。而每个家庭、每个幼儿的情况都存在差异，需要根据相应的情况做出调整，这也需要教师为家庭提供个性化的指导。因此，不仅是疫情期间，在日后的闲暇时间，教师可以与家长做一对一的深度沟通，了解每一个家庭的育儿情况、优势和困境。幼儿园可以利用互联网，实现动态化、个性化的教育指导。幼儿园不仅要发布面向全体的信息，还可以每周让家长填写一份调查问卷，了解幼儿在家中的生活，了解家长对家园共育的配合度与关注度，了解家长对丁教师工作的评价与意见。从而对每一个家庭、每一名幼儿做出个性化的指导，有问题及时沟通解决，不断完善家园共育的模式，实现幼儿的全面发展。

（三）整合家长资源库，制订系统化、科学化的家庭教育指导方案

在幼儿教育中不能忽视幼儿发展的每个阶段，在幼儿成长过程中，每个阶段幼儿所需要的引导也是不同的。尤其在疫情下，更需要幼儿园教师对家庭教育进行全面化的指导，引导每个家庭积极参与，为大多数家长解决无法对幼儿进行全面、系统、专业的教育的问题。幼儿园有必要为幼儿教育的不同阶段做出合理的规划，协助家长为改善幼儿体质、培养良好习惯、锻炼自理能力、养成美好品格等方面顺利开展。疫情下幼儿家庭教育的内容是丰富多彩的，幼儿园教师需要采取多样化形式，指导家长根据幼儿身心发展的需要以及家庭的具体情况制订合理的方案，让家长参与到幼儿的家庭教育中，促进幼儿身心全面发展。在特殊时期下，幼儿园可以改变原有的家庭教育指导的形式，如讲座、家长会、亲子活动等，利用线上形式继续家庭教育指导，建立家长教育线上资源库。另外，幼儿园应不断研发、更新教育指导方案，满足不同家长科学育儿及幼儿健康成长的需求。

（四）关注"特殊家庭"教育问题，完善家庭教育社会支持网络

教育应当面向全体幼儿，为每一个家庭提供教育指导需要不断完善家庭教育支持网络，推进家庭教育、学校教育和社会教育"三教合一"融合机制

形成。一方面，学校与社会要向家庭提供必要教育资源。学校与社会必须明确各自的职责和功能，尽可能地为家庭教育提供科学且适宜的教育资源，统合形成系统、内容丰富的家长资源包，让家长了解可以与幼儿玩什么，可以教幼儿什么，让家长对幼儿有话可讲、有据而讲、有备而讲，使家庭教育更加丰富、全面和科学。另一方面，加强家、校、社的沟通交流。在提供资源的基础上，学校、社会应当把帮助家长理解资源作为首要任务，加强家校、家社及校社之间的沟通交流与指导，使三者相互依存、相互贯通、相互补充，同时构成一个完整的家庭教育体系，形成三方互动、相互融合、协调发展、共同推进的良好局面，让家长正确利用资源科学施教，让幼儿时时能学、处处能学。

参考文献

［1］邢西深，金传洋．信息化助推学前教育现代化发展研究［J］．现代教育技术，2020，30（6）．

［2］孙芳龄，雷雪梅，张官学，等．家园共育的实践意义与开展策略［J］．学前教育研究，2018（7）．

［3］侯丽．幼儿园与家庭合作关系的重构［J］．学前教育研究，2020（10）．

［4］王智云．学前融合教育中的家园共育［J］．学前教育研究，2018（12）．

［5］何磊，黄艳霞，金晓晓．信息技术与幼儿教育的整合［J］．学前教育研究，2009（1）．

［6］叶平枝．新冠肺炎疫情背景下的健康幼儿园建设［J］．学前教育研究，2020（6）．

［7］邢西深，许林．2.0时代的学前教育信息化发展路径探究［J］．中国电化教育，2019（5）．

［8］黎勇，蔡迎旗．我国幼儿家庭教育支持现状及其完善建议［J］．学前教育研究，2018（4）．

师范生在线教育现状调查研究

课题组成员：熊雨萱，张　浩，汪鑫鑫，谢建芬
指导老师：唐建文，杨　果

摘要：近些年，在线教育越发受到各大社会群体的关注，随着在线教育的不断推广，在线教育相关问题应运而生。基于上述情况，以在线教育为核心，以湖南师范大学文史、理工、艺术类师范生为研究对象，围绕其对在线教育的认识、看法、使用情况以及对未来教育模式的看法四个维度展开，分析研究对象在线教育现状，并提出针对性建议。

关键词：新时代；师范生；在线教育

数字经济时代，大众学习的个性化需求不断增强，时间碎片化问题逐渐增多，为在线教育提供了广阔的发展前景。互联网技术能够有效突破时间和空间的限制，在教育领域得到深入融合应用，并逐步推动各类教育资源实现开放共享。"自 2 月 17 日正式开通国家中小学网络云平台和中国教育电视台空中课堂以来，截至 2020 年 5 月 11 日，国家中小学网络云平台浏览次数达 20.73 亿，访问人次达 17.11 亿。"截至 2020 年 5 月 8 日，全国 1454 所高校开展在线教学，103 万名教师在线开出了 107 万课程，合计 1226 万门次课程；参加在线学习的大学生共计 1775 万人，合计 23 亿人次。日前，教育部公布这组亿万师生参与的在线教学实验数据表明，我国教育信息化建设得到了一次大"练兵"。基于上述情况，以师范生在线教育为核心，从对师范生在线教育的基本认识、在线教育学习和产品以及前景的看法四个维度出发，分析湖南师范大学全体师范生对在线教育现状以及对未来教育模式的看法，以此为据，深入探讨湖南师范大学全体师范生的在线教育现状其背后的原因，并提出针对性建议。

一、相关概念界定

（一）在线教育

在线教育是以网络为介质的教学方式，通过网络，学员与教师即使相隔万里也可以开展教学活动。在线教育即 E-Learning，其通行概念约在 10 年之前提出来，知行堂的学习教练肖刚将 E-Learning 定义为：通过应用信息科技和互联网技术进行内容传播和快速学习的方法。

（二）师范生

师范生，指大中专院校师范类专业学生和毕业生，所修专业属于教育方向，将来的就业目标是到各级各类学校或教育机构从事教学工作，是未来教师的预备者。

二、调研情况概述

（一）问卷调查

1. 调查问卷的设计

问卷设计环节参考了网上权威研究者设计的调查问卷，并结合实际情况进行了合理调整。调查问卷最终保留了 20 道问题，设置了单选、多选、主观题，采用了多种题型混合形式，使问卷填答的真实性和可靠性有所保障。

2. 调查问卷的发放与回收

为了提高此次调研的专业性，在问卷发放前团队成员共同组织进行了问卷试填，通过随机抽样的方式抽取湖南师范大学文史、理工、艺术类师范生各 10 人进行问卷试填，总结调查问卷设计不合理之处并进行修改，保证调查对象能够对问卷进行有效回答。在问卷填写完成后，团队成员对问卷进行回收，并表示感谢。

3. 调查问卷的数据处理

（1）数据初步审核

首先，团队成员利用问卷星对填写完整的调查问卷进行逻辑审核，核选出内容填写完整并符合逻辑的有效问卷。然后，对问卷进行汇总并统计有效问卷数量，做好数据记录。对于没有理解问卷问题、回答不完整、缺损的问卷按照无效问卷处理。

（2）数据录入

数据录入前对每份问卷进行编号，有效问卷共计 2075 份，利用问卷星等数据统计与分析软件进行数据录入与数据分析。

（二）访谈调查

1. 访谈对象

湖南师范大学文史、理工、艺术类师范生。

2. 访谈形式

访谈以线上方式展开，团队成员根据访谈对象的情况，通过语音、电话、文字等形式对湖南师大部分文史、理工和艺术类师范生进行访谈。

3. 访谈内容

访谈内容主要围绕基本信息搜集三类学生对在线教育的态度、熟悉度和使用度，三类学生对在线教育的体验感受，以及三类学生对于未来教育模式优化的建议展开。

（三）研究方法

1. 文献研究法

在学术期刊网、学校网站、硕博论文网站、中国社会保障网等网站搜集相关文献和论文资料，通过对文献资料的查看和研究，掌握相关的政策法规规定、地方的政策细则以及执行中的细节等。结合所学知识通过调查研究归纳总结，从中寻找理论支撑，提出自己的观点，并将查阅到的文献资料和研究成果等进行整理、分析、归纳、总结。

2. 社会调查法

调查法是实证研究的主要方法、核心方法，它以一定的理论为指导，或通过观察相关资料，或以问卷、访谈等方法收集所需数据。以问卷调查的方法为主，辅之以访谈法。采用问卷调查以及访谈的方法在线上进行问卷发放、问卷收集、问卷统计等工作，从调查结果着手，总结得出在线教育现状并针对在线教育的弊端提出了建议。

三、调查结果及分析

调研问卷共收集问卷 2096 份，其中有效问卷 2075 份。通过问卷调查的方式，对调研数据进行统计与分析，提取了文史、理工、艺术类师范生对于在线教育的看法、态度及使用情况等主题相关信息。以下为本小组的调查结果与分析过程。

（一）调查对象基本情况

调查的人群对象是湖南师范大学全体师范生。调查有效问卷共计2075份，就调查的基本数据情况而言：了解到湖南师范大学师范类专业较多，大体可归纳为文史、理工、艺术类，且部分学生已有过教学经历。因此，将某几项数据按文史、理工、艺术类，或是否有过支教、家教等相关教学经历进行分类统计并做对比分析。其中文史、理工、艺术类的问卷数所占的比例分别为30.84%，37.11%和32.05%。有无支教、家教等相关教学经历的问卷数所占百分比分别为44.58%、55.42%。

（二）调查对象对在线教育的基本认识

1. 调查对象对在线教育工时的基本认识

研究表明，认为在线教育工时为2~4 h的在三种专业类型所占比例分别为34.38%、29.22%、41.35%，认为在线教育工时为4~6 h的占比分别为37.50%、39.61%、37.59%，认为在线教育工时为6~8h的占比分别为25%、27.27%、19.55%，认为在线教育工时为10~12 h和12 h以上的较少。大部分师范生认为从事在线教育行业每日所需花费的时间与自己每日花费在网课上的时间相近，集中于2~6 h之间，也有近1/4的学生认为在线教育平均工时与线下教育类似，集中在6~8 h。

2. 调查对象对在线教育工资的基本认识

大部分师范生认为从事在线教育行业每月工资较高，这既有在线教育行业不断发展势头的影响，也存在大学生普遍对薪酬期望过高的影响。

3. 调查对象对在线教师求职门槛的基本认识

大部分师范生认为从事在线教育行业门槛较高，这是受到在线教育行业不断发展，势头高涨的影响，高薪伴随着高门槛，也存在教师网络教学不理想所产生的影响。

（三）调查对象对在线教育学习的看法

1. 调查对象对在线教育学习的态度

研究发现，65.07%的师范生对在线教育学习持一般态度，数量超过调查对象的半数，28.67%的师范生对在线教育学习持热衷态度，少数师范生对在线教育学习持冷淡态度，占比5.06%。另外，还有1.2%的师范生对在线教育学习的态度不明。由此得出，大部分师范生对在线教育学习持可接受态度。

2. 调查对象在线教育学习的体验感受

研究发现，47.23%的师范生在线教育学习体验感受良好，26.02%的师范生在线教育学习体验感受一般，18.31%的师范生在线教育学习体验感受满意，8.44%的师范生在线教育学习体验感受较差。由此得出，大部分师范生拥有积极的在线教育学习体验感受，少数不超过10%的师范生体验感受较差。

3. 调查对象在线教育学习未来参与情况

研究发现，79.52%的师范生在未来会继续参与在线教育学习，20.48%的师范生在未来不会继续参与在线教育学习。由此得出，师范生未来在线教育参与度高，大部分师范生对在线教育持认可态度。

（四）调查对象对在线教育产品的看法

1. 在线教育产品的优势

研究发现，对于在线教育产品的优势，78.8%的师范生认为在线教育产品可以反复听讲，62.17%的师范生认为没有时空限制，29.88%的师范生认为在线教育产品相对于线下辅导性价比更高，13.73%的师范生认为在线教育产品的学习更有趣味性，4.82%的师范生认为在线教育产品有其他优势。由此可以得出，师范生认为"可以反复听讲""没有时空限制"是在线教育产品的两大优势。

2. 在线教育产品的劣势

研究发现，对于在线教育产品的劣势，73.73%的师范生认为在线教育产品缺乏约束和监督效力，学习效率低下，59.28%的师范生认为实操性较强的课程有一定的局限性，47.95%的师范生认为在线教育产品的课堂氛围不好，32.05%的师范生认为在使用在线教育产品时容易产生设备问题，4.82%的师范生认为在线教育产品有其他劣势。由此可以得出，师范生认为"缺乏约束和监督，学习效率低下""实操性较强的课程有一定的局限性""课堂氛围不好"是在线教育产品的三大劣势。

（五）调查对象对在线教育行业及前景的看法

1. 调查对象对在线教育行业的看法

（1）研究对象对从事三种教育类型的意愿情况

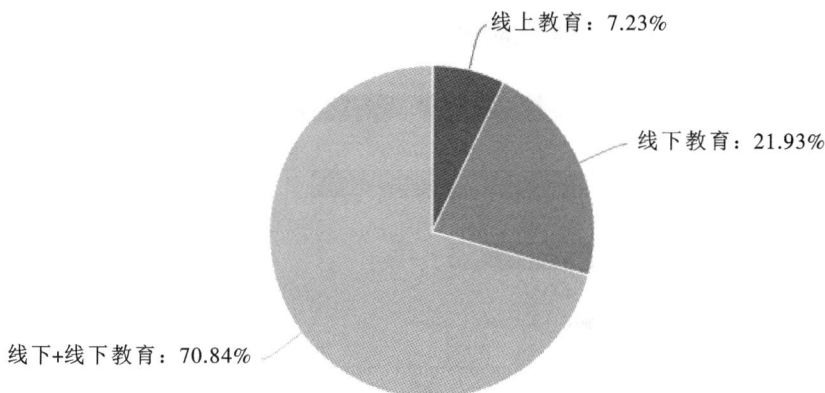

线上教育：7.23%

线下教育：21.93%

线下+线下教育：70.84%

图1　研究对象对从事三种教育类型的意愿情况分布图

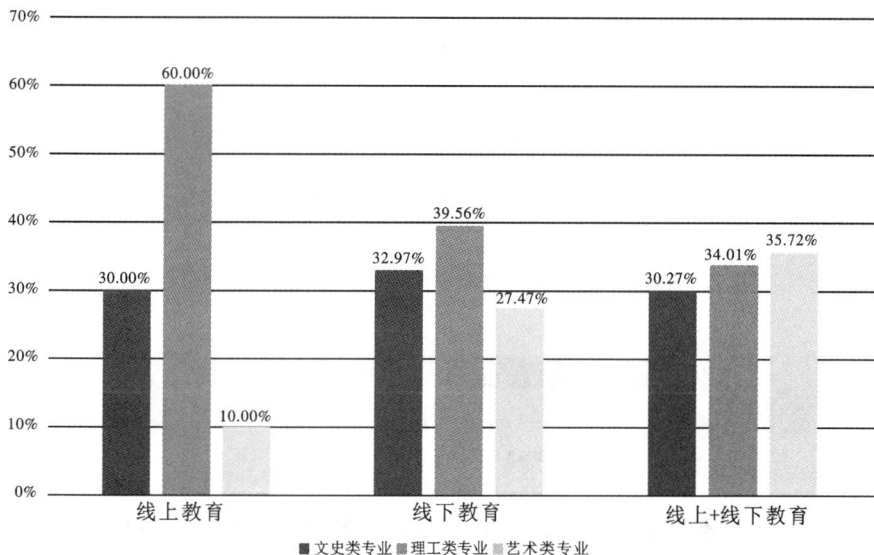

图2　不同专业师范生对从事三种教育类型的意愿情况分布图

从图1和图2可知，倾向于从事线上教育的调查对象占比较小，为7.23%，其中文史类占30%、理工类占60%、艺术类占10%；有21.93%的调查对象倾向于从事线下教育，其中文史类专业师范生占32.97%、理工类专业师范生占39.56%、艺术类师范生占27.47%；有70.84%的调查对象倾向于从事线上＋线下教育，其中文史类师范生占30.27%、理工类专业师范生占34.01%、艺术类师范生占35.72%。

（2）不同类别师范生对在线教育所存在的优势的看法

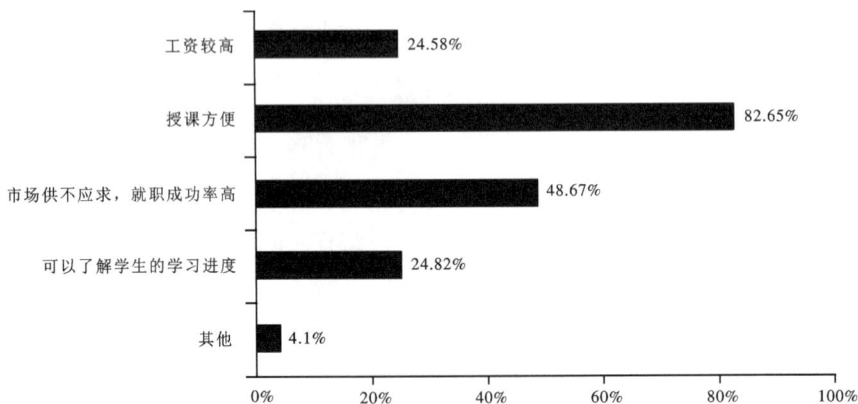

工资较高　24.58%
授课方便　82.65%
市场供不应求，就职成功率高　48.67%
可以了解学生的学习进度　24.82%
其他　4.1%

图3　调查对象对在线教育所存在的优势的看法情况分布图

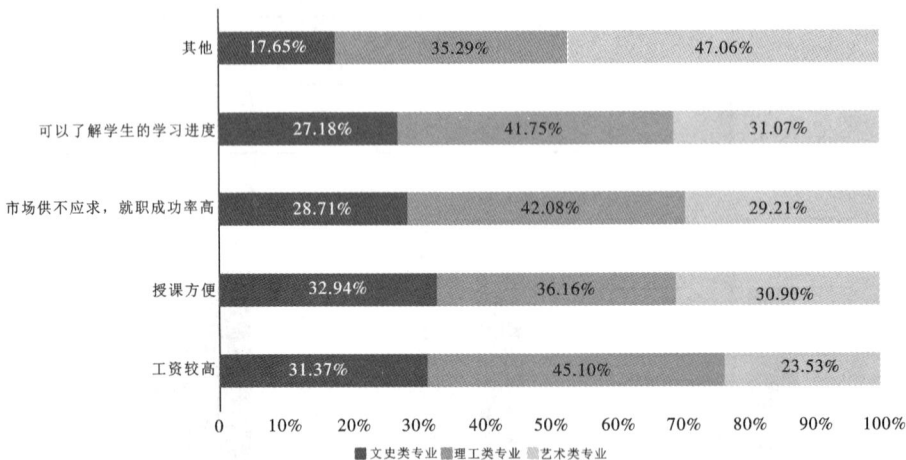

	文史类专业	理工类专业	艺术类专业
其他	17.65%	35.29%	47.06%
可以了解学生的学习进度	27.18%	41.75%	31.07%
市场供不应求，就职成功率高	28.71%	42.08%	29.21%
授课方便	32.94%	36.16%	30.90%
工资较高	31.37%	45.10%	23.53%

■文史类专业 ■理工类专业 ■艺术类专业

图4　不同类别师范生对在线教育所存在的优势的看法情况分布图

从图3可知，82.65%的调查对象认为在线教育的优势为"授课方便"；48.67%的调查对象认为在线教育的优势在于"市场供不应求，就职成功率高"；认为在线教育优势为"工资较高""可以了解学生学习进度"占比较小，分别为24.58%和24.82%；只有极少一部分人选了"其他"。可见，不同类别师范生对在线教育所存在的优势的看法占比相差不大。

（3）不同类别师范生对在线教育所存在的劣势的看法

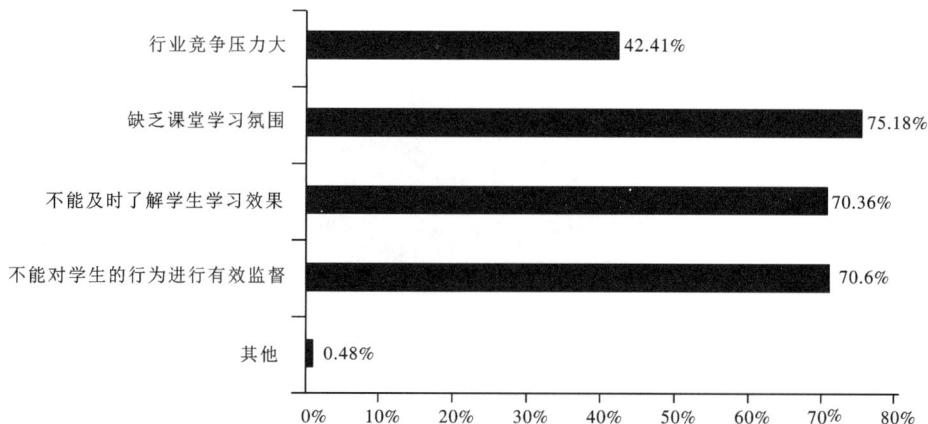

图 5　调查对象对在线教育所存在的劣势的看法情况分布图

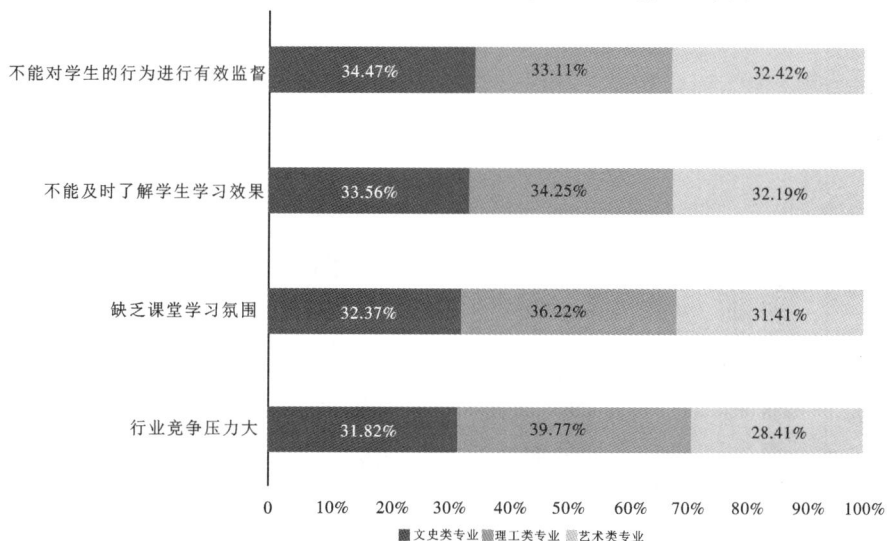

图 6　不同类别师范生对在线教育所存在的劣势的看法情况分布图

从图 5 可知，大部分人认为在线教育的劣势为"缺乏课堂氛围""不能及时了解学生学习效果""不能对学生的行为进行有效监督"，这三点占比分别为 75.18%、70.36%、70.60%，有 42.41% 的人认为在线教育行业竞争压力大，只有 0.48% 的人选了"其他"。可见，不同类别师范生对在线教育所存在的劣势的看法占比相差不大。

2. 不同类别师范生对在线教育前景看法情况

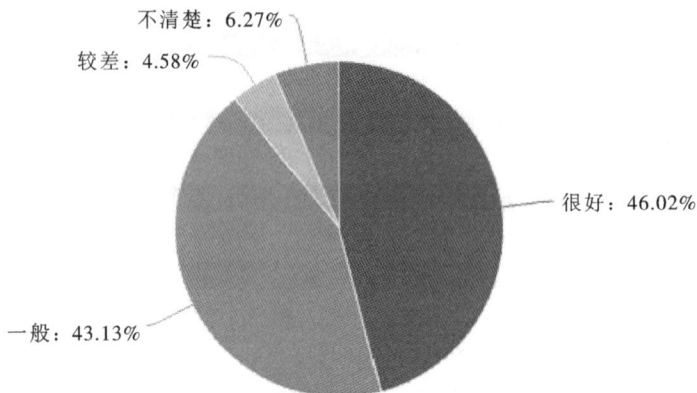

图 7　调查对象对在线教育前景的看法情况分布图

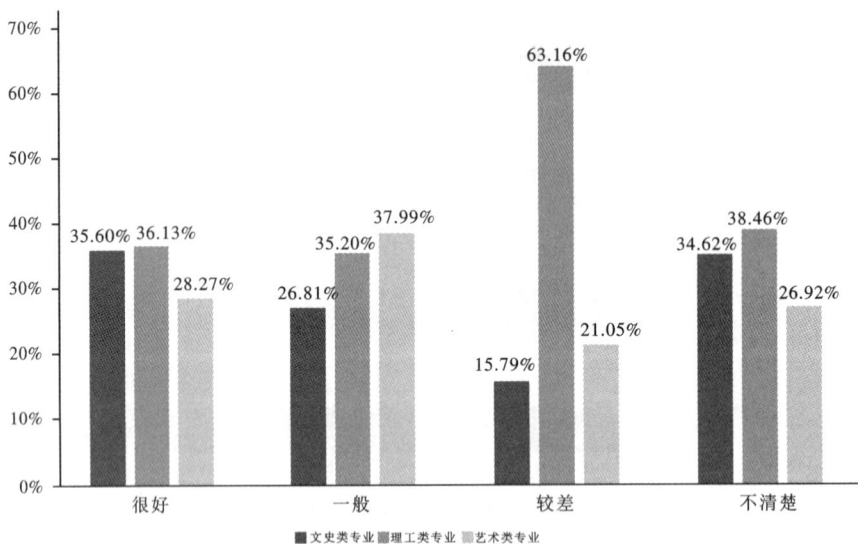

图 8　不同类别师范生对在线教育前景看法情况分布图

从图 7、图 8 可知，有 46.02% 的人认为在线教育有很好的前景，其中文史类占 35.6%、理工类占 36.13%、艺术类占 28.27%；有 43.13% 的人认为在线教育前景一般，其中文史类占 26.81%、理工类占 35.20%、艺术类占 37.99%；有 4.58% 的人认为在线教育前景较差，其中文史类占 15.79%、理工类占 63.16%、艺术类占 21.05%；有 6.27% 的人不清楚在线教育的前景，其中文史类占 34.62%、理工类占 38.46%、艺术类占 26.92%。

（六）调查对象在线教育产品的使用情况及对未来教育模式的看法

1. 在线教育产品的使用

以湖南师范大学的师范生为例，以问卷调查的形式对师范生的在线教育产品的使用情况进行了调查。

（1）是否购买过在线网络课程

研究发现，湖南师范大学的师范生购买过在线网络课程的比例为53.25%，没有购买过在线网络课程的比例占到了46.75%。因此得出结论：购买过在线网络课程的师范生比没有购买过在线网络课程的比例高、人数多。

（2）使用过哪些在线教育产品

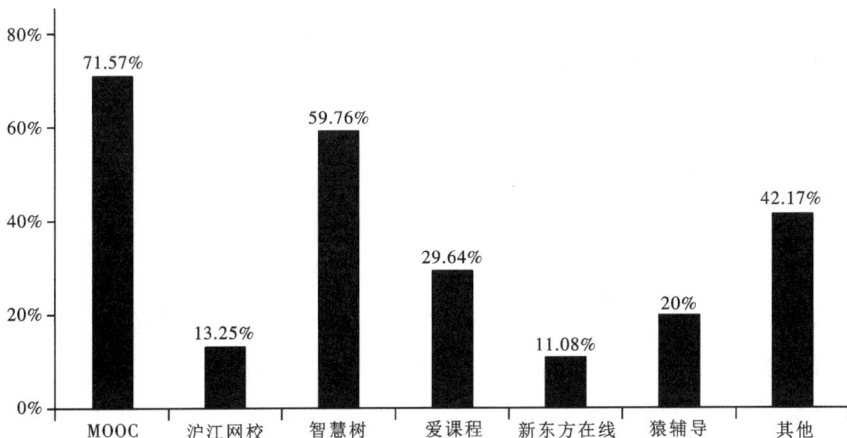

图9　使用过哪几种在线教育产品

从图9可知，我们可以知道"MOOC"和"智慧树"是湖南师大师范生使用得最多的在线教育产品。其他在线教育产品的使用占比达到42.17%，其他在线教育产品的使用人数也很多。"MOOC"和"智慧树"分别占比71.57%和59.76%，"爱课程"的使用比例达到了29.64%，"猿辅导"的使用占比为20%，"沪江网校"的使用比例为13.25%，"新东方在线"的使用比例为11.08%。因此得出结论：湖南师范大学的师范生经常使用"MOOC""智慧树""爱课程"以及"其他"在线教育产品。

（3）在线教育产品的使用情况

研究发现，从在线教育产品的使用情况可知，52.29%的师范生"偶尔使用"在线教育产品，只有27.71%的师范生"经常使用"在线教育产品，而14.22%的师范生是"只有被强制要求时才使用"在线教育产品。5.78%的师范生"几乎不用"或者"完全不用"在线教育产品。可见，师范生对在线教育产品的使用频率较高。

2. 对未来教育模式的看法

我们对湖南师范大学所有师范生对未来教育模式的看法进行了调查。

研究发现，86.27%的师范生认为未来的教育模式是"线上＋线下"；认为未来教育模式是"纯线下"的占6.99%，"纯线上"5.54%，"其他"占1.2%。因此得出结论：在线教育有较大潜力，但无法替代线下教育，很长时间将会并存。"线上＋线下"的教育模式也是绝大部分师范生所认同的未来教育模式。

四、调研结论及建议

（一）调研结论

1. 大部分师范生认可并接受在线教育学习

根据师范生在线教育体验感受、对在线教育的态度以及未来在线教育参与情况，可以得出大部分师范生认可并接受在线教育的学习。大部分师范生的在线教育体验感受良好，少数师范生不满意；绝大部分师范生对在线教育持正面的态度，只有极少数师范生对在线教育的学习冷淡；绝大部分师范生在未来会继续参与在线教育学习。由此得出，大部分师范生认可并接受在线教育学习。

2. 在线教育产品的需求量较大，使用频率不高

根据调查结果，超过一半的师范生曾经购买过在线教育产品，说明在线教育产品的市场潜力较大，且师范生对在线教育产品的需求量较大。师范生经常使用MOOC、爱课程等在线课程软件，但其使用频率不高且有许多师范生只在被强制要求使用时才进行使用。师范生普遍认为未来教育模式是"线上＋线下"相结合模式。未来教育模式要求学生增强自主学习能力、加强家校交流，家校共同努力，形成合力，完善孩子的学习计划，丰富孩子的学习内容，强化孩子的情感体验，有效提高其学习成绩。

3. 在线教育监管力度弱，部分学生自律性不足

由于授课教师只能通过网络与学生进行交流和互动，限于师生各自的网络环境和硬件设备的差异性，教师无法像在学校课堂中那样随时观察到每一位学生的听课状态和课堂反应，网络教学相比学校课堂就显示出了教学监控

的相对薄弱性。而且，缺乏学校纪律管理及集体学习氛围，学生在家庭环境中极易产生懈怠情绪，较难保证教学过程中始终集中精力跟随教师完成学习任务，在线学习效果也就不能得以保证。

4. 在线教育产品无法提高教育质量

在线教育产品的优势主要表现为可以为学生提供自由学习的机会，不受时间、空间、次数等客观因素的限制，但是其是否能够提高学习质量和效果有待考量。与此同时，在线教育产品的劣势主要体现在无法保证课堂效果，以及无法为学生提供部分必要的学习条件，比如化学课上无法为学生提供进入实验室动手实验的机会等。相较之下，在线教育产品的优势并没有体现在提高课堂效果及为学生提供必要学习条件上，从而提高学习质量。因此，在线教育产品的劣势相较于其优势更为突出和明显，因为其优势主要表现于不受客观因素的限制，而无法从本质上提高学习质量，无法保证学生对知识的吸收度和掌握度，但是其劣势可直接对教学质量造成不良影响。

5. 师范生获取在线教育就业信息积极性不高，对在线教师职业不够了解

在此次调查中，调查对象虽经过了长达半年的线上教育学习，师范生对于在线教育的认识已经有所改变，其认识不仅仅局限于网络课程，还涵盖在线直播教育等多种在线教育形式，但也仅限于此。绝大多数师范生对于在线教师的工时、工资、就业门槛等基本问题不甚了解，那么其对于在线教育的了解程度亦有待考量。目前，在线教育势头正旺，正是师范生接触在线教育的良机，但其对在线教育了解尚且如此，对于其他行业的了解可想而知。师范生获取就业信息积极性不高，成为了师范生就业的一个隐患。

（二）调研建议

1. 形成"线上 + 线下"混合教育模式

线上教育的局限性不仅体现在课堂效果难以保障及学生知识掌握情况无法保证，而且表现在实操性低。针对线上教育这一弊端，可以通过实现"线上 + 线下"混合教育模式得以解决，充分利用相关在线教育产品，完善线上教育模式，并加强线上教育与线下教育的有机结合，在充分发挥线上教育具有显著交互性等优势的同时，结合线下教育实操性强的特点，让学生接受更优质的教育。

2. 增强在线教学的交互性

在线教育的主要弊端之一是无法保证课堂的效果，了解学生知识的掌握

情况。为解决这一问题，可以充分利用在线教学具有交互优势，实现一对一、一对多、多对多的交互，例如，进行云班课讨论等活动。在交互性教学中，教师由原来的单向传授变为引导并参与学生有效的探究，让学生在具体探究中获得切身体验，从而发展自身智力，保证课堂效果。

3. 探索新型教学模式，促使信息技术与在线教育深度融合

教师应引导学生由"被动学习"转至"主动学习"，从而使"教师的教"有效地促进"学生的学"。教师可利用信息技术对学生进行前测，根据数据化诊断结果对学生进行异质分组，开展小组合作学习，以此提高学生学习效果。此外，教师可通过创设问题情境，让学生线下独自探索问题并形成见识，在锻炼学生独立解决问题的能力的同时，培养学生的互助和共享意识。

4. 加强对在线教育产品的研发和推广

在线教育产品的市场需求量和潜力大，相关开发商应主动承担社会责任，加强对各种各类的在线教育产品的研发，并加以推广以吸引更多人了解在线教育产品，从而提高在线教育产品的市场占有率。相关在线教育产品的供应商应向已经成熟的在线教育平台学习，不断完善自己的教育平台和课程，进行深化改革，以此能为广大消费者提供更多优质在线教育产品。

5. 调动师范生对在线教师职业的了解积极性

目前，在线教育势头旺，正是师范生接触在线教育的良机，而师范生对在线教育的了解程度较低。对此，可以充分发挥互联网的作用，开展就业指导，帮助师范生对当今就业形式做出较好判断，促进师范生就业。与此同时，学校可自行开发一些研究辅助性工作岗位，促进师范生积极就业。

在线教育背景下农村
小学教育状况的调查报告

课题组成员：谌巧艳，苏可依，刘　肖，雷　桑
指导老师：周紫阳

摘要： 在线教育基于当代互联网技术和我国移动互联网基础设施，让师生可以在足不出户的情况下进行良好多样的教学互动。而拥有移动互联网基础设施以提供稳定快速的网络、手机电脑等承接载体以及丰富、可操作性强的网络教学平台是进行线上教学的必备要件。基于对农村小学在线教育状况的困惑，调研团队以湖南省益阳市安化县烟溪镇小学为调研对象，进行了为期一个月的线下调研。通过访谈调查、问卷调查、走访调研及数据分析等方式，了解农村地区真实准确的线上教育状况，并深入分析了存在的问题，如设备不全、网络不稳定、观念落后等。针对问题，提出相关措施，以期帮助推动农村地区线上教育体系的完善和发展。

关键词： 在线教育；农村小学

一、前言

随着互联网的发展，在线教育成为了时代的热点之一。尤其是在 2020 年特殊的情况下，我国的教育教学活动受到了一定的影响，特别是在教育资源匮乏的农村小学。面对线上教学的需要，农村小学教师或是照搬线下模式，或是拼凑网络视频，或是直接采取自学加作业的模式进行教学。基于以上事实，开展在线教育背景下农村小学教育状况的研究有利于帮助决策者了解实际情况，能科学地安排线上线下教学内容，也有利于引起社会对农村地区线上教学状况的关注。

在本次调研中，团队主要采用问卷调查法和访谈调查法。以湖南省安化县烟溪镇学生为重点，发放了 500 份问卷，回收 488 份。同时，重点采访了

烟溪完小任课老师一位，十八完小教导主任一位。

二、数据分析

（一）烟溪镇小学学生线上学习的方式

1. 烟溪镇小学学生以观看线上网课为主要学习方式

在我们的调查中，59.2%的被调查学生以观看线上网课为主要学习方式，40.8%的被调查者采用线上、线下相结合的方式进行学习。而只采用线下学习的学生则完全没有。由此可见，在特殊情况下，学生们均在家利用网络进行线上学习。虽然是农村小学生，但采用线上网课学习的比例并不低，说明农村是有条件、有潜力发展在线教育的。

2. 烟溪镇小学学生的学习方式受所在学校教师教学方式的影响

烟溪镇小学学生的学习方式和所在学校教师采用的教学方式息息相关，密不可分。60.9%的被调查学生表示学校教师以直播上课为主要教学方式，8%的被调查学生选择了看录播课这一选项，还有22.7%的被调查学生表示教师以直播＋录播的方式进行教学，8.4%的学生选择了其他类教学方式，比如教师在家校联系微信群里发布作业和检查作业，或者教师通知学生利用学而思等APP进行自学。由此可知，大多数被调查学生的教师通过直播进行教学，和学生在线上实时互动。依赖网络和设备进行的直播教学，既是农村教育发展的一个进步，同时也是农村教育发展的一个挑战，教师和学生都面临着一些困难。

3. 烟溪镇小学学生偏爱线下授课的教学方式

烟溪镇小学学生对于线上教学或线下授课的接受程度都很高，但喜爱线下授课教学方式的学生比例总体更高一点，达到了40.2%。尤其当大部分小学生第一次长时间接触到线上教学，喜爱线上教学的学生比例有37.9%，这既有线上教学本身的便捷、方便等原因，也有部分学生因脱离学校和教师管束，学习任务减少而感到线上学习更轻松、自由的原因。线上、线下教学都喜欢的学生占比21.9%。由此可以看出，学生对于线上教学是可接受的，今后线上教学可以继续推进和推广起来，但线下授课的传统教学方式也不应被抛弃，它仍是当前最主要也是最受学生喜爱的教学方式。

（二）烟溪镇小学学生线上学习的学习设备

烟溪镇小学学生在线学习的常用设备是非常集中的，80.3%的学生以手机为主要学习设备，9.4%的学生将电脑作为学习的主要设备，还有6.4%的学生使用平板电脑学习，剩余3.9%的学生使用其他设备。使用手机学习，一是反映了手机功能日趋完善，手机的影响更加全面；二是体现了农村经济水平的限制，国家卫健委指出，学生线上学习时应尽可能选择大屏幕电子产品，优先次序为笔记本电脑、平板电脑、手机。但农村学生很少拥有自己的专属学习设备，电脑在农村并没有非常普及，部分学生用来学习的手机也是父母平时主要的通信、娱乐设备。

（三）烟溪镇小学学生的生活和学习积极性

1. 大部分烟溪镇小学学生的作息较混乱

在488名被调查学生中，有258名学生认为线上学习阶段自己的日常作息较不规律，占总体被调查学生的52.9%。有47名学生认为自己的日常作息很不规律，占总数的9.6%。仍有37.5%的学生认为自己线上学习期间的日常作息遵守了规律。在线上学习的环境中，学生脱离了学校和教师的管束，在家相对来说比较自由。很多学生为了玩手机游戏或者看电视而熬夜，晚睡晚起，破坏了之前养成的作息习惯和规律。而受年龄和身心发展的影响，小学生的自制力和自控力相对来说比较薄弱，很多事情需要得到外界的督促和帮助，所以停课在家就需要家长更加关注孩子的学习、生活状况。由此看出，学生线上学习期间的作息较混乱，家长在这方面的监督和提醒有所不足。

2. 大多数烟溪镇小学学生的学习管理需加强

参加调查的488名学生中，55.7%的学生在线上学习中每日平均学习时长为2~4小时，31.6%的学生每日平均学习时长为2小时以下，10.2%的学生学习时长为4~6小时，2.5%学生学习时长达到了6小时以上。为了预防学生眼睛近视的问题，国家卫健委指引小学生对线上学习期间的电子产品使用时间进行了限制，明确要求小学生每天线上学习时间不超过2.5小时，每次不超过20分钟。但学生每日学习时长既包括线上学习时间，也包括线下学习时间。学习时长既与学生自身的自制力有关，也和家长的监督密切相关。由此可以看出，在参与线上教学时农村小学生的学习管理有待加强。

3. 烟溪镇小学学生的学习积极性不高

烟溪镇小学学生在进行线上学习所表现出来的积极性，总体水平不高，47.2%的学生表示自己在线上教学期间学习积极性有所下降，26.8%的学生学习积极性一般，还有1.2%的学生出现了厌学情绪，24.8%的学生表示自己在开展线上教学时仍保持积极学习的态度。在特殊的背景下，学生经历了一个情绪相对比较紧张的生活，而且第一次长时间接触线上学习，脱离学校管束，学生在很多方面都没有适应。相对自由的生活里，学生宅在家消磨时间，而消磨时间最主要的方式就是玩手机，玩手机的时间一长，学生对于手机的依赖性就更强，对于学习的积极性就不高。

三、存在的问题

（一）留守儿童占比较大，缺乏家庭教育

根据权威调查统计，目前我国农村留守儿童数量超 6100 万，42.8% 的留守儿童父母同时外出，其中近 80% 由（外）祖父母抚养，而烟溪镇的留守儿童比例也在 60% 以上。在孩子学习遇到困难时，老人有心无力，无法给予必要的帮助。同时农村留守儿童因家庭经济条件较差，且多数父母及监护人文化水平较低，对孩子的教育意识相对缺乏。在大部分留守儿童家庭中，家长多对学生采取"放养"策略，学生缺乏亲情以及充分正确的教育和引导，且自身自制力较差。据调查发现，无论是线下学习还是线上学习，学生返校后均表现出厌倦学习的态度，大部分学生需要较长的时间来调整，因此教学工作难以展开；而线上教学结束，学生返校后，认为课本知识自己已经学习过，依靠着"熟悉感"来拒绝接受二次教学。

（二）网络直播课程模式不成熟，教学效率低

对于农村小学来说，线上授课的模式是全新的。长期的线下授课经历已经形成了一套固定的模式，尤其是对学校和教师来说，线上授课属于全然陌生的领域。因此，出现了教师对于平台相关技术操作不熟练、教师平台选择不同导致学生多平台注册增加时间磨合成本、教学互动沟通效率低、教学质量难以保证、课后作业完成与批改效率低等问题。

此外，虽然国家、省、市各级区域都开放了所有的教育公共服务平台，众多教育企业也纷纷共享了其创建的教育资源，为广大师生提供不同侧重的网络学习服务，试图与校内原计划的课表进行衔接。有些平台甚至开放了名师授课的环节，同时采取直播、点播、推送学习资源等多种方式配合网上学习，但是因为设备、网络服务等客观因素，以及师生对网络教学不接纳、不熟悉等主观原因，成效并不明显，课程之间难以衔接，所开放的资源也得不到很好的应用。

（三）教育理念落后，组织结构松散

据调查研究，烟溪镇小学均没有统一开展线上教学，学校没有统一安排，教师也没有召开教研组会，各班之间独立开展教学，教学平台没有统一，导致很多学生在上课时容易混乱；不少网络授课方式政策均为临时制订，没有适应期，部分教师无法快速适应未来授课方式走向，消极应对。

且烟溪镇教师中，青年教师占比较少，多为有一定教学年限的经验丰富的"老教师"，但有部分"老教师"固守传统线下教学模式观念，抗拒使用线上教学模式，也给在线教学的推进带来了一定的困难。

（四）硬件设备不完善，在线学习效果差

烟溪镇地处偏僻，交通不便，城镇基础设施不完善，网络覆盖率较差，很多在偏远山区的学生一方面家里没有智能手机，无法上课；与监护人直接通过电话沟通则成本过高且收效甚微。另一方面学生家庭的手机长期处于没有信号或者信号不稳定的状态，难以参与直播授课且课堂效率低。

四、对策与建议

（一）完善和落实教育发展政策

1. 给予农村教育一定政策倾斜

进一步完善教育发展政策，烟溪镇政府切实抓好地方经济、政治、文化建设，为当地教育提供教育制度方面的支持；在教育发展方面，进一步促进教育公平，加大对农村偏远地区的教育财政支持，加强基础设施建设。在政策层面提供对教育的支持，可以参考教育部现行的高考三大计划，即国家专项计划、高校专项计划与地方专项计划，制订相应的小升初计划，增大农村贫困地区学子接受更加优质、开放、综合的基础教育的可能性。

2. 加强经费、师资、设施投入，公平分配教育资源

百年大计，教育为先。政府应统筹安排城乡教育经费的投入，在促进城市教育走向精英化、现代化、科技化的同时，加强对农村地区的财政倾斜。可以根据学生数量、教师数量、贫困状况等指标分配教育经费，提高乡村教师工资福利待遇，改善师生教学、生活环境。此外，还要针对教学实力薄弱的学校，提供专属的经费支持，组织有规模的支教活动，派出有一定教学经验的老师在一定年限内从事支教。通过支教活动，让学生们在感受到不同教

学方式的同时，也让乡村教师近距离学习到不同的教学方法，提升教学实力。农村教育处于教育领域中的弱势地位，只有这样，城乡教育投入得到公平分配，城乡教育才能均衡发展，才能创造一个有利于农村教师增加的大环境。

3. 家长配合政策变化，密切家校联系

同时，家长也应当积极配合形势政策的变化，针对新环境，及时转变观念，更新管理方式。由于小学生缺乏自制力，因此在居家进行线上学习时，家长的监督管理起到至关重要的作用。作为家长，一方面是要加强自我管理，增强责任心，做好表率，给学生学习提供一个良好的学习环境；另一方面，加强与学生之间的沟通，关注和了解其学习情况和心理状况，敦促学生学习并及时向学校、教师方面做好反馈。努力营造家庭、社会、学校一体化育人氛围。

（二）推动"教育信息化2.0"

根据联合国教科文组织《教育中的人工智能：可持续发展的挑战和机遇》报告，数字教育领域将会在未来10年呈指数增长，数字教育发展是大势所趋。而由中华人民共和国教育部于2018年4月13日印发的《教育信息化2.0行动计划》也正式提出要对教育信息化进行升级。农村小学应推动建设"智慧校园"，建立和完善优秀教学资源整合共享系统，响应国家号召"实现从专用资源向大众资源转变；从提升学生信息技术应用能力向提升信息技术素养转变；从应用融合发展，向创新融合发展转变"。

1. 学校应普及网络教学设施，加强教师网络应用能力培训

学校应优化基础设施建设，加大对信息教学设备、网络服务设施等必备工具的投入，加强校园网建设，购置所需的教学应用软件。此外，也应当对教师进行信息化能力培训，提高教师的信息应用能力。召开线下或线上家长会，指导家长使用家校沟通系统，加强家校联系。

同时，要注重对教师的培训。一方面是更新观念：烟溪镇教师"老龄化"严重，大部分"老教师"固守传统线下教学模式观念，对于线上教学持抗拒态度，同时对于线上学习系统的操作不熟悉。可通过座谈会、交流分享会、观摩示范课等方式，鼓励教师将线上教学引入教学体系，如在线上安排课后练习、拓展等。线上教学系统能有效弥补农村地区教育资源的缺口，教师也能在其中发现更多适合学生的课外练习。同时，在线教学也给孩子们打开了另一扇认识世界的窗户，有利于学生拓宽视野，提升学习能力；另一方

面是召开专业技能培训班，普及操作知识，增强教师对于线上软件操作的熟练程度，为在线学习的推广提供技术条件。

2. 学校间积极合作，鼓励"联校帮扶"模式

由于烟溪镇中心小学与周边学校间存在明显的资源差、信息差，各学校之间可以打破区域划分，发展"联校"方式，学校之间互相借鉴学习，整合教育资源，提升教育水平。建立共同的行政机构，定期召开相关会议，探讨、交流年度教学计划、管理经验、考核制度等，出具共同实施的教学/管理建议书；开展短期限的带教活动，由实力较强的学校派驻教师至实力更为薄弱的学校，或者给予薄弱学校进修名额，一对一结对帮扶。教师资源的流动、外部信息的沟通，有利于提升乡村基础教育质量。

3. 学生应合理、有效运用网络，配合教师线上教学

学生对于线上的学习，应当秉持认真的态度，合理分配时间，将学习、运动、劳动、休闲结合起来，保持身心愉快；在完成线上学习的基本任务之后，可以充分利用线上的资源进行课外拓展，扩大自己的视野和知识面。同时，在开启线下学习之际，及时调整好自身的心态，将自己的注意力转移到学习上来，争取在最短的时间内调整好状态，重新回到课程的学习。

（三）关爱留守儿童

1. 建立留守儿童专属网络数据档案

要想切实帮助、保护留守儿童，首先就要求政府相关部门能精确掌握其基本信息，应当通过走访、谈话、问卷调查等方式，了解清楚每位孩子的家庭、个人生理及心理健康状况、就学情况等，针对每位留守儿童建立专属网络数据档案，并定期重新调查更新，以便其得到更为精准的关注与帮扶。此外，尤其应当对其父母及其他监护人的信息做详细登记，以判断留守儿童具体留守信息。登记备案，区别管理。

2. 多方联动关注、关爱留守儿童

建立学校、村（居）委会等政府扶贫机构的网络系统，做到家庭、学校及政府的协调管理，三方定期沟通联系，分工合作，相互配合，形成全社会齐抓共管的良好格局，尽可能全面地关爱留守儿童。监护人应该关注儿童的身心变化，不仅仅是保障儿童的物质需求，更要重视其精神需求；政府和学校一方面是要做好监督，监督监护人履行职责，另一方面也要参与，将关心关爱留守儿童作为自己责任；社会组织也应当引起重视，加大对留守儿童的

关注力度，努力通过一些陪伴活动引导儿童保持心理健康。

在本次调研活动中，我们发现在广大农村地区线上教育也已经得到一定程度的推广，且以手机等移动终端为主。线上教学作为一种新兴的教学模式，给乡村学校和教师都带来了极大挑战。乡村教师几乎没有接受过网络平台操作的系统培训与学习，对其使用方法和特性的不了解导致了教学互动率低等问题。农村基础设施、硬件设备的不完善也是乡村线上教学的一大难题。贫困乡村地区地域偏僻，交通不便，基础设施不完善，网络覆盖率差，网络信号不稳定，而智能手机、电脑等对农村学生来说也难以负担。农村教育理念落后、组织结构松散、留守儿童数量多占比大等也是当下乡村教育中不容忽视的问题。

为解决农村地区线上教育中存在的问题，我们提出了三点意见：完善和落实教育发展政策；推动"教育信息化2.0"；关爱留守儿童。要做好在线教育在农村小学的推广和实施，是一个长期而艰难的过程，在这个过程中，不仅仅需要政府和学校的参与，社会、家庭、学生，都是这个过程中不可或缺的一环。只有多方合力，在线教育未来在农村方可落地生根。

参考文献

[1] 管佳，李奇涛. 中国在线教育发展现状、趋势及经验借鉴［J］. 中国电化教育，2014（8）.

[2] 彭深宏. 农村中小学留守儿童教育的现状和对策探讨［J］. 科学咨询（科技·管理），2020（9）.

全面建成小康社会背景下
大学生网络支教的调查研究

课题组成员：史文雅，沈小莉，舒孝美，邵泽豪，

陈　卓，姜巧丽，郑亚洲，许嘉铭，

周晓兰，吴明悦，关　蕊，尹　鑫，

徐　敏，彭　芳

指导老师：伍屏芝，谭吉华

摘要：立足于新时代，在情景、分布式认知理论和教学工程理论的指导下，以文献分析、问卷调查、参与观察和半结构式访谈为研究方法，对大学生网络支教宣传、教学、调研三个板块现状进行研究，分析得出网络支教优劣势，提出创新教育观念、注重学生兴趣调研、加强网络教学硬件设施建设、构建大学生支教共享生态等网络支教优质发展新路径。

关键词：全面建成小康社会；大学生教师；网络支教

为促进教育信息化和支教事业的发展、更好打赢脱贫攻坚战，本研究以湖南师范大学 100 多名参与云支教的学生为研究对象，结合情景认知理论等理论，运用调查研究方法，对大学生网络支教存在的问题及其原因进行分析论证，并为网络支教创新提出建设性建议。

一、调研样本基本情况

本研究选取了湖南师范大学的 130 名参与支教的同学进行调查研究。从性别结构来看，男性占样本总量的 18.5%，女性占样本总量的 81.5%，男女数量差距较大。从参与支教大学生年级来看，在调查的 130 名同学中大一年级占比 50.8%，所占比例最多；其次是大二年级学生，占比 31.5%；大三年级学生占比 13.1%；大四年级占比最少，为 4.6%。

大学生短期支教不仅仅包括教学活动，普遍分为教学、宣传和调研三个

部分，经过我们调查，仅负责教学工作的同学占 26.5%；同时负责教学工作和调研工作的人数占比最多，为 29.4%；同时负责教学和调研的同学占比最少，为 17.6%；而三项工作均有涉足的同学占比 26.5%。

二、大学生网络支教现状分析

（一）教学部分

1. 网络教学的优势

（1）教学内容多样化

大学生支教多处于暑假期间，学生经过一学期的学习处于疲惫状态，且教学对象多为小学和初中阶段，年龄层次低。多数支教队在设计教学内容时多以课外趣味课程为主，结合课内课本内容的巩固并配以作业辅导。在对当地学生课本内容和作业进行一定巩固的同时，丰富他们的课外知识，拓展他们的视野和见识，因为没有固定的课程要求，支教大学生在设置课程时主要根据自身所具有的特长出发，将相关的知识系统化构建一个体系，以学生能听懂的方式进行教学。从我们的调查结果看，网络教学资料的主要来源为将自身特长转化的特色课程内容，占比 52.9%。其次为了帮助学生在假期期间不放松学业，部分支教队会安排课本内容的复习，采用的教学资源是教材内容和作业。而从学生的理解能力和兴趣方面出发，较少有人以经典作品为主要教学内容。

（2）教学资源数字化

由于支教不像传统的学校教学，没有固定的课程标准和教学限制，大学生在设置课程进行教学资源建设的时候更具有灵活性，根据学生自身教学经历、访谈内容与前期试调查，将教学资源的建设主要分为媒体素材（图片、音频、视频）、试题（练习、自测或试题库）、试卷（配套试卷、试卷库或在线考试）、案例（代表性事件或现象）、相关的文章和书籍、作业问题解答共六类。

相比于线下课堂板书展示、老师的表情动作、师生之间的互动交流，网络教学更多的是通过共享的页面交流，也就要求教师将页面建设得更加具有吸引力。调查中有 85 个人选择了注重进行媒体类的比如图片、音频、视频等方面的资源建设，访谈中一位同学提到网络教学媒体资源建设的所占比重之大，其原因主要有以下两个方面，首先支教的对象多为小学或初中的学生，年龄偏小，课堂自制力较差，如果对课堂内容不感兴趣很容易走神。而且利用假期时间进行补课容易让他们产生反感和疲惫心理，而图片、音频和视频等方面的资源更易于让他们感兴趣从而更加认真对待课堂。其次，此次采用的线上教学模式，板书和纸质资料难以展示，而这些数字媒体资源通过网络的形式更容易展现和进行教学，因而多数支教大学生着重进行此方面资源建设。

（3）资源使用高效化

为把握网络教学资源建设的实际情况，本研究从网络教学资源的种类、查找、协调性、数量及实用性方面进行了调查，并给出了具体的情况供教师选择，让教师对自己教学资源实际建设状况进行评价。具体网络教学资源的建设与使用情况如下表，我们可以看出，网络资源的完善度、协调性、查找的便利度以及资源的种类数量三方面的情况处于较高的水平，一半以上教师认为自己的教学资源符合要求，而教学资源的实用性及使用频率处于一个较低水平，说明教学资源实际使用情况还有待提高。

表1　网络教学资源实际建设情况表（N=102）

选项	频数	百分比（%）
资源种类齐全，媒体形式丰富	52	51.0
有较好的资源分类设计，寻找十分方便	61	59.8
资源比较完善，各种资源的协调性较高，能够较好的完成教学内容的传递	66	64.7
资源量比较大，在一定程度上为学生提供了一个小型资源库	42	41.2
资源内容的实用性较高，具有较高的使用率	34	33.3
其他	1	1.0

教学资源最终的目的是服务课堂教学，实际课堂效果是重要的衡量标准，教师在收集资源设计课堂时通常会有自己的课堂效果的预想，根据我们的调查，55.9%的同学认为实际的课堂效果是符合自己预想的，9.8%的人认为课堂效果完全符合，而仅有1%的人认为课堂效果并没有自己预期的那么好。总体而言，网络教学过程中教学资源的实际使用情况较好，实际的课堂效果符合老师的预期。

（4）老师上课压力减少

支教队伍中部分老师没有教学经验，站在讲台上面对众多学生会紧张，而线上支教不用与学生面对面交流就会减少一些上课的压力。线上支教能减少前期备课的时长，在备课时可以设计好课堂流程记在纸上，而线下课堂对接下来要讲的内容要提前进行记忆和试讲，花费长时间准备，防止课堂上出现问题。

"网络教学的优势，其实我觉得对老师可能压力比较小，因为比如说因为我们直接网上教学的话，你不一定要视频，你共享桌面就可以了。所以你只要准备好自己的PPT，然后讲义你也可以直接拿在手上，其实拿在手上念也可以，因为同学们也不知道你是在念还是在怎么样，但是如果说是你真正地去到教室上课的话，你肯定是要背讲义的，就是说你不可能拿着讲义去讲台上讲。"（外国语学院　小林）

2. 网络教学的劣势

（1）教学资源使用时无法监测到学生的使用情况

在网络教学过程中教学资源使用存在一些缺陷，主要是无法完全掌握学生实际教学资源使用情况。教学要以学生为主，教师准备的教学资源只有被学生使用和学习才能发挥作用。在网络教学的过程中，由于与学生无法直接接触，难以了解学生的实际学习情况与教学资源的使用情况。其次就是教学资源与平台的契合问题，教师准备的教学资源往往是多种形式的，在展示的过程中会出现问题，难以达到教师预想的效果，从而进一步影响学生端接收到的课堂内容的展示，影响实际的教学效果。

（2）教学模式单一课堂互动少

教学模式主要为"传授—接受"，课堂互动少。网络教学模式是在网络课程目标导向下，为适应网络学习需要，实现以学生为中心的教学所使用的手段或方法。在素质教育背景下，我国教育逐渐强调以学生为主，改变以往老师作为传授者而学生作为接受者的模式，重视培养学生的自主学习能力、合作探究能力、表达与展示能力。但根据我们的调查，在线上授课这种特殊形式下，老师与学生、学生与学生在课堂上沟通首先存在技术上的问题，由于支教时间较短，老师和学生都难以在短时间内学会如何熟练地举手连麦进行交流；其次，由于网络和操作问题，连麦交流往往要花费较长时间，老师对学生端实际的上课情况也不了解，若学生没有在手机旁或因并不想回答而不做理睬则更加影响课堂进行。为了能在有限的课堂时间内完成教学任务，网络支教多以传统的老师讲解、学生聆听为主，同学之间互相讨论、解答问题的模式使用最少。而在此模式中适合的互动便是提问回答，但在实际的教学过程中，没见过面的师生互不了解，尤其老师同时面对许多学生，对每一个学生的姓名有时都不熟悉，在提问时容易遇到冷场，没有人主动回答问题，甚至在网络的帮助下，部分学生被叫到名字也不配合老师回答问题，课堂氛围调动不起来。进而引起的结果就是老师难以掌握课堂情况，难以通过学生的表现判断是否听懂，因为看不到学生的面部表情，作业检查也具有困难。在学生不提问不回答问题的情况下，老师和学生的交流是受阻的，老师不能得到反馈了解学生的掌握程度，还会影响后续教学内容的改善。

表2　教学模式使用情况表（N = 102）

选项	频数	百分比（%）
老师进行讲解，学生聆听	79	77.5
同学间进行讨论，竞争，解答等	33	32.4
学生自主学习，老师进行辅导	45	44.1
老师示范教学，学生模仿	41	40.2
其他	1	1.0

（3）教学活动深受设备网络的限制

网络支教与线下支教最大的不同之处就在于没有去到当地而是通过网络进行线上教学，因而设备和网络的稳定性与可靠性对实际的教学效果产生着重大影响。

首先从教师的设备方面，大多数老师主要使用电脑进行上课，占总人数的88.2%，而主要使用手机进行教学的老师仅占10.8%，调查中仅有一人使用平板进行教学，占1%。电脑在实际备课与课堂展示各类教学资源时更加便利，从而被大多数老师选择，由于2020年疫情的影响没有返校，许多大学生将电脑忘在学校，而且待在老家，网络建设不完善也影响了电脑的使用，使得部分老师采用手机教学。但实际操作过程中手机的便利度和实用性远低于电脑，部分老师的教学会受影响。

从学生的设备、网络使用状况看，网络支教过程中，实际参与学生数较少，且课堂上人数不固定。线上不像在当地学校，有强大的动员性，支教队无法直接面对学生及家长向他们介绍课程和目的，仅能通过手机联系到部分家长。同时，由于学生之前经历过一段时间学校内的网络授课具有一些疲惫和反感心理，家长也担心学生是否利于这个机会玩手机，或者家中缺乏手机等设备以供参与教学，这使原本不多的人数又减去了部分人，导致总的参与支教的人数相比往年少很多。同时，在没有学校按时按点的上下课铃和固定的上学放学时间这种模式化的约束下，许多参与的同学也不能做到完全按时按点到课。支教不像学校教育，具有一定的强制性，支教老师通过网络联系学生非常不便利，不能及时督促学生按时上课和监督他们的课堂表现，对他们的管理和约束效力也更低，即使通过考勤制度，设置惩罚手段或者奖励手段，也不能确保参与学生的按时到课，上课人数不固定。

"线上没办法保证孩子们每天都能按时到课，另外跟家长们这些方面的沟通还是存在一点问题的，每天如果哪些孩子没到，你在群里艾特了他们，或者说是给家长说了，但那些家长可能也忙自己的事情，然后有些孩子可能就没办法来上课，也因为种种原因，所以有时候一个班可能就来不了几个人，会导致人很少，主要还是这方面的问题。"（教科院 小杜）

相比较而言虽然网络不会影响老师的教学，却有很多学生因为网络而不能参与上课。

（3）与队友和学生情谊不深

线上支教少了很多的工作和过程，大家都在不同的地方，日常交流也会更少，除了上课和其他部分工作接触的时间也会更短，总的来说队友感情没有线下支教深刻。线上支教与学生也没有近距离接触，班主任还会与学生接触更多，但其他的代课老师大多仅在上课时间与学生交流，减少了很多下课和放学相处的机会。老师和学生之间也没有更多面对面的深入的交流，尤其一些内向的老师，与学生没有话题可以沟通，甚至还会影响到后续的上课效果。学生也感受不到老师的付出，他们只看到老师在上课和组织活动，但背后的准备过程，和上课时认真的模样不通过面对面是难以感受到的，总体而言师生情谊会浅很多。

"学生老师在通过网络和手机的话，那么那种深厚的师生情感就很难建立出来，很难培养出来。网络它只是通过手机沟通的话，确实会削弱老师谈话的表现力，就是学生没有那么深切地感受到我们老师的付出，或者说你在谈话的过程中，因为你没有一个现场感，没有一个神态，没有共同参与的感觉，所以就对一些老师，尤其是一些男老师或者话没有那么多的老师，则很有可能出现和学生聊不起来的情况。"（教科院 小张）

（4）支教老师参与感和热情会降低

大学生不用去到当地教学，就会缺乏更深层次的对这个地方的人、事和环境的一个感受，再加上很多人有自己其他的事要忙，备课时间也不用很长，虽然减少老师压力提供了更多空闲时间，但同时没有完全投入到一件事中，也会进一步降低老师的参与感和投入度，尤其到中后期，老师和学生都会处于一种疲惫和懈怠的状态，老师的热情降低得也会更加快。

"从老师这方面来说的话，老师的热情培养不起来，或者说是老师的热情在后面可能会消散掉。无论是第一次还是第二次做过这种支教的事情，主要我们在线下的话会对学生有很真切的感受。而且是一种全身心的投入，但线上的话老师到后面的热情就会多少有点消退。"（音乐学院 小刘）

（二）宣传部分

（1）宣传内容多样

在支教过程中宣传内容主要由图片和文字两部分组成。根据我们的调查，图片部分主要围绕上课的内容，最多的部分就是网络教学的截图，其次就是老师和学生自己拍摄的家中上课的情况，往年推送中往往会拍摄到支教当地的美景，但今年由于线上支教没有机会去到当地拍摄。但相比而言网络教学的有关课堂教学的照片相比线下会略显单调。今年相比去年多了一些新的形式，比如采用网络上的美图、队员日常生活中的照片和使用去年拍摄的照片，有一支队伍采用创新的方法，让孩子们拍摄相同的动作拼成一幅图用作宣传，相比去年少了很多照片素材，但对应的形式也更加丰富多彩。照片的内容还是主要围绕教学相关。

（2）材料获取难度适中

由于今年采取网络教学的方式进行支教，这种短期支教的方式是之前从未有过的，同学们在宣传材料获取时也与之前有很大不同，这就要求同学们有所变通，根据我们的调查，今年宣传材料获取难度适中，73.3%的同学并未表达出此方面存在困难，但仍有26.7%的人表示存在一定难度，其中4.2%认为获取宣传内容非常困难，线上支教的课堂都是单一的屏幕截屏，相比线下各样的课堂、操场、村庄等是会减少了很多丰富的内容，但同学们也积极寻找新的素材，在有一些与之前支教不同的内容出现。

（三）调研部分

（1）线上收集资料存在困难

在进行支教活动的同时也需要注意安全，服从统一管理，减少线下活动。加之现在社交媒体的广泛使用，调查过程中问卷的发放和访谈主要通过社交媒体进行，根据调查，81.1%的人通过社交媒体发放问卷，58.8%的人访谈也通过社交媒体进行，43.4%的人通过电话进行访谈。

线上发问卷虽然具有很大的便利性，但同时存在很大问题，所以仍有部分队伍选择线下进行收集，为确保安全也是小范围在家周围进行。一方面，有队伍表示通过互联网发链接进行问卷填写，无法控制被调查者的条件，影响问卷的质量。

"就是在线上收集不到一手的数据。就是没办法发问卷，就算发了问卷也不能控制好样本的条件，不好筛选。"（生科院　小陈）

另一方面，在针对地方做调研时，地方志、相关的文件资料、地方的政策等是非常重要的信息，就需要联系政府相关负责人，但通过网络是很难联系到的，即使联系到了，与工作人员沟通时也非常困难。

"就是很难联系到当地的机构的一些关键人物，然后通过电话或者采访在线上是比较难展开的。"（数统院　小王）

（2）线上调研沟通交流困难

在我们调查中选择人数较多的两项都在于与队友的沟通交流，34 人选择了与队友无法进行面对面的交流，33 人选择了讨论时间不好协调问题。调研是一个需要小组合作的工作，不论是从最开始确定选题，到操作化、调查对象的选取、问卷问题的设置，还是最后报告的形成，都需要大家沟通交流，线上调研大家处于不同的地方有自己的事情，谈论交流是一个很大的问题。

接着就是与被研究者沟通过程中的困难，像"三下乡"的主题多关注当地居民的工作生活学习情况，研究对象多为支教地的学生、学生家长、村民等，他们较集中于一个地方，但网上做调研大家都是分散的，联系调查对象就具有难度，而且我们只能发放电子问卷让他们自己填，难度就会进一步增加，问卷质量也会有所下降。在面对这些困难时，调查者会根据实际情况选择适合调查的项目，从而有些有意义的或者感兴趣却调查难度大的项目就会无法得以实施。

三、网络支教创新相关建议

（一）创新教育观念

网络支教发展受限的一个非常大的原因是教育观念上的落后，没有认识到网络支教对整个教学体系的重要性。网络支教很大程度上只是被作为大学生社会实践活动和学生寒暑假趣味活动，没有意识到网络支教对所支教的学生的素质拓展和对课内教学内容补充巩固提升的帮助作用。政府部门、社会各界应该充分利用当前媒体优势，向社会阐释支教活动对于我国教育发展的重要作用，尤其是对于我国中西部边远地区的教育帮扶作用，转变社会对于大学生支教活动的看法，提升对大学生支教活动的参与度和支持度。并且重点对于教育资源短缺地区的学校充分进行沟通、宣传，使学校充分把握好大学生支教活动对于教学提升的机会，为孩子提供一个特别的学习机会。支教地区的学校、学生家长、学生三方提高对于大学生支教活动的重视程度，为支教活动的开展提供合适的场所，鼓励学生积极参与，并且完善好相关规章制度，使整个教学活动顺利并且有成效地进行，提升各方对于支教的认同感，也使学生对参与到此次活动中更具有获得感。

支教团队也不断加强自身建设，对于支教团队内课程的质量要有所把控，备课、试讲、总结各个方面都要落实好。支教团队成员自身对于支教活动的观念也需要保持对于教育的初心，认真踏实对待支教活动。支教团队可以通过每日例会总结、心得记录、优秀事迹展示、优秀人物宣讲，不断为支教团队内的各个成员提供支教开展的正能量。大学生支教团队成员的自身素质和课程质量都需要保持较高水准，使支教地区对于支教活动的评价向好，并且从中获得相关经验。形成对口帮扶，固定开展支教活动，使整个支教活动制度化。

（二）开展支教培训

网络支教过程中，支教大学生是一个十分关键的因素，网络支教不同于传统的线下教学。在教学方法和课堂呈现上需要有专业的人士进行指导。师范类专业的同学应该充分发挥专业优势，在整个支教团队内起到示范指导的作用。大学生支教团队也应该积极联系高校教师或中小学中有经验的教师对教学过程提供指导，不断改进教学设计，激发支教大学生在课程的趣味性、实用性、专业性上不断创新的热情，提升整个课堂的效果，提升支教课程的质量。

大学生网络支教主要是利用现有市场上出现的各种教学互动软件、视频会议软件或社交软件开展教学，支教大学生应该对于软件的使用十分熟练，能够利用软件设计功能为自己的教学活动开展提供便捷。支教团队应该开展专门的软件使用教学培训，并做好相关考核办法，保证每一个上课的大学生能够熟练运用教学软件进行授课。支教大学生需要创新性地利用好互联网丰富的教学资源，利用互联网教学平台多样化呈现，利用大数据对课堂反馈进行分析，将互联网教学的优势充分发挥出来。支教大学生还需要根据自身的专业和支教学校的需求调整课程设置，确定教学内容的选择和教学顺序的编排，并根据学习者特征和教学时长等因素进行调整和修改。在教学资源与课程设置上，支教团队应做好相应的优秀案例示范，使支教团队成员的教学往优秀案例发展，并且结合课程特点，做出相应的创新举措，并及时总结经验，在整个团队内相互学习借鉴，对方法不断改进。

（三）加强网络教学硬件设施建设

网络设备良好是网络支教顺利进展的前提。在网络教学基础设施建设的资金投入上，除了传统的政府教育投入外，要创新性地引入社会力量进行网络教学设备建设。支教团队要积极联系社会公益基金、爱心人士等等为支教地区的教学设备建设提供相应的资源。

对以往的设备建设方案进行反思总结，对于设备的实用程度、与教学模式的匹配程度、性价比等等方面进行系统标准化评估，针对出现的问题，提出相应的解决方案，提高教学设备的使用体验。支教地区网络支教的设备使用安排进行不断改进，提升集中建设的网络教学设备的使用率，提供相应的教学场所供学生进行学习。因为市场上多媒体设备品牌众多，经销多媒体设备的商家也很多，欲使多媒体教学设备达到较高的利用率，设备的品牌、质量及商家的售后服务能力也是十分重要的环节。在多媒体教室建设的招投标初期，职能部门应该召集有关管理人员和技术人员对所购网络教学设备的类型及品牌的技术参数进行调查和评估，最终让返修率和故障率最低的品牌和技术力量最雄厚及售后服务最周到及时的商家参加招标。在条件允许的情况下，应该培养专门人士对于教学设备进行维护，保证教学设备能够正常使用，并且为能够满足支教过程中的教学需求，对其中设备配置不断进行优化调整。

（四）注重学生需求，加强学生兴趣调研分析

学生上课需求是网络支教效果提升的一个重要的参考点，不同于正常的在校课程教学，网络支教应该在课程的生动性上有更出色的表现，吸引学生参与到教学活动中来。在支教活动开展之前，要对所教授地区学生的兴趣与需求开展调研活动，可以对支教对接学校的老师进行访谈了解，并且对参与支教活动的学生进行访谈与问卷调查，对同学们的兴趣与需求有较深入的了解，作为后续课程设计与安排的根据。

在进行兴趣调研的时候，要关注学生的价值取向，支教老师不能盲目以当前网络娱乐"潮流"作为教学设计中兴趣导向的重点，不能将盲目追星等价值导向带到课堂上来，注意设计整个课堂的思政目标。在教学过程中，老

师也应关注到当前中华优秀传统文化与现代文化相结合的趋势，在教学上多做引导，培养学生的兴趣，根据每一个学生的性格特点或者所长在兴趣培养上做相应指导。在教学设计的兴趣考虑上，支教团队不光是被动接受然后改变，也可以多向主动培养学生兴趣上多下工夫。在教学过程中也要尝试从教学的传输方式来提升课堂兴趣，避免课堂只是一味地灌输知识，应该从听、说、读、写、画等等方式来提升课堂趣味性。兴趣设计也不是一成不变的，不能仅仅参考前期调研工作所得出的统计资料来固定设计教学中的兴趣安排，在教学过程中还要根据同学们的上课反馈时时调整课程内容设计，做到以学生为中心来开展教学。

（五）创新网络教学的教学模式

与传统的线下课程教学相对比，网络教学受时空限制较少。网络教学过程可以更加注重每一个学生的特殊性，改变传统的大班制，一对多的教学模式，采用一对一的辅导式教学。利用"一对一"学习网络环境，学生能在网络和资源库上获得所需课程学习资源，可以不受时空和呈现方式的限制，通过多种设备，使用各种学习平台，获得高质量的课程相关信息，并融入学习中。教师通过提供微课资源，设置相关任务学习单，引导学生开展针对性学习。让学生根据个人需要开展自定进度的学习，即让每个学生都按照自己的步骤学习，取得自主学习实效，提高学习的主动性。教师可以让学生在作业平台上完成相应练习，平台内练习以游戏方式为主，能吸引学生主动参与。在一对一的教学中，支教大学生能更全面地了解所教授学生的上课状态与兴趣需求，以学生发展为本，改变传统的教学关系，建立良好的教辅关系。教学辅导过程是科学性和艺术性的统一体，不应再拘泥于原来课堂的教师与学生之间的等级关系。平等、民主、亲密的教辅关系是创造和谐愉快课堂气氛的基础。对被辅导者像当朋友一样看待，有利于双方在教辅活动中共同合作，使教辅过程更有张力、更有效率、更有活力、更有生命力，可以更好地建立起双方的情感交流，也作为解决相较于线下，线上教学师生情感差的一种手段。

（六）构建大学生支教共享生态

大学生支教活动在各大高校开展都较为普遍，但各个支教队之间的联系都不是非常密切，不同支教团队之间的教学资源也存在信息共享壁垒。因此，大学生支教活动可以搭建起网站、论坛等平台，便于不同队伍之间的学习交流。目前网络支教仍处于探索发展阶段，每一个支教队伍会结合自身实际情况有各自的创新举措，此类创新措施应该共享，各个支教队伍之间相互学习，改进各自教学方式。各个高校的支教队也应该在共享平台内搭建起属于本支教队的主页，仿效 MOOC 模式，对支教活动的教学心得、管理经验、教学资源等进行共享。网络支教与传统线下教学相比有着周期性的特点，这就要求资源必须不断发展变化、更新扩充，不断推陈出新，以学习者的需求变化为指向，在不同的年度，能根据新的文化趋势来调整教学内容。支教共享生态不光是由支教团队的大学生参与构建，也应积极引进教育专家、中小学中有教学经验的教师、学生参与网络资源构建，深入讨论和交流，并运用自身的知识、信息和智慧，对信息进行补充、加工、提炼、优化和整合，及时地捕捉、挖掘、判断以及筛选，实现对学习者隐性资源的有效利用和延续生成，并站在各自的角度提出相应的建议，形成资源的有益补充，实现知识的不断汇聚。不同的支教队可以加强联系，开展精品课堂共享活动，开展线上直播课共享教学，互相分享优质的教育资源。

目前，网络支教还处于初期发展阶段，实践经验与设施基础都有较多不足，面临着众多挑战。但在"互联网＋"的时代背景之下，通过教育信息化，逐步缩小区域、城乡数字差距，大力促进教育公平，解决乡村教育存在的优质教育资源短缺、教育质量有待提高等问题，网络教学将是必然的发展趋势。教学参与各方应及时转变观念，促进政府、社会、学校、家庭的多方协调发展，对网络支教不断创新，使之更好适应当代教育发展要求。

参考文献

[1] 熊才平，何向阳，吴瑞华．论信息技术对教育发展的革命性影响 ［J］．教育研究，2012, 33 (6).

[2] 熊才平，吴瑞华．以信息技术促进教师资源配置城乡一体化 ［J］．教育研究，2007 (3).

[3] 陈大柔，谢艳．高校教育扶贫的问题及对策 ［J］．教育科学，2004 (3).

[4] 王逊，龙雨馨．高校公益支教组织网络化困境的思考 ［J］．当代青年研究，2018 (4).

[5] 李思殿．扶贫顶岗支教：师范教育服务新农村建设的好形式 ［J］．中国高等教育，2007 (10).

[6] 韩淑萍．我国教育均衡背景下教师流动问题的研究述评 ［J］．教育导刊，2009 (1).

关于大学生网络课程
学习体验的调查报告

课题组成员：杨春明，张瀚文，邹璞韬，
沈　薇，向子康
指导老师：焦晓云

摘要：为深入了解大学生网络课程的学习体验及其影响因素，本研究以来自全国高校 799 份有效问卷为样本，进行相关分析、差异性分析和聚类分析，对 4 位不同个体特征的大学生进行了深度访谈。并基于调查中存在的突出问题，从学校、学生、教师角度提出改进建议——学校应该充分考虑办学层次定位和网络时代教育特点，努力创办"云端大学"；学生应该提高信息化学习素养，做"时代新人"；教师则应该加大教学投入，打造精品"云课堂"；学业负担应该合理安排，促成学生的高效学习。

关键词：大学生；网络课程；学习体验

2020 年是特殊的一年，全国高校延期开学，教育部下达"停课不停教、停课不停学"的指导建议，各地高校积极采取行动，全国范围内掀起了史无前例的线上教学浪潮。

一、研究设计

1. 研究方法

研究初期，考虑进行以问卷调查为主的量化研究，后经过文献分析认识到：大规模的问卷调查收集的是静态的学习体验描述。而后我们选取部分对象进行了深度访谈。最后，通过对这些访谈内容的分析确立调研问卷维度。

2. 问卷编制

本研究未借鉴已有的成熟问卷，而是在综合文献研究和深度访谈的基础上自主编制问卷，并通过试测和再测对问卷进行调整与完善，最终形成了较为科学的调研问卷，详细过程如下。

前期，通过文献分析，初步确定了大学生学习体验的可能影响因素。并对文字稿进行词频分析，发现"学习动力""课堂提问""作业""教师""考试"等词汇出现频率较高。最终确定在了解学生性别、年级、学校层次、居住地、教学模式和学习风格的基础上，从学生、教师、环境、学习体验四个维度探究大学生网络课程学习体验及其影响因素。

问卷试测共发放 37 份问卷，通过 SPSS 软件进行了信效度检验。

二、数据统计与分析

（一）描述统计分析

表 1　描述统计分析表

项目	类别	频率	百分比（%）
性别	男	362	45.3
	女	437	54.7
专业	社会科学类	328	40.3
	工学类	234	29.4
	人文科学类	140	17.5
	理学类	97	12.8
您所处的年级	大一	275	34.4
	大二	350	43.8
	大三	129	16.2
	大四	45	5.6
就读高校层次	985	137	17.1
	211	304	38.0
	普通本科	316	39.6
	专科	42	5.3
您的常住地是	城区	489	61.2
	乡村	310	38.8

根据表 1 可看出，在性别方面，男女比例差距不大，分布较为平衡。在专业方面，社会科学类的占比最大，工学类和人文科学类次之，理学类占比最少。所处年级以大一、大二居多，并且就读高校层次主要是普通本科和211。在常住地方面，一半以上的学生主要来自城区。

表2 网络学习情况统计分析

网络学习情况		频率	百分比（%）
在线上学习过程中，老师上课采取的主要方式	录播式	59	7.4
	直播式	559	70.0
	辅导式	4	0.5
	混合式	173	21.6
	其他	4	0.5
学期网课的开课门数	0~4门	38	4.8
	5~8门	413	51.7
	9~12门	284	35.5
	13~16门	51	6.4
	16门以上	13	1.6
每天平均上网课的时长	3小时以内	52	6.5
	3~4小时	180	22.6
	5~6小时	382	47.8
	7~8小时	153	19.1
	8小时以上	32	4.0
适应学习方式时间	一天之内	71	8.9
	两三天	144	18.1
	一周左右	335	41.9
	一个月左右	120	15.0
	完全没有进入	129	16.1
学习方式偏好	独自学习	214	26.8
	合作式学习	341	42.7
	无所谓，均可	244	30.5

根据表2统计分析可知：老师主要采取直播的方式在线进行授课，网络课程的开课数大多为5~8门，极少数的大学生有13门及以上的课程门数。在网课时长上，将近一半的大学生每天需要花费5~6个小时进行网课学习，仅有少数的大学生每天花费3小时以内或者8小时以上的时间在网课学习上。在网课学习的适应上，需要经一周的时间才能适应上网课这种学习方式的大学生占比最大。此外，有16.1%的大学生表示完全没有进入到这种学习方式之中。在学习方式上，大学生更加倾向于与他人合作的学习方式，倾向于独自一人学习这种学习方式的占比最少。

对全国大学生网络课程学习体验各维度进行描述性统计可以得到，大学生学习体验平均得分为3.18分，高于理论中值3分。其四个子维度"学生""教师""学业要求""环境支持"中，环境支持维度得分最高，为3.52分，说明大学生在进行网络课程学习时得到了较好的环境支持。学业要求维度和教师教学维度得分分别为 3.45 分和 3.40 分，均高于理论中值 3 分。学生主体维度得分最低，为 2.94 分，略低于理论中值 3 分。

（二）相关分析

本文为了验证影响大学生网络课程学习体验因素之间的相关关系，采用了 Pearson 分析法对以上项目进行相关分析，借助显著性水平判断学习体验以及影响学习体验这些因素之间是否存在显著的相关关系。结果如表 3 所示。

表 3　大学生学习体验及其影响因素相关系数矩阵

项目	学生	教师	环境支持	学业要求	学习体验
学生	1				
教师	0.522**	1			
环境支持	0.540**	0.586**	1		
学业要求	0.107**	0.162**	0.195**	1	
学习体验	0.705**	0.509**	0.656**	0.111**	1
注：* 表示 $p < 0.05$，** 表示 $p < 0.01$					

学生维度与学习体验均有显著的正相关（r > 0，$p < 0.01$），Pearson 相关系数为 0.705，两者之间具有强相关性。其中，学生维度中的学生学习动力和欲望、师生互动、老师关心、生生互动、学生网课喜爱度及网课收获感与学习体验之间的 Pearson 相关系数分别为 0.550、0.543、0.500、0.519、0.660，均高于 0.5，说明这些方面与学习体验之间存在中等强度及以上的相关性，其中学生网课喜爱度及网课收获感与学习体验之间的相关性最强，老师关心与学习体验之间的相关性最弱。

教师维度与学习体验具有显著正相关（r > 0，$p < 0.01$）。其中，教师维度中的教师上课投入、设备熟练度、上课水平与学习体验之间的 Pearson 相关系数分别为 0.423、0.308、0.512，均处于 0.3 ~ 0.6 之间，说明这些方面与学习体验之间存在中等强度的相关性，其中老师上课水平与学习体验之间的相关性最强，设备熟练度与学习体验之间的相关性最弱。

环境支持维度与学习体验具有显著正相关（r > 0，$p < 0.01$），皮尔逊相关系数为 0.656，两者之间具有强相关性。其中，环境支持维度中的学习资源丰富度和有效性、家人支持、网络稳定性和流畅度、学习平台设计与学习体验之间的 Pearson 相关系数分别为 0.555、0.556、0.424、0.437、0.607，均处于 0.3 ~ 0.6 之间，说明这些方面与学习体验之间存在中等强度的相关性，其中学习平台设计与学习体验之间的相关性最强，网络稳定性和流畅度

与学习体验之间的相关性最弱。

学业要求维度与学习体验具有显著正相关（r > 0，p < 0.01）。其中，线上学习作业量和难度与学习体验之间相关系数为 0.091，小于 0.1，说明这二者之间存在极弱的相关性；平时成绩考核要求和烦琐度与学习体验之间的Pearson 相关系数为 0.104，说明这二者之间存在极弱的相关性。

（三）差异性分析

据分析，不同性别的大学生在网络课程学习体验上存在差异，女生相比男生认为线上教学在将来会有更好的发展，男生相比女生认为自己在网课学习中获得大的收获和进步。不同常住地的大学生在网络课程学习体验上存在差异，居住在城区的大学生的学习体验优于居住在乡村的大学生。不同年级的大学生在网络课程学习体验上存在差异，大二年级 > 大四年级 > 大一年级 > 大三年级。就读于不同高校层次的大学生在网络课程学习体验上存在差异，专科 > 985 > 普通本科 > 211。老师不同的上课方式对于大学生网络课程学习体验存在一定影响，直播式 > 录播式 > 辅导式 > 混合式。网课开课数的不同，大学生网络课程学习体验也存在不同，大致上呈现出这样的情况：网课开课门数越多，其学习体验就越好，但当网课开课数超过 16 门后，其学习体验逐渐变差。在网课时长上，大学生每天花费在网课学习上的时间越长，其学习体验就越好。在网课学习适应时长方面，大学生适应网课学习这种学习方式的时间越长，其学习体验就越差。采用不同学习方式的大学生在网络课程学习体验上存在差异，倾向于独自一人学习的大学生的学习体验最好，倾向于小组合作学习的大学生学习体验最差。

三、结论与建议

（一）研究结论

通过以上分析，本文主要获得了以下两个方面的研究结论：

结论 1：大学生个体特征对网络课程学习体验的影响。

从性别来看，男生（M = 3.19）相对于女生（M = 3.17）的学习体验存在显著性差异，且从均值来看男生体验优于女生。说明男女生表现在思维方式、学习风格、适应变化等方面的差异可能会对学习体验产生影响，课程实施时需要特殊分析，在信息化时代"因材施教"。

从常住地来看，常住在城区（M = 3.24）的大学生的网络课程学习体验优于常住在乡村（M = 3.08）的大学生。说明"教育 + 互联网"的教学模式虽然在某种程度上弥补了地区间教育不平衡，城乡二元制体制在教育领域呈现出的弊端促进我们思考：剔除了网络和设备影响，城乡在线教育为何仍表现出差异？可能是哪些原因？如何进一步改善以促进我国新时代教育的整体均衡发展？

对此，有一位访谈同学的看法，值得我们关注：我在新冠突发期间有段时间住在乡下的爷爷家里，那时候家里的网络时好时坏，上网课的时候老师声音有时断断续续的，根本听不清楚，然后上课回答问题也不方便，有时候遇到网络特别不好，就会到处搜信号，还挺烦的，更不要说什么学习体验了。而且，在乡下学习好像更没啥学习的氛围，感觉心理距离都和老师、同学远一些了，没什么参与感。

从年级来看，大二（M＝3.25）年级的学生的网络课程学习体验略高于大一（M＝3.13）、大四（M＝3.14）和大三（M＝3.11）年级的学生，且经方差分析显示各年级间学习体验存在显著性差异，说明随着大学年级升高，学习的风格、思维、态度、情感等方面都呈现出异质性的特点，这就提醒我们切不可对所有本科年级实施"一刀切"，要意识到不同年级学生的发展情境和教育需要。

对此，有一受访谈的同学如是说：

我已经大三了嘛！在寒假也是反思了自己的前两年学习，有些方面还挺后悔的，想着这个学习得努努力，结果事与愿违，学了一个学期都感觉像是没开学一样，到期中了还在问老师什么时候能开学。而且，刚好这个学期我们要实习，搞线上实习又是不现实的，就推迟了实习计划，然后又排了一些课。我自我感觉是挺混乱的，而且又开始考虑起了就业问题，有很长一段时间情绪都很低落，都怀疑自己得抑郁症了。

从高校层次来看，就读于专科（M＝3.40）的大学生在网络课程学习体验上优于就读于"985"（M＝3.18）、普通本科（M＝3.18）和"211"（M＝3.15）的大学生。为什么相对更高办学层次的"985"和"211"类大学学生的学习体验反不及专科学校呢？一方面，前一类大学的学生可能更关注自己的学习且保有更高的学习体验期望，而新式的教学模式客观存在着适应和实施困难，导致了"理想"与"现实"的落差。而后一类大学的学生因线上教学模式与前类大学的学生在教育性环境支持、学习资源等课外学习活动方面差距被客观拉近，导致二者因课外学习、校园环境而带来的体验差距被某种程度上抹平，进而学习体验相对较好。

从上课方式来看，学习体验从高到低为直播式（M＝3.21）、录播式（M＝

3.18)、混合式（M = 3.11）、辅导式（M = 2.70）。一方面，这也直接体现出了老师对于课程教学的投入和参与度的效用，一般来说直播与录播的教学形式需要老师更多付出和投入，直播教学有着与学生更多的交流，学生体验到更多的参与感，有更好的学习体验。教师和学生要充分挖掘多种教学形式的可能性，借互联网发展从被动化为主动适应、促成教学模式转变。

从课程数量和每日学习时长来看，据分析数据可知，学习体验和网络课程门数与每日学习时长呈现出大致正相关，即课程越多、时长越长，学生学习体验越好。

对此，有一位受访者如是说：

其实我感觉体验还行，虽然课很多。但是由于之前一直没开学，然后一直待在家里，也挺没意思。我刚上大一，高中的时间一直是被人安排的，到了大学没人管我了，拥有自由之后生活却变颓废了。哎！还是自制力不行吧！在家里感觉一直在浪费时间，挺焦虑的。不过开始上网课之后就好多了，每天都有很多任务，刚开始不适应，后来就觉得挺好的，至少每天都过得很充实，然后也能和同学、室友交流，还是学了一些东西。

这也印证了陈宝生部长提出的"本科生合理增负"之号召，更多的学习负担可能反而更能提高学生学习体验，将学生从"颓废"的"自由生活"里拉回来，回到紧张有序的学习生活，更可能让学生感受到价值感和意义感，进而提高了学习体验。

从学习风格来看，倾向于独自学习的学生学习体验高于倾向于小组合作学习的同学。部分学者认为"线上教学模式更利于开展小组合作学习"，而本研究结果与之相反。究其原因，一方面可能是学生尚未适应线上教学来开展小组合作，另一方面可能由于无法面对面交流讨论，社交压力和心理负担的减弱消解了部分组织、合作、情感的投入和必要，两方面共同影响了学习体验。

结论2：学生、教师、环境支持和学业要求四个维度对大学生网络课程学习体验的影响。

根据相关分析，学生、教师、环境支持、学业要求四个维度与学习体验之间存在着显著的正相关。

从学生维度来看，下设五个题项与学习体验的相关性系数从高到低为学生对网课的预期（0.660）、学习动力和欲望（0.550）、师生互动（0.543）、生生互动（0.519）、老师关心（0.500）。整体上，五个题项都呈现出中度正相关。

关于网课预期，有受访者如是说：

我进行了一学期的网络课程学习，其实在以前，我就不是特别喜欢网络课程学习这种学习方式，我觉得只有上线下的课我才会有上课的感觉，线上的话经常会走神想其他的东西。所以这一次的网络课程学习，可能受先入为主的想法的影响吧！我并不是能够很好地去接受和适应这种模式，总感觉怪怪的。

从教师维度来看，下设三个题项与学习体验的相关性系数从高到低为上课水平（0.512）、教师上课投入（0.423）、设备熟练度（0.308）。从上文数据看出，教师设备熟练度普遍较高，说明高校教师信息化素养整体较好。此维度中，相比之下相关性最强的是教师上课水平，说明无论是线上线下，高质量的教学依旧是影响学生体验的关键性因素。

在访谈过程中，有两位学生分享了自己对网课教学中老师教学水平的评价：

虽然我们在今年上半年的线下学习受到了限制，但是在上网课时，我觉得老师的上课还是很不错的，特别是有一位专业课老师。虽然是隔着屏幕上课，但老师很用心，而且同学们的参与都蛮多的，听课的时候经常有启发，就觉得很有收获，一个学期下来已经深深佩服那位老师了。

我学的是数学专业，有些老师在讲题目时，不用屏幕共享，有些公式也不能随时推导，他总是直接给我们口述一下推理过程，就听得云里雾里的，一个地方没懂的话后面就像是听"天书"了，而且经常课后还得花一些时间来补课。

从环境支持维度来看，下设五个题项与学习体验的相关性系数从高到低为学习平台（0.607）、学习资源获取能力（0.556）、学习资源感知程度（0.555）、网络流畅性与稳定性（0.437）、家人支持（0.424）。

在访谈过程中，有一位学生分享了关于网课平台设计的看法：

我的专业一共有 7 门专业课，我以为上网课软件学校会统一安排一下，谁知道全都是老师自己选择，我整个学期的网课学习一共使用了 6 个 APP，刚开始上课时真的很头痛，因为每个学习 APP 的页面不一样，不仅记不住哪门课用哪个软件，而且也记不住那些软件该怎么操作，有些页面设计得花里胡哨，有的进去还得看一段广告，很是复杂，好好的学习兴趣就被这些软件给"消磨"了。

从学业要求维度来看，下设两个题项与学习体验的相关性系数从高到低为平时成绩考核要求（0.104）、作业任务量与难度（0.091）。整体来说相关性不强，说明虽然学业要求有所变化，但也不是学习体验的主要影响因素。

（二）研究建议

其一，学校充分考虑办学层次定位和网络时代教育特点，努力创办高质

"云端大学"。不同层次的高校在互联网时代的冲击下，需要有不同的应对措施。一方面，较高办学层次的学校已有相对的资源优势，且学生的基础、态度、能力相对较好，学校切不可辜负学生"期待"，要充分分析线上教学的特点，使自己线下的教学优势得以线上化、数字化。例如，鼓励教师录制优质课共享资源、指导学生开展小组合作学习、充分开展线上合作学习、主办线上讲座并将学习方式入口充分宣传、硕博士研讨会或论文答辩线上直播……力求多层次、多维度地办好一所世界一流的"云端大学"，真正实现"时时学""处处学"。另一方面，其他层次的学校要特别抓住此次追赶机遇，在发展本校优势资源的同时，积极共享、学习其他学校的更优质资源，力求形成异质性竞争力，打破过去学校层次划分阴影，二者合力打造水平均衡、内容异质的中国大学群。

其二，提高学生信息化学习素养，培育"时代新人"。经本次突发性公共卫生事件被动"考验"，本研究发现无论是教师还是学生，都掌握了一定的信息化学习素养，都能熟练地使用网络设备获取信息。而且，网课的设备普及度和网速随着我国居民生活水平提高以及5G的到来，都不再成为教育迈向信息化时代的障碍。但从"学习资源丰富感受度"和"学习资源获取能力"两个题项可以发现，大学生的信息化学习素养有待从深度上提高。信息化学习素养不单是熟练使用网络设备、查找资料等操作性技能，更是态度、情感、行为、习惯等全方位能力要求。首先，大学生要意识到信息化时代充分利用互联网学习是必然趋势，意识到信息化学习素养养成的重要性和必要性；其次，学校要致力于学生信息化学习素养能力的提升，可通过课程教学、讲座、社团活动、竞赛等形式，围绕学习资源获取渠道、学习资源检索方法、学习资源评价方法等各方面展开，毕竟只有"会"，才能"重视"和"喜欢"；在前二者基础上，学校要注意引导学生养成信息化学习的习惯，例如，将过去纯线下的课程改为线下与线上结合，给学生更多的适应和接触线上学习机会。相信当借助互联网学习成为习惯，出现能担大任的"时代新人"便指日可待。

其三，教师加大教学投入，打造精品"云课堂"。从"教学水平"和"教师投入"两个题项可以看出，老师的"教"仍旧是左右学生学习体验的关键因素。一方面，国家和学校要对高校教学提供更多、更充分的制度性支持，让教师无顾虑、有动力地投入教学。另一方面，教师严要求、多钻研：一是掌握并不断提高传统教学技法，二是依据线上教学特点，研创出新的教学模式。可从加强师生互动、课后讨论、小组学习、情感关注等方面着手，打造精品"云课堂"。

　　其四，合理安排学业负担，促成高效学习。从"网课开设门数"和"网课学习时长"两个题项可以看出，某种程度上，本科生对学习负担的承受度是很高的，较高的学习负担可能会成就更高的学习体验。中国的大学生多是历经高考的大学生，从高三"释放"出来的学子很容易在大学丧失目标变得颓废。因此，高校需要根据学生、专业、年级等特点，适当地增加学业负担，推动学生在学习过程中拥有更好的学习体验，进而推动学生学习质量的提高。值得警惕的是，学业负担的调整不是一味加压，所谓"水课""充人头讲座"等影响学习的纯负担需要剔除，更多的是需要高强度、高投入、高收获的学习负担实现。

参考文献

[1] 童庆炳. 经验、体验与文学 [J]. 北京师范大学学报（人文社会科学报），2000（1）.

[2] 罗祖冰，郭超华. 知识学习的体验属性及其教学意蕴 [J]. 教育研究，2019，40（11）.

[3] 胡永斌，黄荣怀. 智慧学习环境的学习体验：定义，要素和量表开发 [J]. 电化教育研究，2016.（10）.

[4] 李奉华，杨雪，黄海林. 基于 RIA 技术的网络学习者体验分析和模型设计 [J]. 现代教育技术，2010.（8）.

[5] 陈武元，贾文军. 大学生在线学习体验的影响因素探究 [J]. 华东师范大学学报（教育科学版），2020，38（7）.

第四部分　中国特色社会主义社会发展篇

湖南农村留守儿童
性教育现状及对策研究

课题组成员：徐竹芳，薛纪萍，李湘雨，
肖星南，荣浩浩
指导老师：邢鹏飞，李　琦

摘要：传统观念根深蒂固、家长认知水平不足、学校课程体系不完善、社会机构运行机制不健全等因素，造成了家庭性教育、学校性教育、社会性教育不健全的问题。而信息获取渠道冗杂、不良网络资讯的错误引导又导致青少年形成了对性的错误认知，基层性教育发展面临困境。促进基层性教育普及需要家庭、学校、社会三方共同努力，形成"家校社联动"的有效教育模式，打造三位一体的性教育普及体系和完整高效的全媒体传播矩阵，促进农村留守儿童形成正确的性认知和性观念，引导其健康成长。

关键词：农村留守儿童；性教育；家校社联动

受中国传统观念的影响，人们对于"性"往往避而不谈，性教育也成为一个略显敏感的话题。近年来，媒体报道的青少年被性侵案件层出不穷，性教育普及迫在眉睫，而对于缺乏父母陪伴和系统知识学习的留守儿童来说，性教育缺失尤为明显，基层性教育急需探索一条切实可行、科学高效的发展之路。

一、研究设计与实施

（一）研究意义

1. 排疑解难，普及性教育知识

引导调研地留守儿童对生理健康知识形成正确认知，帮助其排解在两性交往过程中的心理困扰，关注湖南农村留守儿童的身心健康，帮助其增强自我防范和自我保护意识。

2. 分析问题，提出可行性建议

通过对农村留守儿童就读学校和所在家庭的走访调研，分析得出调研地

性教育缺失的原因，并针对发现的问题提出相应的意见，填补当地家庭性教育和学校性教育面临的"真空"。

3. 推进发展，呼吁全社会关注

通过与学校负责人及家长的交流，引起其高度重视，引导家长和学校负责人形成正确的性教育观念，共同致力于性教育知识的普及和宣传，改变当地落后的传统性教育理念，加强思想文化建设。通过调研引起全社会对青少年性教育问题的更多关注，加强社会对农村留守儿童这一弱势群体的保护和关爱；推进我国中小学性教育的发展，形成以学校为主，学校、家庭、社会三者相结合的性教育模式，引导青少年形成符合中国国情的性道德、性伦理和性文明观念。

（二）核心概念："留守儿童"及"性教育"

《国务院关于加强农村留守儿童关爱保护工作的意见》中将"留守儿童"定义为：父母双方外出务工或一方外出务工另一方无监护能力，无法与父母正常共同生活的不满十六周岁农村户籍未成年人。

性教育即有关性的教育，包括生理、心理、社会等层面，其内容涵盖生理学知识、性别认同的心理发展、两性亲密关系等相关知识。性教育能够使青少年获得准确且适龄的知识，养成正确的态度和技能，建立积极的价值观。

（三）研究综述

青少年性教育问题近年来逐渐成为国内的研究热点。例如，潘绥铭等基于全国范围内的调查结果分析了当今中国性教育匮乏及青少年性知识存在谬误的现状；王曦影等梳理了新世纪以来中国青少年性教育研究的主要进展，主要结论包括青少年性早熟但性教育滞后、学校性教育依旧发展缓慢、父母支持性教育但害怕成为教育者、青少年性实践超前但性观念滞后；刘敬云等基于小学性教育课程的对比实验分析了性教育对学生性健康知识和性别刻板印象水平的影响；张红梅等调查了家庭性教育中家长的态度与行为上的差异，得出了经济地位与性教育意愿呈正相关的结论以及存在的"重女轻男"现象等；王晓琪等梳理并分析了网络性教育实施的可能性及有效措施。总之，现有研究对当下国内的性教育现状及青少年的性认知做出了多角度的分析，对存在的问题及解决措施进行了深入探讨；但对于特殊人群和弱势群体的关注不足，对涉及不同方面的性教育之间的协同关系分析较少，综合考量不够充分。

（四）研究方法

文献研究法。阅读有关家庭性教育现状、留守儿童性教育现状和学校性教育内容与途径探析的文献，对相关文献中的数据和理论进行二次分析。

问卷调查法。调查问卷由团队成员共同拟订、修改，在进行小范围试投放后，最终设计出可行的青少年版与家长版两份问卷，以了解青少年群体及家长群体对性教育的认知程度和态度。

深度访谈法。调研小组对当地的学校负责人、家长代表和学生代表进行了线下面对面访谈，共采访青少年 17 人，家长 14 人，老师 4 人，访谈内容主要为受访者对性教育的具体看法。

（五）研究过程及研究对象

本团队于 2020 年 7 月 26 日至 8 月 6 日期间，分小组前往芷江侗族自治县、涟源市湄江镇、邵阳市城步苗族自治县、株洲市攸县新市镇开展调研活动。调研对象基本情况见表 1。

表 1　调研对象基本情况

变量	类别	频数	比例	变量	类别	频数	比例
学生性别	男	425	51.45%	家长性别	男	211	28.83%
	女	401	48.55%		女	521	71.17%
学生年龄	7~10	152	18.4%	家长年龄	20~30	67	9.2%
	11~14	557	67.43%		31~40	492	67.2%
	15~18	117	14.17%		41~50	147	20.1%
					51 及以上	26	3.5%
学生年级	1~3 年级	88	10.65%	家长文化程度	初中及以下	532	72.68%
	4~6 年级	249	30.15%		高中或中专	166	22.68%
	初中	489	59.20%		大专	25	3.41%
					本科及以上	9	1.23%
家长职业	农民	349	47.68%	家长年均收入	1 万元以下	208	28.42%
	工人	70	9.56%		1 万~3 万元	237	32.38%
	教师	9	1.23%				
	个体户	50	6.83%		3 万~7 万元	173	23.63%
	自由职业	169	23.09%				
	无工作	85	11.61%		7 万元以上	114	15.57%

二、湖南农村留守儿童性教育现状

（一）湖南农村留守儿童性教育现状描述

1. 家庭性教育现状

（1）亲子间性知识交流现状

问卷结果显示，在填写问卷的 732 名家长中，仅有 61 位家长在日常生活中经常向子女普及性教育知识；有 250 位家长表示从来没有跟子女普及过性教育知识，一方面是因为自身对相关知识不了解，另一方面则是因为传统观念影响，不好意思跟子女讨论相关话题，他们认为"孩子长大了自然就懂"，还有部分家长认为性教育会诱发性行为，从而刻意回避此类问题；203 位家长表示只对子女讲解过相关知识 1～2 次，他们认为学校开设的生理健康课程足以让孩子学习到相关知识。仅有 218 位家长偶尔给孩子讲述性教育知识（3次以上）。由此项数据可看出，四个调研地家庭性教育都十分缺失，只有少部分家长在日常生活中有向子女讲解生理健康知识的意识，而在大部分家庭中，家庭性教育是被忽视的。

（2）家长对性教育的了解程度

分析问卷结果可知，填写问卷的 732 名家长中，表示自己不了解性教育的家长占总人数的 79.92%，表示"了解一点，不全面"的家长占总人数的 10.38%，表示"十分了解"的仅占 9.7%，由此可见，调研地大部分家长对性教育的了解程度不够，这便会加大家庭性教育普及的难度，从而使家庭性教育在青少年成长过程中无法发挥本应承担的重要作用。同时，家长不了解性教育或对性教育有误解也会加大学校性教育和社会性教育普及的难度。

（3）家长对普及性教育的态度

填写问卷的 732 位家长中，有 693 人认为跟子女普及性教育很有必要，同时有 39 人认为当前孩子年龄尚小，暂时没有必要跟孩子普及性教育知识。从调查结果中可以看出，调研地大多数家长充分认识到了性教育在青少年成长过程中的重要作用，这十分有利于当地性教育的普及，但认为普及性教育知识很重要的 693 位家长中，有 429 位不知道如何进行性教育知识普及，这便体现出农村地区性教育发展的先天劣势——认识到了性教育的重要性，但因为自身知识储备、传统观念、亲子关系等多重因素的影响而难以采取有效措施。

整理问卷结果可知，对学校开展性教育课程持支持态度的家长有 669 人，占总人数的 91.39%，一方面是因为这些家长在外务工，缺少与孩子的交流和沟通，认为学校能够为子女提供更加科学、全面的性教育知识讲解；另一方面则是因为家长自身对相关知识不够了解，希望孩子能在学校课程里学习到更多有用的知识。但同时，仍有 8.61% 的家长不支持学校开设性教育课程，他们认为"性教育"是一件十分隐私的事，没有必要在公共场合让青少年接触此类信息。由此可知，虽然大部分家长已经认识到了性教育的重要性，但仍有部分家长由于传统观念影响而对性教育有所误解，认为性教育是指"性器官""性行为"的教育。

2. 学校性教育现状

通过实地走访，调研队员了解到四个调研地中部分中小学开设了生理健康课程，但多以班会的形式开展，课程体系并不完善，学校也不具备专业师资力量，更有部分学校从未开展过此类课程，学生对性相关知识一无所知。

表2　被调查者（儿童）所在学校是否开设了生理健康课程

类别	频数	百分比	有效百分比	累积百分比
具体且系统的讲过	271	32.81%	32.81%	32.81%
上过课，但只是简单讲了讲	341	41.28%	41.28%	74.09%
没有上过课	214	25.91%	25.91%	100%
合计	826	100%	100%	100%

分析表2中数据可知，在四个调研地中，虽部分学校开设了生理健康课程，但开展效果并不好，同时还有部分学校并未开展过相关课程，这便体现出调研地学校性教育十分缺失。

（二）湖南农村留守儿童性教育问题及原因

1. 湖南农村留守儿童性教育问题

（1）青少年获取信息的渠道冗杂

调研地儿童获取性教育知识有多种途径，其中通过学校课程和父母教育学习性教育知识的占大多数，分别为 546 人和 429 人。通过与同龄人谈论、互联网信息、书籍和影像作品获取相关信息的共有 381 人，通过各种片段信息逐渐了解相关知识的有 43 人，通过不良书刊获取信息的有 8 人。根据调查结果可知，当地青少年获取相关知识有多种途径，但信息来源主要是父母和学校，这也充分体现出家庭性教育和学校性教育在青少年形成科学的生理健康观念中发挥着重要作用。但同时，有 8 人表示自己曾通过不良书刊获取信息，虽然相对于样本总数而言数量并不多，但这从侧面反映出调研地青少年中仍然有人通过不良途径获取性教育知识，也体现出促进基层性教育发展的重要性。

（2）青少年对"性"存在排斥态度

填写调研问卷的826名当地青少年中，有60.42%的人表示自己不会跟周围的人谈论"性"，其中31.48%表示自己不愿意跟周围人谈论性的原因是对有关"性"的问题十分反感，28.94%的人则表示自己对性相关话题很害羞。表示愿意与周围人谈论"性"话题的青少年中也仅有18.64%。其余20.94%的人则是只听别人谈论而不参与发言，这体现出调研地大部分青少年对于"性"的认知存在偏差、对"性"相关话题持排斥态度，他们往往因为感到害羞或心理反感而拒绝接触性教育话题，这也在一定程度上加大了当地性教育普及的难度。

2. 湖南农村留守儿童性教育问题的原因分析

（1）"性羞耻"传统观念根深蒂固

调研地均为经济并不发达的农村地区，居民受教育程度不高，思想观念相对落后，当地常住居民中以留守儿童和中老年人居多，受传统观念影响，"性教育"在当地是一个陌生词汇，甚至有许多家长表示性教育是禁忌、在公开场合谈"性"是羞耻的，性丑化的现象更是屡见不鲜。家长在日常生活中刻意回避性教育话题，青少年就会在潜意识里认为"性"是不应该被认知的，从而产生对"性"的排斥和轻视。另一方面，在基层地区，当"性"成为敏感词时，便很少有人愿意打破常规，当地性教育宣传也会十分薄弱，这便使青少年对"性"更加陌生，基层性教育现状也会更加严峻。

（2）家长文化程度普遍较低

表3　被调查者（家长）的学历

学历	频数	百分比	有效百分比	累积百分比
小学	86	11.75%	11.75%	11.75%
初中	446	60.93%	60.93%	72.68%
高中或中专	166	22.68%	22.68%	95.36%
大专	25	3.41%	3.41%	98.77%
大学本科	8	1.09%	1.09%	99.86%
研究生	1	0.14%	0.14%	100%
合计	732	100%	100%	100%

如表 3 所示，填写问卷的 732 名家长中，初中及以下学历占总人数的 72.68%，大学本科及以上学历的人数仅占总人数的 1.23%。调研地均是经济、文化欠发达地区，家长中外出务工人员居多，大多数家长学历不高，这也在一定程度上导致家长们性教育知识普及意识不强，部分家长没有向子女传授性教育知识的意识，另外一部分家长则是有意识而无能力，家长自身的受教育水平和文化程度对子女的成长教育有着重要影响。

（3）留守儿童群体数量庞大

此次调研所选取的四个调研地均为经济欠发达地区，当地主要劳动力大多数前往省外务工，在填写调研问卷的 732 人中，共有 357 人表示自己的子女跟随爷爷奶奶或外公外婆生活，占总人数的 48.77%；279 人表示自己的子女跟父母某一方共同生活，占总人数的 38.11%，另外，在寄宿学校生活和跟随其他亲人生活的青少年共 96 人，占总人数的 13.12%。父母长期在外，缺少跟子女的交流与沟通，便会不了解子女在成长过程中的烦恼与需求，同时，缺少父母的陪伴，青少年在成长过程中便缺乏有效的沟通和正确的引导，从而更易形成孤僻性格，对"性"产生错误认知，此时家庭性教育的缺失便尤为显著。

（4）学校缺乏专业师资力量

本次调研共实地采访了 4 位当地中小学老师以了解调研地中小学生理健康课程开设情况及学校对性教育的重视程度。接受采访的 4 位老师均表示学校曾开展过性教育相关活动或开设了生理健康课程，但活动及课程效果并不理想。限制基层中小学性教育课程开展的一大因素便是缺乏专业人才，学校缺乏资金进行人才引进，而现有教师队伍又无法达到专业的授课水准，这便使当地许多中小学性教育课程形同虚设，既不能满足学生需求，也无法达到学生家长的期望。

三、湖南农村留守儿童性教育的对策建议

（一）家庭教育方面

1. 改变传统观念，形成正确认知

家庭性教育相对于学校性教育和社会性教育具有天然优势，家长在日常生活中能够以最直接和自然的方式影响孩子对于性的认知和态度。如果家长本身对性教育存在误解，或受传统观念影响而刻意避开性教育话题，子女在

成长过程中便无法获取相关知识。促进子女健康成长、正确看待"性"，需要父母及时更新性观念，不断提升自身的性知识水平，正视"性"的客观存在，不要刻意回避或抵制，更不要认为只有学校需要承担性教育的责任。

2. 加强亲子沟通，了解具体需求

性教育不是色情，回避话题更不是保护，给予孩子更多关注和陪伴，以平等的身份与其交流，这样才能在孩子成长的过程中及时发现他的困惑、了解他的需求。刻意回避、遮遮掩掩反而容易促使青少年对"性"形成错误认知，产生性恐惧和性回避心理。通过加强亲子间的沟通，父母和子女才能够站在平等的位置上对性和生理进行公开探讨，具有高度个体性和私密性的性问题此时也得以在家庭这样一个自然的性教育场所中变得公开、透明，这既有利于子女形成对性问题的正确认知，也有利于构建健康、和谐的亲子关系。

（二）学校教育方面

1. 开设专业课程，合理设置课程结构

建立完善的课程体系，针对不同年级学生合理规划课程内容，打破传统观念的束缚，改变男女生分开上课的方式，严格落实课程安排、严格完成具体课时要求。课程内容要由浅入深，除了基本生理健康知识的讲授外，还要注重性安全知识的普及和两性平等、性权利、性法律知识的传授，从而让学生增强自我保护的意识，帮助其远离性侵害，让学生不仅能够形成对生理卫生的正确认识，也能促进其形成正确的性别观，塑造健全的人格。

2. 选择适用教材，提升课堂教学效率

完善教材是中小学开展性教育课程的一大难点，在以往的生理健康课程中，有的学校没有教材，有的学校使用高中生物教材授课，这对青少年来说难免有些晦涩难懂。学校性教育课本应根据不同地域的风俗、文化、学生当前认知程度及接受能力来进行编写，以此来使课本内容更具针对性，从而提高课堂教学效率。学习国外经验，引进绘本教育，通过出版针对不同年龄阶段青少年的性教育画册来达到性知识普及的作用。

3. 收集课程反馈，了解课程开展效果

学校在合理安排课程、完成授课任务之外，还需要及时收集和整理课程反馈。其目的在于评估课堂开展效果，了解学生对每次课程内容的看法，从而总结课程开展中的不足，更具针对性地对不足部分进行调整和完善。同时，也可以在收集课程反馈时了解学生希望在下次课程中了解哪些知识，从而对课程内容安排进行优化调整。

4. 关注学生成长，设立校园心理辅导室

留守儿童群体因父母在外务工而常常会产生"孤独感"，如何在青少年成长的关键期引导其树立正确的观念成为学校工作的一大重点，在设置固定课时的生理健康课程之外，设立心理、生理辅导室成为基层学校促进性教育普及的一个重要举措。辅导室内配备 1～2 名专业老师，学生在有相关困惑时便可前往辅导室与老师进行交流，老师再对其进行科学、合理的疏导，这有利于青少年在面临困惑时能及时获得解答，也有利于学校性教育的全方位开展。

5. 进行专业培训，加强师资队伍建设

各基层学校应不断引进专业人才负责性教育课程的授课，打造专业师资队伍，提升学校的教学水平。在引进专业人才的同时，还应加强对学校全体老师的专业培训，使其形成对性教育的正确认知、了解性教育基本知识。在学校性教育中，只有老师对性教育高度重视，学生才能形成对性教育的正确认知和正确态度。

（三）社会机构

1. 扩大活动开展范围，提升机构影响力

目前我国许多地区都已创立本土性教育公益机构，但真正被大众熟知的却寥寥无几，机构知名度和自身影响力成为限制性教育公益机构发展的两项重要因素。要想提升知名度，首先便要完善活动策划，用高质量活动效果来引起大众对本项目的关注；其次，性教育公益机构应不断扩大活动开展范围，与青少年及其家长进行沟通后让其了解本项目开展的目的和意义，同时，性教育公益机构还可以与各基层中小学展开合作，通过"性教育进校园""免费性教育知识讲座"等活动让基层中小学师生对性教育形成正确认知。

2. 开设固定活动场所，提升机构活跃度

性教育公益机构应开设线下固定活动场所来定期举办相关活动，一方面，定期活动能提升机构的活力和创造力，从而吸引更多青少年及其家长的参与；另一方面，固定活动场所内可安排志愿者为前来参与活动的青少年及家长讲解相关知识，场馆内还可以为大众提供相关性教育书籍、影片和绘本，从而不断引导当地青少年及其家长形成对性教育的正确认知。

（四）教育部门

1. 提供资金支持，输送专业人才

许多基层学校由于地理位置相对偏僻、教育设施不完善等原因而不具备开设性教育课程的条件，教育局应为其提供充足的资金和人才支持，一方面能让基层学校有足够的资金投入到生理健康课程的建设，为学生传授系统实用的知识，另一方面，具备专业的师资人才也有利于基层学校课程内容及授课体制的完善。

2. 推动课程完善，检验教学成果

基层学校由于各类资源、资金不足，在课程开展过程中面临着诸多困难，教育局等相关部门应及时关注基层学校性教育工作的开展状况，通过专家培训等方式让基层中小学教师掌握科学的授课方法，还应发布相关文件统一基层学校生理健康课程授课标准，让各地中小学对性教育问题形成高度重视。同时，为保证课程效果，可以通过抽样调查、成果展示、学生反馈、家长反馈等方式对基层中小学性教育课程开展成果进行检验。

（五）其他政府部门

1. 加大对性犯罪的打击力度，做好普法宣传工作

政府部门应加大对性犯罪的打击力度，特别是针对未成年人的恶性性侵案件。基层农村地区近年来青少年遭遇性侵案件频发，其中熟人作案更是占据很大比重，据东方法律网报道，2015—2019 年，性侵害未成年人犯罪案件占侵害未成年人刑事犯罪案件的 45% ~ 70.3%，其中熟人作案在 2016 年占比高达 91%。政府部门在加大对相关案件的打击力度的同时，更应做好普法宣传以及性教育宣传工作，通过普及法律知识让公民认识到未成年人性侵害的严重性及恶劣性，起到警示和预防的作用。

2. 加强网络平台的内容监管，阻断色情信息传播

随着互联网技术的发展，城镇青少年与农村青少年群体中的互联网普及率已十分接近，此时加强网络监管便尤为重要。政府监管部门应出台相关法律条例来监管网络秩序，肃清网络空间。网络监管部门应严厉打击色情网站，严格监督各类网站是否为用户提供黄色、性暴力信息，从而阻止淫秽色情信息在未成年人之间的传播，规避其后续产生的不良影响。

（六）媒体机构

1. 加大性教育宣传力度

随着大众传播媒介的发展，农村地区居民与互联网的连接也更加密切，媒体此时更应承担起性教育知识普及以及性教育宣传的重要作用，在为儿童进行性教育知识讲解的同时，也要帮助家长改变传统观念，引导全民建立健

康的性观念及性心理，营造和谐的社会氛围。

2. 创新性知识宣传方式

基层媒体应根据当地实际情况制订更具针对性的媒体宣传策略，合理利用新媒体受众广、表现形式多样、互动性强等优点促进性教育知识宣传。除了通过微信公众号、微博等平台进行简单的图文讲解外，还可以利用抖音等大众使用度较高的短视频平台发布生动有趣的讲解视频，给大众留下更加深刻的印象。

3. 引进新媒体宣传技术

随着技术的发展，互动性极强的 iH5 成为了备受大众喜爱的宣传推广工具，在性教育宣传中使用 iH5 也成为一大创新。媒体可以充分发挥 iH5 网页的优势，通过一些互动性强的沉浸式小视频或情景测试让孩子们"身临其境"地感受性教育究竟是什么，测试他们是否已经形成了正确的性别认知和自我保护意识。

总之，促进基层地区性教育普及、让留守儿童对"性教育"及"性知识"形成正确认知，需要家庭、学校及社会三方共同努力。三方应合力打造三位一体的性教育普及体系，建立科学系统的性教育机制，为缺乏陪伴的农村留守儿童营造一个良好的成长空间，为其在性生理、性心理、性体征变化等方面提供全面、自然、客观的认知教育，促进其健康成长。

参考文献

[1] 王敏，王富秋. 浅析中小学生性教育的困境与展望 [J]. 教育实践与研究（A），2015（2）.

[2] 潘绥铭，黄盈盈. 我国14—17岁青少年性教育效果的实证分析 [J]. 中国青年研究，2011（8）.

[3] 王曦影，王怡然. 新世纪中国青少年性教育研究回顾与展望 [J]. 青年研究，2012（2）.

[4] 刘敬云，刘文利. 基于性知识和性别刻板印象的小学性教育课程效果评价 [J]. 中国学校卫生，2019，40（3）.

[5] 张红梅，尹霞，刘永存. 中小学生家庭性教育的现状调查及启示 [J]. 教育研究与实验，2019（6）.

[6] 王晓琪，常春. 网络教育在青少年性教育中实施的可能性 [J]. 中国健康教育，2019，35（8）.

突发公共卫生事件中
大学生志愿服务工作
面临的困难及其对策研究

课题组成员：李有欣，陆皓宇，刘思宇，
　　　　　　刘伊宁，王佳祺
指导老师：郑燕虹

摘要： 以参与突发公共卫生事件志愿服务工作的湖南师范大学学生为研究对象，了解大学生志愿服务工作开展的实际情况，得出志愿服务工作开展中，面临的培训不到位、支持力度小、人岗匹配度低、志愿者心理顾虑较多等反馈，总结了大学生志愿服务工作中积累的政府牵头、途径优化、积极宣传等工作经验。在此基础上，从完善制度、打造品牌、深化沟通等方面对所发现的问题提出针对性对策，为今后突发公共卫生事件中大学生志愿服务工作的改进提供建议。

关键词： 大学生；突发公共卫生事件；志愿服务；困难；对策

大学生志愿者作为志愿者群体的重要组成部分，在保障自身安全的前提下，积极投身于突发公共卫生事件志愿服务工作，为突发公共卫生事件工作做出了重要贡献。不过，志愿服务实际开展过程中，志愿者们仍然面临重重困难，如何总结经验形成中国突发公共卫生事件志愿服务新对策也成为重要任务之一。2020 年暑期线上调研团通过了解突发公共卫生事件志愿服务志愿者的基本信息及志愿服务工作的具体情况，探究此类型志愿服务工作存在的具体问题，并提出相应的解决对策。在解决问题的同时，小组成员总结国内外优秀志愿服务经验，对今后可能出现的突发公共卫生事件中志愿服务工作的组织开展提出建议，让大学生志愿者发挥更大的价值。

一、调研情况

（一）研究对象

研究对象为湖南师范大学 21 个学院中参与突发公共卫生事件志愿服务的在校学生。研究的对象来自不同专业、不同年级，拥有不同政治面貌，样本的覆盖面积较大，较全面。

样本容量：

1. 男性 60 人，女性 111 人。

2. 低年级 116 人，高年级 55 人。

3. 中共党员 7 人，预备党员 16 人，共青团员 147 人，群众 1 人。

在为期 15 天的调查研究中，小组成员共发放 171 份调查问卷，回收 171 份，回收率 100%。与此同时，小组成员通过对专业类型、居住地类型等多方面进行考量，选取湖南师范大学曾参与突发公共卫生事件志愿服务工作的 10 名大学生志愿者进行访谈。

（二）问卷设计

调查问卷共设计了 22 个题目，其中客观题 21 个，主观题 1 个。问卷主要分为以下几个板块：志愿者基本信息调查、志愿工作相关开展情况、志愿者主观感受与心理状态调查、志愿者对自身及对工作的主观评价以及开放性建议征求。

（三）访谈设计

调研过程中小组成员通过对专业类型、居住地类型等多方面进行考量，选取湖南师范大学突发公共卫生事件发生期间大学生志愿者共 10 名，进行了访谈。根据突发公共卫生事件期间实际情况，结合大学生志愿者特点，小组成员设计了访谈题材，包括大学生志愿者参与突发公共卫生事件志愿服务的原因、大学生志愿者获取突发公共卫生事件志愿服务信息的渠道、大学生志愿者对今后突发公共卫生事件志愿服务的合理建议。

（四）访谈分析

通过对受访者进行访谈并进行整理分析，小组成员得出以下结论：

青年的责任与担当是大学生参与突发公共卫生事件志愿服务的主要原因。对于当代大学生来说，青年的责任感与使命感是参与并做好突发公共卫生事件志愿服务的必要因素。在参与过抗疫志愿服务的 10 位受访者中，超过三分之二的受访者认为责任心与使命感是他们参与志愿服务的主要原因。不过，仍有极少数大学生参与突发公共卫生事件志愿服务是出于功利性的目的，忽略了志愿服务的本质。

官方网络招募是大学生获取突发公共卫生事件期间志愿服务活动信息的主要来源。随着"互联网＋"时代的发展，网络已成为主流宣传渠道。在此次参与访谈的 10 位受访者中，大多数同学是经由组织方或校方公众号等渠道获取招募信息，同时还有部分大学生志愿者通过自荐、亲戚或朋友介绍等方式联系社区街道参与志愿活动。由此见得，大部分突发公共卫生事件志愿者招募活动均以官方渠道发布招募信息，但部分志愿服务组织方由于缺乏有效组织、宣传力度不够等原因，接受大学生志愿者的方式较为被动。

服务对象不配合是大学生在突发公共卫生事件志愿服务过程中遇到的主要困难。据了解，有一半受访者认为服务对象对突发公共卫生事件不够重视，不配合志愿者工作是大学生在志愿服务过程中遇到的主要困难。在突发公共卫生事件爆发的特殊时期，大学生志愿者所做的志愿服务也具有特殊性、针对性。为了志愿服务能顺利开展，这一问题值得被重视。

二、突发公共卫生事件中大学生志愿服务工作的有益经验

在志愿服务工作方面，突发公共卫生事件志愿服务工作的开展对其他突发卫生事件志愿服务工作开展具有重要的启示作用，能帮助志愿者们更好地应对这类突发公共卫生事件，建立反应更加迅速、高效的突发公共卫生事件志愿服务应急机制。

（一）政府引领，政策牵头

《志愿服务条例》中明确规定："发生重大自然灾害、事故灾难和公共卫生事件等突发事件，需要迅速开展救助的，有关人民政府应当建立协调机制，提供需求信息，引导志愿服务组织和志愿者及时有序开展志愿服务活动。"

在突发公共卫生事件中，志愿服务制度化、规范化得到了一定的体现。团中央、中央文明办、中国志愿服务联合会都相继发布文件，号召全国各地志愿者、志愿服务组织在确保安全的前提下贡献更大力量。但是，当前我国应急志愿服务工作基础依然薄弱，体制、机制均不够完善，仍面临组织管理混乱、权益保障缺位、法律地位不清晰等问题，成为了制约我国志愿服务发

展的因素。国家政府应该继续加强和完善与突发公共卫生事件志愿服务领域相关的法律法规建设。

（二）搭建平台，科学应对

在志愿服务形式上，线上信息发布速度快、受众多、范围广，线下服务质量高、灵活性强、更有人情味，根据志愿服务的各个环节的特点及需求，采用线上线下相结合的方式，志愿服务能够更加有效运转。

1. 线上宣传招募

在突发性公共卫生事件发生后，志愿者招募时间紧、任务重，志愿服务的职能分工需要科学规范和统筹调配，而广大志愿者各有所长且分布在社会各界，线上招募能很好地解决这一问题。志愿服务依靠现代的管理手段和管理方法形成合理的工作分工和科学的人员配置，能减少盲目性和随意性。

2. 线上工作培训

面对具有突发性、破坏性等特点的突发公共卫生事件，志愿者培训常因为人群聚集易造成交叉感染、时间紧迫来不及开展、经费有限难以支撑培训开销等原因而被迫取消，常导致志愿者职责不清、工作难以开展。在突发性公共卫生事件发生后，官方可以组织专家制订一套系统的（可囊括多个方面，如志愿者身心安全教育、知识宣讲技巧等）志愿者培训内容（包括文字信息、视频教学等）供志愿服务组织方使用，既可以保证培训内容的科学性、权威性、准确性，满足各组织方和志愿者需求，又可以解决上述培训困难。

3. 线上线下具体实施

根据志愿服务工作的具体要求，在保证安全的条件下，可进一步展开具体的志愿服务工作。如：参与地方社区、村委组织的宣传防疫知识、消毒、劝返工作，参与各高速公路口、国道、省道的过往车辆上人员体温检测志愿服务工作等。

4. 线上线下心理咨询

在志愿工作正式展开后，志愿者可能会出现不同程度的焦虑情绪和恐慌心理。针对这一问题，官方应组建专业的心理服务志愿者团队，开通线上线下免费心理咨询窗口，为需要的志愿者及其他群众提供心理危机干预、心理问题咨询等心理疏导活动。线上咨询能够减少时间、地点的限制，及时解决志愿者的困惑；线下咨询更有利于交流，效果更好，两者都能更好地提高志愿服务的效率。

（三）积极宣传，彰显风貌

不久前为褒扬广大青年志愿者和志愿者组织在应对突发公共卫生事件中的突出表现，大力弘扬生命至上、举国同心、舍生忘死、尊重科学、命运与共的伟大精神，共青团中央、中国青年志愿者协会对优秀个人及团体授予了荣誉称号。受到表彰的青年志愿者和志愿者集体成为了优秀典型和模范代表，以实际行动展现了新时代中国青年的理想信念、爱心善意和责任担当。共青团中央、中国青年志愿者协会表示，希望受到表彰的先进个人和先进集体珍惜荣誉，再接再厉，充分发挥模范带头作用，不断取得新成绩。对于当代大学生来说，青年的责任感与使命感是参与并做好志愿服务的必要因素，它直接影响着大学生参与志愿服务的积极性，所以必要的表彰和积极的宣传能对志愿者参与突发公共卫生事件志愿服务工作起到一定的推动作用。

三、突发公共卫生事件中大学生志愿服务工作的主要问题

（一）志愿者无法得到专业的培训机会

志愿者培训是志愿者高效参与志愿服务工作的保障。尤其是在突发公共卫生事件志愿服务工作中，专业的培训能够帮助志愿者更好地保护自身安全，更快熟悉工作，减少志愿服务过程中遇到的困难。本小组就参加过突发公共卫生事件志愿服务工作的大学生参与培训情况进行了调查。

问卷显示，87.13%的大学生志愿者在参加突发公共卫生事件志愿服务前没有接受过培训或只接受了简单的培训。只有12.87%的志愿者接受了较为详细或全面的培训。这可能导致志愿者在从事相对专业的服务时，出现经验不足、志愿服务难以开展、服务积极性降低等问题。

为进一步探究未组织培训的原因，本小组也展开了相关调查。

表1 志愿者招募单位未组织培训的原因

原因	频数	比例
志愿者招募单位经费不足，难以开展培训工作	29	16.96%
时间紧迫，来不及开展培训工作	104	60.82%
参与的志愿服务工作较为简单，无需开展培训工作	103	60.23%
其他原因	10	5.85%

表1表明，多数大学生志愿者认为时间紧迫、工作简单是志愿者招募单位未组织开展培训的主要原因。突发公共卫生事件志愿服务工作往往开展仓促，在紧急情况下，组织单位无法高效地组织安排志愿者有序进行志愿服务工作。另外，也有极少数志愿者提出，其所参加的志愿服务并未配备专业人士，无法给予志愿者专业的培训。由此可见，尽管我国志愿服务工作日益蓬勃，但在面对突发公共卫生事件时仍然存在许多不足。

（二）志愿工作所受支持力度有所欠缺

表2　服务单位或组织单位提供保障措施情况

选项	频数	比例
提供个人防护装备	139	81.29%
提供心理辅导咨询途径	43	25.15%
提供相关保险	47	27.49%
提供交通、就餐补贴	71	41.52%
设置合理的轮班时间	135	78.95%
其他	17	9.94%

表2显示，相关单位在突发公共卫生事件应急志愿服务过程中提供给大学生志愿者的保障措施有限。调查结果显示：分别有81.29%和78.95%的同学选择了服务单位或组织单位有"提供个人防护装备"及"设置合理的轮班时间"这两个选项，相对而言，仅有25.15%的同学选择了"提供心理辅导咨询途径"选项，说明社会对志愿者群体提供的支持比较集中地停留在浅层的身体健康的保护上，在心理健康层面有所忽视。

表3　志愿服务单位或组织单位相关激励机制情况

选项	频数	比例
没有任何奖励机制	58	33.92%
有物质奖励（如相关单位发放补贴等）	21	12.28%
有精神奖励（如受到相关单位表彰等）	92	53.8%

表3显示，66.08%同学的选择突发公共卫生事件志愿服务相关单位有设置激励机制，说明大部分相关单位对大学生志愿服务在不同方面提供了不等的支持，其中受到精神激励的情况占比较大，物质奖励相对较少。一方面，相关单位可能考虑到精神奖励具有较高的心理价值，相对于物质奖励的影响

力也会更加长远。与此同时，仍然有33.92%的志愿者同学没有收到任何相关奖励，更是说明了大学生志愿服务工作激励机制还不够完善，并且形式也比较单一。

（三）志愿者与服务对象和匹配岗位存在交换障碍

社会交换理论（Social Exchange Theory）认为所有的社会活动实质上都是一种交换，人际关系本质上就是一种交换关系，而志愿服务涉及志愿者、服务对象等多个主体，存在很多交换环节。交换环节的障碍可能会影响志愿者能力的提升。

1. 志愿者与服务对象的交换障碍

根据理性人假设，个体参与社会活动总是考虑成本与收益的对等性。大学生参与志愿服务活动的初衷不仅仅是单纯奉献爱心，也期待可以真正帮助到服务对象，实现自我价值。在大多数志愿服务中，志愿者与服务对象往往接触时间短，志愿者之间工作联系紧密度一般。因此，志愿者的能力无法得到实质性的提升。

2. 志愿者的人岗匹配障碍

通过调查问卷，我们发现志愿者中低年级学生占比较大，而高年级学生参与志愿服务热情不高；医学类志愿者占比偏少。87.72%的志愿者表示其所从事的志愿活动与本专业关联性不大。综上所述，一方面志愿服务难度较低，对高年级学生的吸引力不够；另一方面，志愿服务工作的专业性不强，高校志愿者不能在志愿服务过程中将所学知识付诸实践。

表4　所从事的志愿服务工作类型与本人所学专业的相关性

选项	频数	比例
完全不相关	66	38.60%
相关性较小（偶尔需要发挥专业特色）	64	49.12%
相关性较大（经常需要发展专业特色）	18	10.53%
密切相关（专业对口的志愿服务工作，必须利用专业所学解决问题）	3	1.75%
总计	171	100%

（四）各方因素导致大学生志愿者产生顾虑

由于突发公共卫生事件本身的特殊性，大学生志愿者在志愿服务中的工作内容与一般志愿服务工作内容存在较大差异。工作环境、工作条件等多方不适应，易使大学生志愿者产生身心顾虑，不利于大学生个人的身心发展，还可能会降低志愿服务工作的效率。

根据调研结果，小组成员将顾虑产生时间、顾虑原因进行分类，以此更好地探究大学生志愿者在此次突发公共卫生事件下的志愿服务中顾虑的具体范畴。

1. 志愿服务前所产生的顾虑

表5　报名成为志愿者到正式开始志愿服务前的困难与顾虑（多选）

选项	频数	比例
无任何顾虑	73	42.69%
自身身体素质较差	47	27.49%
家人的担忧与不支持	25	14.62%
自身心理方面的畏惧，如担心被感染等	44	25.73%
政府和社区防护支持力度不大，自己没有看到政府和社区对突发公共卫生事件期间志愿工作的重视	16	9.36%
对防疫工作内容了解不全面，担心工作的未知性	60	35.09%
其他	0	0

根据数据显示，近六成学生在志愿服务前产生了一定顾虑。此类情况是由于突发公共卫生事件情形较为特殊，且志愿服务内容与一般志愿服务内容差异较大，大学生志愿者无参与经验与借鉴案例，造成了一定程度上的心理焦虑。家庭支持方面，在此次志愿服务的大学生志愿者群体中，大部分志愿者家庭给予了志愿者充分支持，志愿者精神在此得到了充分彰显。相较其他选项而言，认为"政府和社区防护支持力度不大"的大学生志愿者数量最少，这充分说明绝大部分志愿服务组织单位做好了较为充分的前期宣传，但仍有部分组织单位由于方案不够成熟，重视程度不足。

2. 志愿服务期间所产生的顾虑

表6　参与志愿服务期间是否出现如焦虑、紧张等不良情绪（多选）

选项	频数	比例
总是	0	0%
经常	4	2.34%
有时	25	14.62%
偶尔	50	29.24%
从不	92	53.80%

表7　导致不良情绪的原因（多选）

选项	频数	比例
从未出现任何不良情绪	89	52.05%
所在地区感染人数持续增加	23	13.45%
曾近距离接触过可疑或确诊病例	18	10.53%
志愿服务工作强度较大	25	14.62%
媒体（较为负面的）报道使自己心情沮丧	24	14.04%
被志愿者招募单位要求做事先约定范围外的工作	2	1.17%
群众的不理解不配合导致的无力感	48	28.07%
个人的防护措施不足	18	10.53%
其他	8	4.68%

通过对比，大学生志愿者志愿服务期间超过七成大学生志愿者"偶尔"或"从未"出现过紧张、焦虑等情绪。这充分说明，此次大部分大学生志愿者突发公共卫生事件志愿服务组织单位较好为大学生志愿者提供了工作环境，使大学生志愿者在特殊情形下的志愿服务中拥有安全感、满足感、幸福感。对于可能导致大学生志愿者志愿服务中出现不良情绪的原因，最突出的一点是群众的不理解、不配合导致大学生志愿者工作产生无力感。大学生志愿者的工作积极性因此大大降低，使大学生志愿者产生一定程度身心顾虑。

四、突发公共卫生事件中大学生志愿服务工作的改进对策

（一）加强项目管理，完善相关制度

1. 完善激励机制

形成系统、分层级的社会荣誉激励机制。针对大学生志愿者的物质奖励除了直接支付报酬之外，还可以有多种形式。高校可以专门设置针对优秀志愿者的奖学金、将志愿服务计入个人档案等。精神奖励与物质奖励有机结合。相关部门应将精神奖励与物质奖励有机结合，充分调动志愿者的工作积极性，使得志愿服务工作真正成为大学生自觉自愿的选择与追求。

2. 加大资金投入

大学生志愿服务工作作为一项重要的精神文明建设，政府在其中可以发挥较强的主导、调控作用，鼓励社会各界积极参与资金支持行动中，其大致

可划分为以下三个方面：一是个人捐款。政府应当加大对相关单位的监督力度，规范捐赠渠道和步骤，力求实现捐款信息的公开化和透明化，号召更多群众参与到捐赠活动中。二是企业支持。可以借鉴国外企业"用一定数额赞助志愿服务的款项代替交税"政策，对这类给予大学生志愿服务工作一定资金投入的企业、单位适当减免税的优惠待遇。三是政府支持。各级政府相关部门应当了解当地志愿者组织详细情况（财务情况、运营情况等），设立相关专项基金，定期给各非盈利组织汇入一定数额的项目资金。

3. 健全法律法规

目前现有的法律的欠缺主要在于针对志愿者人身安全保护方面没有完善，而法律则是志愿者工作正常开展的最权威、最有力的保障。实现注册志愿者免费领取志愿者保险全国化。市政府每年拨专款为所有实名注册志愿者购买保险，凡是在有效系统上注册成为志愿者的，应当自动免费获得一份志愿者保险，保障志愿者的合法权益。应急志愿服务工作志愿者招募单位应无偿为志愿者提供保护装备。志愿者招募单位在招募志愿者时，应充分考虑服务内容的危险等级，为志愿者无偿发放防护装备，切实保障志愿者的人身安全。

（二）完善培训体系，打造志愿品牌

突发性公共卫生事件具有治理综合性、危害复杂性、频发性等特征。为提升在此类危机下高校志愿服务的水平，必须整合高校现有资源，结合社会需求、学生专业背景和能力，推动志愿服务的项目化管理和品牌化建设。

志愿服务有利于大学生积累经验、提升自身能力。然而现存大学生志愿服务由于缺乏专业的志愿者培训，常常忽略大学生的能力提升。因此，志愿服务组织方需要完善专业的志愿者培训体系。其次，现有的"任务型""功利型"志愿服务的存在是大学生缺乏对志愿服务精神的理解的体现。志愿者培训能够促使志愿者体会到奉献、服务的意义，更深层次地理解志愿服务精神。另外，突发公共卫生事件使多数志愿服务组织方筹备志愿服务项目、招募志愿者的时间短，容易出现来不及培训志愿者、志愿服务无法取得预期效果、志愿者调配混乱等问题。因此，志愿服务组织方应做好紧急志愿服务方案，避免再一次面临突发事件时出现类似情况。

（三）深化情感沟通，提升价值感受

关于"突发公共卫生事件志愿服务工作期间所产生身心顾虑的排解方法"，排名最高的选项为"和家人、朋友进行交流"，可见沟通是对于大学生

志愿者来说最佳的心理疏通方法，深化情感沟通为志愿者的人身心理安全提供了巨大的保障。其次，保障充足的睡眠时间和营养、进行适当的运动，也可以放缓心情、加强身体素质。专业的心理援助也能有效排除不良情绪，保障身心发展与工作质量。

调研通过文献调查、问卷调查、访谈调查等多种方法，了解了大学生在突发公共卫生事件中志愿服务工作的实际开展情况，探究了大学生突发公共卫生事件 志愿服务工作开展存在的困难，并为此提出了可行的对策。调研报告最后总结了大学生突发公共卫生事件志愿服务工作经验，希望能为其他突发公共卫生事件大学生志愿服务工作的开展提供启示。也许我们没有办法避免灾难的降临，但我们能团结一心，从灾难中收获成长，本着对人民利益和民族利益的责任感不畏艰难，无私奉献，给予灾难最为致命的反击。

参考文献

[1] 张强，张元. 中国应急志愿服务发展现状与前瞻——基于新冠肺炎疫情应对的观察 [J]. 杭州师范大学学报（社会科学版），2020，42（4）.

[2] 李植. 志愿服务记录中存在的问题与对策研究 [D]. 合肥：安徽大学，2018.

[3] 喻勇. 深圳市社区志愿者激励机制研究 [D]. 哈尔滨：哈尔滨工业大学，2018.

[4] 陈晓春，钱炜. 城市社区志愿服务激励机制研究 [J]. 福建行政学院学报，2010（3）.

[5] 邱建国，杨晓东. 中国青年志愿者激励机制的现状与发展研究 [J]. 中北大学学报（社会科学版），2008，24（6）.

[6] 章棋，罗远渊，张兆同. 社会交换理论视角下的高校志愿服务发展模式重构探究 [J]. 高校实验室科学技术，2019（2）.

[7] 张园园. 大学生志愿服务培训的现状与反思——以安徽省高校为例 [J]. 高教学刊，2020，（21）.

[8] 陈文妍. 高校大学生志愿精神的新时代意蕴 [J]. 国际公关，2020（7）：13–15.

[9] 孔卫拿，黄晓媛. 重大突发公共卫生事件中的社会救助解析——以抗击新冠肺炎疫情为例 [J]. 社会福利（理论版），2020（7）.

新媒体健康信息传播策略
对公众认知的影响研究

课题组成员：陈雪菡，王佐平，吴昱洁，施　敏
指导老师：邢鹏飞，陈宏平

摘要：本文选取湖北、湖南两省代表性县级市融媒体中心、卫健局及社区作为主要研究对象，通过问卷和访谈，探究新媒体传播策略对公众健康卫生认知水平现状的影响因素。研究结果表明，目前新媒体健康信息传播存在媒体互动性弱、内容同质化严重、信息可信度低等问题。对此，本文提出搭建良性互动机制、秉持"内容为王"、加强信息监管力度等一系列针对性建议。

关键词：新媒体；健康信息传播；公众认知

新媒体的高速发展使人们的思维方式及生活习惯有了巨大转变，也为健康传播迎来诸多挑战与契机。在突发公共卫生事件中，如何有效满足大众急切的信息需求成为一道必答题，而新媒体信息健康传播则在此环节中发挥着举足轻重的作用。随着新媒体技术的发展，各类自媒体平台、公共社交平台、传统主流媒体自建平台等成为了信息发布的主要渠道。探寻新媒体健康信息传播策略与公众认知水平的关系具有重大现实意义。

一、研究设计与实施

（一）研究意义

通过实地调研，定量研究公众对突发公共卫生事件的信息认知，研究在新冠肺炎疫情中公众了解疫情的主要新媒体渠道，探析健康知识传播效果，为突发公共卫生事件相关信息传播效度最大化和认知结构合理化提出传播策略。

基于突发公共卫生事件的背景，通过调研有关平台在健康知识传播中的

现状，分析平台在传播中的广度、深度及准确度，为公共卫生事件突发时新媒体平台如何发挥效能提供借鉴与参考。

选取典型地区进行调研，了解公众对卫生健康的观念、习惯及行为，探讨政府、媒体、公众在公共卫生意识普及方面各自的诉求，为公众应对公共卫生事件的认知能力、健康卫生常识及相关专业知识传播与普及提供借鉴。

（二）研究方法与技术路线

本文主要采用问卷调查和访谈相结合的方法进行研究，通过问卷调查法，随机发放调查问卷，获知公众对于新冠疫情的认知水平及对不同新媒体传播的偏好等，并研究其相关性。采用半结构访谈的调研方式，在抽样地湖南省澧县疾控中心与澧县融媒体中心、津市融媒体中心、津市卫健局，对相关部门的领导及负责人进行采访调研，通过疫情前线工作人员了解当地疫情防控的工作。同时前往长沙县泉塘社区、后湖社区、澧县珍珠社区、衡东县兴东社区等地区对随机选取的手中样本进行面对面的提问和咨询。问卷调查所收集的数据使用 EXCEL 进行整理，通过 SPSS17.0 软件做了基础描述分析以及双变量 pearson 相关性分析。所有分析结果均由 SPSS 运算得出。

（三）文献综述

1. 现阶段研究进展

目前，突发公共卫生事件中的健康传播策略成为了业界和学界关注的焦点，现阶段的相关研究主要有以下几个方面：

（1）SARS 防治与健康教育策略研究

SARS 病毒防治过程有其特有的信息传播模式，如传播者、信息源和传播渠道、各种信息产生的效果等。SARS 病毒对人类健康和生命安全造成了严重威胁，而它带给人类的卫生意识和思想观念的转变，以及对整个社会公共卫生变革的要求，对陈规陋习的冲击，往往超过一代人甚至几代人的理论灌输和观念积累。具体体现在以下几个方面：各级领导重视卫生意识在 SARS 病毒防治中的作用、促使公众自觉学习健康知识、公众卫生意识在 SARS 病毒防治中得到提高等。公众卫生行为在 SARS 病毒的防治中得到较好转变，健康信息传播在应对突发公共卫生事件中有了法律保障。

（2）居民新型冠状病毒肺炎防治健康素养与健康教育需求调查

居民认为社区防治 NCP（New coronavirus pneumonia）管理存在问题排前两位的是缺乏防护物资储备和缺乏专业健康教育，提示居民对专业健康教育需求是积极的。社区居民 NCP 防治健康素养水平仍有提升空间，社区工作管理者和相关机构应该对老年人和低学历等疫情防治健康素养薄弱人群，采用有针对性的多元健康教育培训方式进行防治健康教育干预。

（3）突发公共卫生事件对公众的知识、心理和行为的影响

在突发公共卫生事件晚期，大规模宣传活动的开展使公众的认知水平有了显著提高。有关突发公共卫生事件的起因、形势、进展、预期结局等信息的知晓率明显提高，公众了解了突发公共卫生事件的真相，掌握了科学的知识，不再否认、回避、退缩，不再过分抱怨、过分依赖他人，取而代之的是积极调整自己的心理状态，人们的心理由非理性恐慌转为理性。

（4）健康传播在实践中的作用研究

面对突发的公共卫生事件，政府的权威信息传播得越早、越多、越准确，就越有利于维护政府威信和社会稳定。政府部门和疾病预防控制机构应首先承担起信息传播者的角色，发挥传播告知功能和引导功能，向群众公布相关的健康信息。

二、公众认知和新媒体健康传播现状

（一）问卷调查样本情况

本次调研目标问卷分为两部分，一部分通过线上发放问卷的形式进行调研；另一部分通过线下小组成员走访，小组成员们考察了湖南长沙、湖南澧县、湖南津市、湖北大悟四个县市。一共收集问卷 923 份（线上 341 份，线下 582 份），甄别问题不符合者 87 份，剔除此部分剩余有效问卷 836 份，本调研仅对 836 份有效问卷进行统计分析。

在对本次问卷填写对象的学历调查中，5% 为硕士研究生及以上学历，19% 为本科（含在读本科）学历，19% 为大专（含在读大专）学历，26% 为高中或中专学历，31% 为初中及以下学历。

在对受众健康情况的调查中，没有自身基础疾病的占 69.6%，有自身基础疾病但不严重的占 21.7%，有自身基础疾病且严重的占 8.7%。

（二）公众卫生健康认知水平情况

1. 防护意识与个人卫生习惯亟待提高

通过线下实地调研发放问卷，数据显示有约 99.47% 的公众在疫情防控期间主动采取了相关的防疫措施，如购买口罩、消毒液等。此外，76% 的调

查对象认为自己能准确区分并正确使用口罩，10% 的对象认为自己能准确区分但是在口罩的使用上有误，14% 的对象认为自己无法准确区分并正确使用口罩。城乡群众个人卫生习惯也存在显著差异。例如，在参与调查的乡村群众中，仅有 37% 采取了相关防疫措施，并且有 67% 的村民无法准确区分口罩类别。

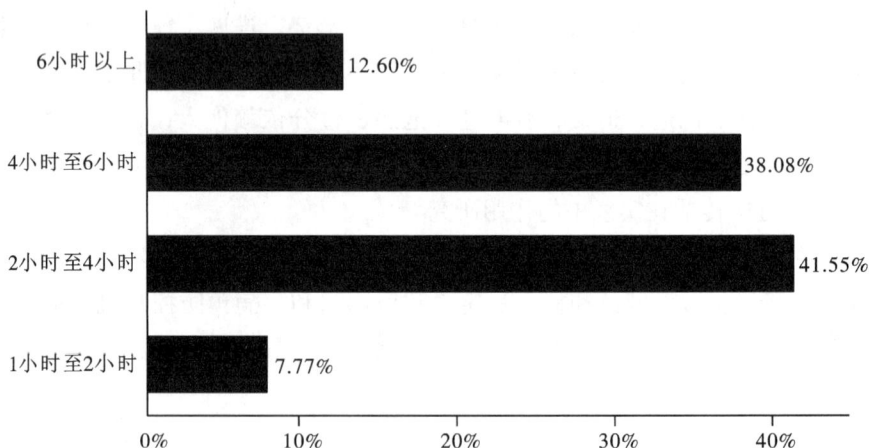

图 1　受众认为一次性口罩的更换时间

在一次性口罩更换的时间的调查中，50.68% 的调查对象选择了 4 小时以上更换口罩。这一数据表明，虽然公众对疫情的健康卫生知识科普提高了重视程度，但是对健康卫生知识的认知上还存在误区。

调查发现，有约 99.47% 的公众在疫情防控期间主动采取了相关的防疫措施，如购买口罩、消毒液等。但约 23.14% 的公众不能准确区分不同类别的口罩及其使用注意事项，并且 50.68% 的公众认为口罩的最佳更换时间超过 4 小时。由此可见，公众在抗击新冠肺炎期间防护意识和个人卫生习惯亟待提高。

此外，团队成员还考察了受访者对于新冠肺炎疫情的了解程度。数据显示，仅有 4% 的受访者全部回答正确，48% 的受访者不太清楚，9% 的受访者回答全部错误。在回答部分正确的受访者中，4% 的受访者不了解潜伏期时长，35% 受访者不了解病毒的易感性。

通过媒体、网络等对新冠疫情相关信息的宣传，大多数公众对于新型冠状病毒的传播途径有了一定的了解，但是基于公众风险感知难度大等原因，其健康知识的行为转换率并不高，个人卫生防范存在缺位。

2. 公众对新冠疫情信息的关注程度较高

自新型冠状病毒肺炎疫情爆发以来，公众对于新冠疫情相关的信息关注度较高。随着移动互联网和新媒体的快速发展，公众更能第一时间获取并转发疫情相关的信息。公众频繁接触大量的疫情信息，同时不断对疫情相关信息进行二次传播，一些未经证实的消息导致了公众的盲目从众。

调查显示，99%的公众表示对疫情通报、防控等进展情况有一定程度的关注，其中64%的公众表示"经常关注"疫情通报、防控情况。进一步分析可知，随着新冠疫情的不断发展，不同年龄阶段的人群对于疫情的关注程度不同。在新冠疫情初期，学生等青年群体对疫情发展情况较为关注，并且积极做好相关的防疫措施，如佩戴口罩、勤洗手、不聚集等。然而，大多数中老年人还未意识到疫情的严重性和防控的迫切性。随着疫情的发展，政府、媒体积极采取并落实疫情防控措施，一些青年群体自发地向身边中老年群体宣传，中老年群体对疫情的重视程度不断增强。

3. 信息渠道多元化，新媒体平台崛起

当前，公众获取新型冠状病毒肺炎相关信息的渠道多元化，既包括微信、微博、抖音、快手等新媒体渠道，也包括电视、广播、报纸、杂志等传统媒体渠道。据调查问卷数据显示，公众获取疫情信息和健康卫生知识的主要途径以新媒体渠道为主。在传统媒体中，38.61%的受众更愿意通过电视了解疫情知识；在各类新媒体渠道中，微博、微信等社交类APP成为受众获取信息的第一选择。

其中40.75%的公众会将微信、微博等社交类渠道作为获取疫情信息和健康卫生知识的新媒体渠道的首选。社交媒体的疫情信息传播往往涉及社会管理等政策性的交流、讨论，公众更倾向于选择熟人社交平台或者"强连接"平台，而不是"弱连接"平台。因此，微信更是成为了信息传播和情绪沟通的重要窗口。其次，23.59%的公众选择搜狐、网易等新闻资讯类渠道，17.96%和17.69%的公众选择抖音、快手等视频类渠道和丁香医生、平安好医生等医疗类渠道。

4. 公众对不同信息源信任程度差异明显

从世界卫生组织发布的疫情应对指导原则和近现代人类抗疫的经验来看，官方权威数据的准确性、发布的及时性和传播的积极性对于抗疫救灾是至关重要的。

在报道同一类新闻事件时，公众对不同媒体所报道的同一类信息的信任

程度不同。传统主流媒体的新闻报道专业化、权威化，往往容易引起公众的注意，获得观众的信任；新兴自媒体内容丰富、传播方式多样化，但其内容质量良莠不齐，很难辨别真伪，公众对其信任度较低。

据调查显示，33.51%的公众认为电视、广播所传播的信息最可信，其次15.28%、13.67%和13.40%的公众认为微博、微信等社交类渠道，抖音、快手等视频类渠道和杂志、报纸等书刊传播的信息最可信。

（三）新媒体健康传播策略现状

1. 新媒体中心

（1）传播内容：转载居多，信息源丰富且篇幅短小

新媒体中心疫情传播的内容大致可分为疫情情况通报、健康防疫知识科普、疫情疾控措施通知、防控工作情况汇报四个大类。新媒体中心的传播内容转载居多，信息源丰富且篇幅短小。例如，以澧县融媒微信公众号为例，其防疫知识科普转载倾向于选择权威的主流媒体和政府机构；文字内容篇幅大多控制在五百字以内，阅读时长控制在两分钟以内，适应受众的碎片化阅读需求。

在健康传播中，新媒体中心对内容进行了严格的把关，确保信息的可信度和权威性。在调研地区中，澧县融媒发布的每条信息均有一审、二审和三审，多重把关；津市卫生健康局对津市融媒体中心发布的信息进行审核。

（2）传播形式及渠道：多元并举，百花齐放

新媒体中心采用了多种传播形式并举的方式进行健康传播。由过去单一的文字内容到文字、图片、视频多种方式结合。新媒体的传播渠道更为多元，形成媒体矩阵，多渠道搭建信息传播平台。以本次调研的津市融媒体中心为例，津市融媒体中心设立了微信公众号、抖音账号、"津市融媒" app 以及津市政府网站的新闻版块。

（3）发布频率：卫生健康知识传播频率增加

在疫情期间，新媒体中心推送频率明显增加，从以往的多日一推或一日一推增加为一日多推。健康传播在发布信息中的比重明显增加，健康知识的推送发布频率也明显提高。以调研地区津市为例，津市融媒体中心在疫情期间公众号的推送从多日一推增加到了一日一推，每日发布疫情相关情况通报和防疫知识科普。

2. 社区：实施有效果，宣传满意度高

调查显示，约97%的社区采取了防疫措施，其中采取有效措施的社区占

比94.46%，仅有极少数社区未采取防疫措施。其中，有77.75%的社区利用微信等平台推送防疫消息，60.59%的社区采取广播通报或电子屏放映的方式进行防疫宣传，53.89%的社区还进行了纸质宣传单的发放，53.35%的社区采取了电话或短信提醒的宣传方式。

在与社区工作人员访谈时，成员了解到，微信等新媒体平台往往是他们开展防疫宣传工作的第一选择。由此可见，随着技术的不断更新，结合受众反馈，新媒体逐渐成为健康传播的重要手段。

（1）城镇社区：社区防疫措施通知以微信为载体

在疫情期间，城镇社区采用了"线上＋线下"的双重宣传方式。以调研的津市后湖社区为例，线上主要以微信群为依托，以楼栋为单元，通过微信群聊宣传健康防疫知识和相关政策。通过微信的强关系连接，社区微信群确保每一位社区居民都能及时掌握疫情相关动态，特别是在关于社区防疫相关的具体政策发布上发挥了积极的作用。社区微信群所发布的健康信息以社区具体防疫措施通知为主，微信群中对新冠肺炎相关知识的科普大多来自居民的自发分享。

（2）乡村社区：以组织传播为主

乡村社区的健康知识传播多以组织传播为主。乡村社区多通过广播、公告栏的宣传和村委会基层人员的入户宣传，这些模式在乡村地区取得了一定的成效。随着互联网的发展和智能手机的普及，特别是抖音、快手等短视频平台的出现，降低了农民对网络信息的接触门槛。在疫情期间，短视频也成为村民获取疫情动态和健康知识的主要途径之一。

3. 政府相关部门：两微账号搭建传播桥梁

为宣传需要，不少政府相关部门也开设了微博、微信公众号等新媒体账号。政府相关部门的新媒体账号多发布与部门相关的防疫工作和防疫政策。本次调研的津市卫健局开设了"健康津市"公众号，在疫情期间每日发布相关防疫政策和津市卫健局工作动态，第一时间向津市居民传达最权威的防疫讯息。

（四）健康传播策略对公众认知的影响因素

1. 传播形式：形式多元但地市差异明显

在此次新冠肺炎疫情期间，健康传播形式多样，由单一的文字报道转变为文字、图片、视频多形式的综合报道。健康知识传播中的图片、短视频比例显著上升。常见的疫情报道形式有：文本＋数字表格、文字＋图片、可视化综合界面、新闻直播、慢直播、短视频、长图漫画。丰富的传播形式给予受众不同的感官体验。公众对疫情期间不同类型的消息也有偏好。疫情相关情况的通报，如确诊病例数量、死亡人数统计等信息，文字＋数字表格，文字＋图片的形式更受公众青睐，表明公众更偏好这种阅读门槛较低、通俗易懂的传播形式。这些传播形式往往符合受众碎片化的阅读习惯。

2. 传播渠道：多种传播渠道并举

健康知识的传播渠道与以往相比更为丰富。传统的杂志、报刊、电视、广播依然在健康传播中占据较大比重。同时，新媒体采用多种传播渠道并举的方式进行健康传播。以调研地区津市融媒体中心为例，津市融媒体中心设立了微信公众号、抖音账号、"津市融媒" APP 以及津市政府网站的新闻版块，搭建媒体矩阵。在接触疫情相关信息和健康卫生知识途径的问卷调查中，微博、微信等社交类 APP 和抖音、快手等短视频平台这两个选项成为仅次于电视、广播的选择人数较多的传播渠道。

3. 传播频率：从多日更新升级成一日一更

从横向传播来看，新媒体运用图片、文字、短视频、H5 等丰富的呈现形式，充分调动了受众的听觉、视觉等多重感官，也在信息的获取中有较强的参与度。

从纵向来看，新媒体对健康知识传播的发布频率明显增加。以调研的津市融媒体中心为例，在疫情期间，津市融媒体中心将信息的发布频率从多日一更升级成一日一更，方便受众及时了解疫情动态，能让受众在第一时间接收到疫情相关和健康知识的信息。

4. 信息来源：来源混杂且参差不齐

自媒体账号的信息来源参差不齐，既有来自政府相关部门、疫情一线人员，也有身边的同事朋友，甚至有些内容是道听途说的谣言。但是自媒体账号的信息发布速度往往比主流媒体更快更及时，发酵的速度更快，加速了疫情信息的实时更新和连接传播。

在健康传播中，主流媒体和自媒体往往相互配合。自媒体的迅速发声，寻找社会热点问题，主流媒体根据社会热点进行议程设置，通过精心的策划、严谨的考证寻求真相，进行有效的健康传播。

5. 传播内容：内容广泛、篇幅短小

新媒体的健康传播内容大致可分为疫情情况通报、防疫知识科普、防疫工作汇报、疾控措施通知四个方面。其中，受众最关心的是疫情情况通报。以澧县为例，澧县融媒从 2020 年 1 月 29 日开始发布《澧县新型冠状病毒感染的肺炎疫情通报》，到 2020 年 3 月 10 日湖南省新冠肺炎疫情防控突发公共卫生事件应急响应级别由一级调整为二级为止，共发布了四十四期情况通报。其中第二期情况通报达到了 10 万 + 的阅读量，远高于其他推送信息的阅读量。在健康卫生知识的科普上，受众更关心与他们的行为日常息息相关的知识，如如何正确佩戴口罩、在工作场合如何做到健康防护。而对专业的医学知识，如新冠病毒的结构、新冠病毒的形状等内容感兴趣的人数则较少。

新媒体的传播内容一般篇幅较短。这些短小的传播内容适应了用户的碎片化阅读需求，方便用户在工作或学习间隙接收到疫情相关动态和健康卫生知识。以抖音平台为例，抖音短视频时长一般控制在几秒到几十秒不等，这就要求创作者用最简洁和通俗的方式呈现内容，使受众能够在短时间里接收到丰富的信息。另一方面，简洁短小的传播内容要求创作者能够筛选出最核心和关键的信息，为受众节省了信息提炼的过程。

三、新媒体健康传播问题及建议

（一）新媒体健康传播发展问题

1. 新媒体未充分发挥出媒体优势，参与度和互动性不强

社区的新媒体平台往往面临闲置的问题。部分社区的新媒体平台在疫情期间利用率不高。例如，有的社区虽然注册了微信公众号，但基本处于闲置状态，发布的内容浏览量低，长时间未更新，居民的关注度不高。疫情期间相关的卫生知识和政策的通知主要依靠线上的微信群聊、线下的通知栏公示和入户宣传，未在社区形成一个线上线下相结合的积极有效的传播模式。

新媒体在传播中还面临传播的"上热下冷"问题，尤其以政务性媒体问题最突出。相关部门的新媒体账号运营大多面临点击率低、流量少的困境。政务新媒体更重视内容的传播，而忽视了用户的服务体验，传播方式和内容较为单一，在传播过程中无法形成以用户为中心的政务信息传播模式。

同时，新媒体中心往往在疫情期间增加了发布的频率。但新媒体对健康知识传播频率的增强也可能带来"信息轰炸"的问题，受众在一定时间内所能接受的信息是有限的，大量疫情相关信息的涌入会使得受众反而被淹没在信息的海洋中，无法获得及时准确的信息。所以频繁的信息发布并不一定

能带来更好的传播效果。

2. 内容同质化严重，缺乏传播特色与亮点

新媒体中心健康传播内容以转载居多，缺少原创，容易导致同质化信息充斥于网络。这也导致了新媒体中心的推文阅读量、点击量不高，传播效果有限。新媒体中心在内容的选择上缺少地方性视野，拘泥于与主流媒体趋同的宏大叙事报道和地方领导班子的防疫工作，在内容创作上没有体现地域特色，内容枯燥乏味，未能吸引到地方受众。城镇和乡村社区的健康传播内容未考虑到受众的年龄、文化水平、理解能力等因素，只是简单地转达政府相关防疫政策和健康知识，受众的接受程度有限。少有乡村社区能对信息进行二次处理和加工，以群众喜闻乐见的方式进行传播。

3. 信息来源鱼龙混杂，缺乏权威度和可信度

受众的信息来源复杂，既有权威的主流媒体，也有个人自媒体。而个人自媒体是谣言的重灾区。在社区中，健康知识的传播有很大比重是依靠社区居民的自发分享。居民分享的信息来源不一，既有主流媒体公众号的健康知识科普，也有自媒体的信息报道，并且其中不乏谣言的传播，起到负面效果。

新媒体为了追求时效性，往往未对发布的信息进行核实，抢先发布在新媒体平台上，缺少审核机制。而主流媒体求证信息需要一定的时间，发声较迟，容易出现"谣言满天飞，辟谣无人看"的问题。

（二）新媒体健康传播发展建议

1. 形成媒体矩阵，搭建良性互动机制

（1）充分发挥新媒体的交互功能，契合受众

新媒体应充分发挥交互功能，引导受众积极评论，提升受众的参与感，避免传播过程中的"上热下冷"问题。通过人们的转发、评论收集受众的反馈，利用大数据分析，对受众人群基本情况进行了解，如年龄层次、学历层次、性别职业等。根据反馈信息，对内容进行进一步优化，增强受众的参与感和互动感，最终实现新媒体的良性互动机制，增强传播效果。

（2）权威渠道与社会媒体联合发布，科学发声

越来越多的受众通过新媒体渠道了解相关的健康卫生知识，但是由于新媒体渠道发布的内容质量良莠不齐，严谨性不足，而相关的健康卫生知识更新速度快，健康卫生知识的传播效果并不理想。因此，健康卫生知识和科学防护信息需要依靠"权威渠道＋社交/新闻类社会媒体"联合发布，既通过

权威渠道保证信息的真实性、可靠性和权威性，又通过社交或新闻类社会媒体保证信息的广泛传播，有利于大众提高自我防护知识的普及率和提升自我防护能力。

2. 融入人文关怀，生产优质的健康卫生内容

新媒体健康传播既要呼应受众对于健康的需求，体现其专业性和权威性，又要承担传播健康卫生知识的重担，广泛传播健康卫生知识，增强传播效果。如今，部分新媒体健康传播内容枯燥陈旧、形式粗制老套，吸引受众能力较弱。大量的健康传播信息原创力不足、同质化现象严重，受众也陷入选择困难。因此，新媒体要高度重视受众的反馈，始终坚持"平等对话""科学人本""内容为王"的纲领，在平等、对话、交流的基础上形成互动来完成信息传播。在互动中发现选题，在互动中把握受众定位，再根据受众的不同特点调整传播内容和形式，搭建良性互动机制。根据不同的受众群体做出恰当适时的内容和形式调整，积极融入人文关怀，扩大受众群体，开发潜在受众，增强受众的黏度，提高传播效果。

3. 信息有效触达，设置健康传播中的"意见领袖"

健康传播中不仅需要官方媒体加强信息把关，也需要其通过设置健康传播领域中"意见领袖"，实现信息的有效触达。"意见领袖"可以是健康卫生知识领域的权威专家，也可以是健康卫生知识领域中通过资格认定的专业机构。利用新媒体渠道，专家或专业机构可以建立自己的新媒体品牌，及时和公众互动，在更加轻松的氛围中传递健康卫生知识，赢得公众信任。通过"意见领袖"搭建新媒体健康传播主体与受众的桥梁，增强受众对于新媒体的信任度，提高健康信息的传播效果。在突发公共卫生事件中，"意见领袖"通过新媒体的精准传播，及时快速地帮助受众建立正确认知，指导受众提高防范水平，降低因为对健康知识的不了解而产生的恐慌情绪，遏制谣言的传播。

参考文献

[1] 张文静. 新媒体在健康传播中的应用现状及发展趋势探讨 [J]. 传播力研究, 2019, 3 (25).

[2] 胡晓云. SARS 防治与健康教育策略研究 [J]. 医学与社会, 2003 (4).

[3] 郑建盛, 张彦丰, 许莹, 杨丽全, 林朝芹, 朱丽梅. 社区居民新型冠状病毒肺炎防治健康素养与健康教育需求调查 [J]. 中国公共卫生, 2020, 36 (2).

［4］关静，刘民，梁万年．突发公共卫生事件对公众的知识、心理和行为的影响［J］．中国健康教育，2005（10）．

［5］黄民杰．健康传播在抗击SARS中的重要作用［J］．海峡预防医学杂志，2004（5）．

［6］贾静杰．短视频乡村健康传播中的现存问题及优化策略［J］．视听，2020（7）．

［7］高海言．推进区县级融媒体中心建设中的问题与思考［J］．新闻研究导刊，2020（11）．

湖南省农村健康传播
现状与对策研究

课题组成员：陈正雅，何煦阳，熊　涛，
刘韵霞，曹　宣
指导老师：陈云凡，蔡　骐

摘要：选取处于不同经济水平的三个村子，基于"中国健康信息全国趋势调查"研究框架，从人际传播、大众传播、组织传播三个维度，对湖南省农村健康传播现状进行调研。报告总结了村民委员会及村卫生院健康传播工作现状，并对问卷进行量化分析，得出了影响健康信念形成、健康行为采纳、健康信息主动寻求的重要影响因素，以回答如何通过有效健康传播，影响农村居民健康信念，并成功转化为健康行为，提出相应对策建议。

关键词：农村健康传播；健康信念；HINTS中国；健康中国

目前，我国农村地区医疗健康状况相对落后。除了客观的医疗资源局限外，农村居民的健康素养、健康意识、健康知识也相对匮乏。广大农村"重医疗，轻防保"的情况较为普遍，许多农村居民面临传染病和慢性病的双重负担，大多数贫困户是"因病致贫"。据国家卫健委2019年进行的全国居民健康素养监测结果提示，健康素养水平在城乡、地区、人群间的分布不均衡依然存在，农村居民、中西部地区居民、老年人群等的健康素养水平仍相对较低。本次调研，课题组走访了湖南三个不同经济状况的农村地区——团山湖村、一渡水村和插柳村，对三地村委进行十次深度访谈，向当地农村居民发放问卷共332份，了解样本村在人际传播、组织传播、大众传播三个维度的健康传播现状；结合中国健康信息全国趋势调查（Health Information National Trends Survey，HINTS）的理论框架模型，分析健康传播如何影响农村居民健康信念的形成，以及健康行为的采纳；并基于数据分析报告，提出有针对性的对策建议。

一、研究设计

（一）研究概念界定

健康传播：指一种在特定的社会和历史环境下，以传递健康信息、普及健康知识为目的的社会实践活动。基层健康传播渗透在基本公共卫生服务中，包含体检、咨询、讲座等，调研重点向村镇卫生院、村民委员会了解该类健康活动的组织情况。

健康信念：个体感觉到健康威胁的程度，以及对于某种健康行为是否将会有效地减轻这种威胁的感知程度。

信息寻求：指人们努力尝试通过各种大众和人际渠道收集信息，以达到个人目标。基于使用满足理论与意义构建理论，人众的健康信息寻求行为由特定的动机和需求激发，而个人健康状况是健康信息寻求的直接动机之一。

（二）抽样依据

按照湖南省农村经济发展水平，选取长沙市岳麓区团山湖村、邵阳市新宁县一渡水村以及邵阳市绥宁县插柳村为调研对象。样本村经济水平由高到低，既有已经出现了较为严重的健康问题的村子，又包含了健康状况正常的村落，同时还有少数民族村落，调研样本富有多样性、代表性。

（三）分析方法

包括文献资料查阅法、内容分析法、深度访谈法、专家咨询法、问卷调查法等。

二、调研样本情况

（一）人口统计学情况

调研采用入户调查的方式，由队员入户发放和回收问卷。共发放 350 份问卷，回收有效问卷 331 份，有效应答率为 94.6%，其中，团山湖村 169份，一渡水村 162 份。

表 1　团山湖村和一渡水村的样本特征

变量	类型	团山湖村	一渡水村
性别	男	81（47.93%）	73（45.06%）
	女	88（52.07%）	89（54.94%）
年龄	18 岁以下	33（19.53%）	24（14.82%）
	18～25 岁	6（3.55%）	4（2.47%）
	26～30 岁	11（6.51%）	7（4.32%）
	31～40 岁	24（14.20%）	36（22.22%）
	41～50 岁	25（14.79%）	36（22.22%）
	51～60 岁	40（23.67%）	25（15.43%）
	61 岁及以上	30（17.75%）	30（18.52%）
学历	小学及以下	56（33.14%）	36（22.22%）
	初中	56（33.14%）	67（41.36%）
	高中/中专/技校	37（21.89%）	46（28.40%）
	大学专科	13（7.69%）	6（3.70%）
	大学本科	7（4.14%）	7（4.32%）
	硕士研究生及以上	0（0.00%）	0（0.00%）
职业	务农	56（33.14%）	57（35.19%）
	学生	38（22.49%）	21（12.96%）
	普通工人（如工厂工人/体力劳动者等）	13（7.69%）	18（11.11%）
	政府/机关干部/公务员	1（0.59%）	5（3.09%）
	个体经营、公司职员（如销售人员/办公楼工作人员/服务员等）	32（18.93%）	39（24.07%）
	专业人员（如医生/律师/文体/记者/老师等）	5（2.96%）	4（2.47%）
	暂无职业	16（9.47%）	16（9.88%）
	其他职业人员	8（4.73%）	2（1.23%）
收入	无收入	69（40.83%）	62（38.26%）
	1000 元以下	16（9.47%）	20（12.35%）
	1000 元～2000 元	14（8.28%）	27（16.67%）
	2000 元～3000 元	28（16.57%）	30（18.52%）
	3000 元～4000 元	16（9.47%）	12（7.41%）
	4000 元以上	26（15.38%）	11（6.79%）

（二）健康状况

三村因病致贫现象均比较严重，其中团山湖村、一渡水村因病致贫比例超过七成。大部分受访者认为自己的身体比较健康对健康问题比较乐观和自信，其中 67.45% 的团山湖村受访者，55.55% 的一渡水村受访者认为自己

"比较健康"或"健康"，团山湖村比一渡水村高近十个百分点，不难看出，团山湖村村民的自我健康感知更好，这与团山湖村经济情况更好相吻合。

三、湖南省农村健康传播现状

（一）村卫生院健康传播工作组织情况

1. 关键传播者

团山湖村有三处医疗点，三位乡村医生；一渡水村有两处医疗点，两位乡村医生；插柳村有三处医疗点，四位乡村医生。样本村的乡村医生均表示工作量适中，薪酬有待提升，且养老保险没有解决。由于农村是典型的熟人社会，乡医熟知村民情况，语言表达贴近村民生活，半农半医的农民身份与村民处在平等位置，与村民的医患沟通较为顺畅；三个样本村看诊时间均较为充裕，一渡水村的乡村医生表示门诊每天看病数量为10人左右，每个病人需要三十分钟左右，村民可以得到充足的反馈，大多数村民遵从医嘱。

2. 主要渠道

农村健康传播其他主要渠道还有宣传栏、村广播、健康手册等。调研中，一渡水村和团山湖村的健康教育手册配备情况均不理想，没有摆放在村委或村卫生院的显眼位置，村民表示很少看到有相关宣传资料。宣传栏配备情况较好，团山湖村、插柳村更新频率为两个月一次，一渡水村更新频率不定。健康讲座开展情况不理想，团山湖村每两个月开展一次健康讲座，其余两村不定期开展，村民积极性较弱，讲座内容有效度弱，村卫生院均没有会议记录存档或内容材料存档。

表2　农村健康传播渠道统计

	团山湖村	一渡水村	插柳村
宣传栏	√	×	√
广播	√	√	×
健康手册	√	×	×
健康讲座	√	√	√
健康咨询	√	√	√
影视材料	×	×	×
上门服务	√	√	√
健康活动	×	×	×

3. 内容分析

（1）词频分析

以团山湖村为例，使用Rost ContentMining 6.0软件对A村宣传栏"国家基本公共卫生项目知识点"文本进行词频分析。高频词可反映农村健康传播的侧重点。经剔除无意义及重复词组，在高频词组中，"健康""服务""卫生""患者""管理""高血压"是文中重复率最高的 6 个词。"健康"出现了 50 次，是排在首位的高频词。

（2）特点分析

①纸质载体为主

调研地点健康信息组织传播的主要传播载体为海报、宣传手册、宣传栏、宣传单。如一渡水村发放的宣传手册《肺病科（呼吸内科）农民工尘肺宣传资料》、宣传单《防治碘缺乏病日——科学补碘，健康一生》，团山湖村的宣传栏《控制高血压》以及宣传手册《长沙市流动人口基本公共卫生计生服务健康教育实用手册》等。

②内容类型多样

调研团队所调研乡村的当地村委及村卫生室，会对健康扶贫政策、卫生政策进行普及，对疾病预防、良好生活习惯等内容进行科普，此外还包括健康活动的通知，如免费体检通知。

表3　健康传播内容种类统计

类型	种类	团山湖村	一渡水村	插柳村
知识型	慢性病	√	√	√
	传染病	√	×	×
	职业病	×	√	×
	心理健康	×	×	×
	生理卫生	×	×	×
	疫苗接种	×	×	×
	妇幼保健	√	×	√
	环境卫生	√	×	√
政策型	健康扶贫	√	√	√
	卫生厕所	√	×	√
	垃圾分类	×	×	√
	医疗政策	√	√	√
消息型	体检通知	√	√	√
	疫苗接种	×	√	√
	健康讲座	√	√	×

③以漫画、简笔画形式科普

以一渡水村的《医保政策问答》为例，其大量运用了漫画、简笔画的形式，通过情景化的展现，让农村居民直观地了解相关信息，也在一定程度上化繁为简，让农村居民有兴趣了解原本冗长的政策信息。如《待遇及报销》一节里，通过"小王"与"老板"的情景对话，以漫画的形式展现，让农村居民认识到劳动者依法享有基本医疗保险的权益。再如《医保电子凭证》一节里，通过模拟手机设置页面的简笔画，向农村居民传播、讲解如何使用电子凭证，简洁高效。

（二）农村居民健康信念与健康行为

1. 健康信念

健康信念模型（HBM）是一个通过干预人们的知觉、态度和信念等心理活动，从而改变人们的行为的健康教育模型。其经过不断的充实和发展，已成为人们开展健康行为干预项目和活动的重要工作模式，广泛应用于控烟、营养、锻炼、艾滋病、疾病筛查等议题的健康干预活动。基于调查数据也可以识别出持有不同健康信念的各个子群体。比如，哪些人群认为癌症几乎是不可以避免的健康风险，或者哪些人群认为推荐的措施对改善健康状况没有效果，而哪些人群对自己能完成这些行为不具有信心（比如由于不具备相关资源），由此可以对这些子群体实施专门的健康干预活动，有针对性地改变他们的健康信念，促使他们实施健康行为，从而提高群体性的健康状况。

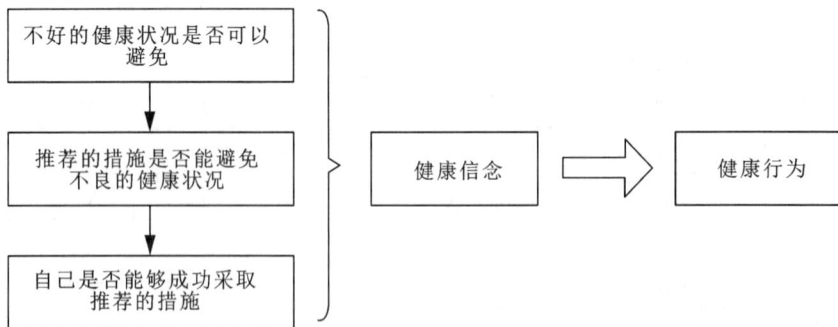

图1　健康信念模型

研究者进一步拓展该理论模式，提出行为线索的概念，认为行为线索是导致个体改变行为的最后推动力。在该理论看来，行为线索指任何与健康问题有关的促进个体改变行为的事件和暗示，包括外在和内在两方面。外在线索包括媒体中有关不健康行为严重后果的宣传以及医生的警告等，内在线索包括身体出现不适的症状等。因此，研究将Q6（总的来说，您认为您的身体健康状况是?）纳入自变量。除此之外，社会学人口特征（Q1~Q5）是一般的自变量，Q13（"您认为疾病可以通过改善生活习惯来预防吗?"）、Q14（"您认为重大疾病可以通过定时体检、及时就医来控制吗?"）分别为因变量。并提出以下六个假设：

H1：性别对健康信念水平没有影响。

H2：年龄越高，健康信念水平越高。

H3：学历越高，健康信念水平越高。

H4：职业对健康信念水平没有影响。

H5：收入越高，健康信念水平越高。

H6：健康自我评价越高，健康信念水平越高。

围绕 Q13（"您认为疾病可以通过改善生活习惯来预防吗?"）的结果，对性别、年龄、职业、学历、收入、健康状况等因素做多因素方差分析：

表4　多因素方差分析结果

	平方和	df	均方	F	p
截距	592.682	1	592.682	1114.426	0.000**
性别	0.286	1	0.286	0.538	0.464
年龄	2.049	6	0.341	0.642	0.697
学历	6.366	4	1.591	2.992	0.019*
职业	1.662	7	0.237	0.446	0.872
收入	0.500	5	0.100	0.188	0.967
健康状况	2.717	4	0.679	1.277	0.279
残差	161.675	304	0.532		
$R^2 = 0.127$					
$^* p < 0.05, ^{**} \quad p < 0.01$					

根据 $p = 0.019 < 0.05$ 可以得知：仅有学历会对"是否相信疾病可以通过改善生活习惯来预防"产生显著性差异。再以学历为自变量，$Q13$（"是否相信疾病可以通过改善生活习惯来预防?"）为因变量进行线性回归：$p = 0.00 < 0.01$，学历的回归系数值为 0.180，所以学历会对是否相信疾病可以通过改善生活习惯来预防产生显著的正向影响关系。

运用同样的方式，先围绕 $Q14$（"您认为重大疾病可以通过定时体检、及时就医来控制吗?"）的结果，对性别、年龄、职业、学历、收入、健康状况等因素做多因素方差分析：

表 5　多因素方差分析结果

	平方和	df	均方	F	p
截距	490.310	1	490.310	713.747	0.000 **
性别	0.195	1	0.195	0.283	0.595
年龄	7.833	6	1.305	1.900	0.080
学历	7.131	4	1.783	2.595	0.037 *
职业	4.958	7	0.708	1.031	0.409
收入	2.098	5	0.420	0.611	0.692
健康状况	1.968	4	0.492	0.716	0.581
残差	208.834	304	0.687		
$R^2 = 0.118$					
$^* p < 0.05 , ^{**}\quad p < 0.01$					

根据 $p = 0.037 < 0.05$ 可知，仅有学历会对是否相信定时体检及时就医能控制重大疾病产生显著性差异。再以学历为自变量，Q14（"是否相信重大疾病可以通过定时体检、及时就医来控制？"）为因变量进行线性回归：学历会对是否相信定时体检及时就医能控制重大疾病产生显著正向影响关系。

根据上述数据分析可知：学历越高的农村居民，更相信疾病可以通过改善生活习惯来预防，更相信重大疾病可以通过定时体检、及时就医来控制；而性别、职业则没有产生显著影响。因此，假设 H1 "性别对健康信念水平没有影响"、假设 H3 "学历越高，健康信念水平越高"、假设 H4 "职业对健康信念水平没有影响"得到检验，假设成立。

此外，年龄、收入及健康自我评价亦没有产生显著影响，因此假设 H2 "年龄越高，健康信念水平越高"、假设 5H "收入越高，健康信念水平越高"、假设 H6 "健康自我评价越高，健康信念水平越高"未通过检验。

2. 健康行为

健康传播是要通过有效的传播方式和渠道，最终改变受众的行为，令受众实施正确的健康行为，实现"知行合一"的目的。因此，问卷设置了 Q12（"您会根据获得健康信息调整自己的行为吗？"）来检验村民的健康行为实施程度，即健康传播的最终效果。

选项"有时会"占比最大，调查员在派放问卷时了解到，不少村民对获取的健康信息持保留态度，有一定的怀疑，因此转化成行为的比例有所下降。除此之外，有受访者表示，健康信息的传播并没有给自己留下太多印象，所以更不会考虑是否需要采取行动。选"经常会"的占比为39.16%，这部分村民或是有良好的健康素养，重视日常生活中健康行为的履行；或是有良好的媒介素养，有自己的一套健康信息媒介获取系统，因此也对自己得来的健康信息有更多的信赖。

根据健康传播经典理论"知信行理论"，"信"是指正确的信念和积极的态度，"行"是指行动，信念和态度是行为改变的动力。此外，个人的健康状况毫无疑问是人们根据获得的健康信息调整行为的直接动机之一。因此，报告将健康信念（Q13、Q14）与健康状况自我评价（Q6）作为自变量，健康行为的改变（Q12）作为因变量进行回归分析，结果如下：

表6　二元 Logit 回归分析结果汇总

项	回归系数	标准误	z 值	p 值	OR 值	OR 值95% CI
是否相信生活习惯能影响疾病（Q13）	1.065	0.210	5.062	0.000	2.900	1.920 ~ 4.379
是否相信体检就医能影响疾病（Q14）	0.905	0.193	4.687	0.000	2.473	1.693 ~ 3.611
截距	−3.699	1.007	−3.673	0.000	0.025	0.003 ~ 0.178
因变量：Q36						
McFadden R 方：0.272						
Cox & Snell R 方：0.219						
Nagelkerke R 方：0.367						

将 Q13（"您认为疾病可以通过改善生活习惯来预防吗?"）、Q14（"您认为重大疾病可以通过体检、就医控制吗?"）共 2 项为自变量，而将 Q12（"您会根据获得的健康信息调整自己的行为吗?"）作为因变量进行二元 Logit 回归分析，模型公式为：$\ln(p/1-p) = -3.699 - 0.315 * Q6 + 1.065 * Q37 + 0.905 * Q38$（其中 p 代表 Q36 为 1 的概率，$1-p$ 代表 Q36 为 0 的概率）。最终具体分析可知：

Q13 的回归系数值为 1.065，并且呈现出 0.01 水平的显著性（$z = 5.062$，$p = 0.000 < 0.01$），意味着 Q13 会对 Q12 产生显著的正向影响。以及优势比（OR 值）为 2.900，意味着 Q13 增加一个单位时，Y 的变化（增加）幅度为 2.900 倍。

Q14 的回归系数值为 0.905，并且呈现出 0.01 水平的显著性（$z = 4.687$，$p = 0.000 < 0.01$），意味着 Q14 会对 Q12 产生显著的正向影响关系。以及优

势比（OR 值）为 2.473，意味着 Q14 增加一个单位时，Y 的变化（增加）幅度为 2.473 倍。

总结分析可知：Q13、Q14 会对 Q12 产生显著的正向影响关系，健康信念模型得到证实。

为了识别哪些群体更容易采纳健康行为，报告还分析了社会学人口特征（Q1～Q5）、健康状况自我感知（Q6）与健康行为的相关度，将 Q12 作为因变量，将其四个选项简化为两个，即"采纳与不采纳"。认定"经常会"和"有时会"为采纳，"一般不会"和"不会"为不采纳，做二元 Logit 分析，自变量是 Q1～Q6 即社会人口学特征，目的是找到影响农村村民实施健康行为的关键性个人因素。分析结果如下：

表7　二元 Logit 回归分析结果汇总

项	回归系数	标准误	z 值	p 值	OR 值	OR 值95% CI
性别	0.553	0.311	1.779	0.075	1.739	0.945～3.200
年龄	0.045	0.076	0.588	0.556	1.046	0.901～1.215
学历	0.547	0.199	2.747	0.006	1.729	1.170～2.554
职业	0.032	0.068	0.465	0.642	1.032	0.903～1.179
收入	−0.037	0.108	−0.341	0.733	0.964	0.780～1.191
健康状况	−0.105	0.171	−0.613	0.540	0.900	0.644～1.259
截距	−0.170	1.003	−0.170	0.865	0.844	0.118～6.022
因变量：Q36						
McFadden R 方：0.051						
Cox & Snell R 方：0.045						
Nagelkerke R 方：0.076						

总结分析可知，学历的回归系数值为 0.547，$p = 0.006 < 0.01$，也就是学历越高的人越容易根据获得的健康信息调整自己的行为，而性别、年龄、职业、收入、健康状况并不会对 Q12 产生影响。这同样提示我们，为了提高农村居民的健康行为水平，需要重视学校教育，重视校园内的健康传播；同时也需要进一步加大社会健康教育力度，以弥补农村居民学历差距带来的健康行为水平差距。

（三）农村居民健康信息接触与寻求

1. 健康传播媒介使用情况

Q9：在过去 12 个月内，您通过以下媒介接触健康或医疗信息的频率是？

表 8　媒介接触信息

	经常(%)	有时(%)	很少(%)	从不使用(%)
宣传栏、健康手册	40(12.05%)	60(12.74%)	74(22.29%)	158(47.59%)
健康讲座、咨询活动	14(4.22%)	49(14.76%)	63(18.98%)	206(62.05%)
广播	45(13.55%)	54(16.27%)	75(22.59%)	158(47.59%)
电视	83(25.00%)	79(23.80%)	51(15.63%)	119(35.84%)
报纸、杂志	22(6.63%)	37(11.14%)	50(15.06%)	223(67.17%)
搜索引擎(百度、搜狗等)	53(15.96%)	53(15.96%)	44(13.25%)	182(54.82%)
微信	85(25.60%)	63(18.98%)	40(12.05%)	144(43.37%)
微博	27(8.13%)	32(9.64%)	40(12.05%)	233(70.18%)
短视频 APP	68(20.48%)	53(15.96%)	43(12.95%)	168(50.60%)
新闻 APP	47(14.16%)	57(17.17%)	37(11.14%)	191(57.53%)
家人、亲戚	85(25.60%)	87(26.20%)	49(14.76%)	111(33.43%)
朋友、同事	77(23.19%)	82(24.70%)	61(18.37%)	112(33.73%)
与医生交流	37(11.14%)	83(25.00%)	101(30.42%)	111(33.43%)

　　总体上看，微信，家人、朋友是人们日常接触健康信息频率最高的媒体，电视、朋友同事和短视频 APP 次之，健康讲座、咨询活动、微博、报纸杂志最低。在村民们一天接收的信息中，健康信息占得不多，因为不论哪种媒介渠道，选择"从不使用"占比一直最高。

　　调查后发现，人际传播（包括家人、亲戚，朋友、同事和医生）是村民获取健康或医疗信息的首要和主要渠道，这可能是因为人际传播与其他传播方式相比更有现场感、互动感，获得的信息更多。有 25.60% 的受访者表示经常跟家人、亲戚交流健康信息，与朋友、同事和与医生交流分别占23.19% 和 11.14%，与家人亲戚交流占比最重，医生最少。

　　网络媒体（包括搜索引擎、微信、微博、短视频 APP 和新闻 APP）的媒介使用频率次之，这与新媒体的发展和普及相吻合。新媒体更新速度快、交互性强、携带便捷也是其受到村民青睐的原因。其中，微信占比最高，有25.6% 的被调查者表示经常使用微信接触健康或医疗信息；短视频 APP 次之，占 20.48%；搜索引擎为 15.96%；新闻 APP 占比 14.16%。值得一提的是，微博占比最低，只有 8.13%，这可能是因为微博的用户集中在城市里的年轻人。

　　传统媒体（包括宣传栏、健康手册、健康讲座、咨询活动、广播、电视、报纸、杂志）的媒介使用频率最低，经常阅读报纸杂志和参加健康讲座、咨询活动占比分别仅为 6.63% 和 4.22%。电视的使用率最高，占比 25%。广播和健康手册、宣传栏分别占比 13.55% 和 12.05%，这两者都由村卫生院负责，更新速度较慢。

　　2. 人际层面的农村健康传播情况

　　（1）渠道比较

　　为了检测人际传播情况，问卷设置了 Q10（请给以下健康传播渠道打分）来检测各种媒介渠道的通俗度（能不能看懂?）、质量（有没有用?）和村民对其的信任度（相不相信?），村民们可根据自己的判断给各种媒介渠道打 1~10 分。根据调查，在质量方面，给医生打满分的比例最高，为 49.22%；家人、亲戚次之，为 30.57%；朋友、同事最低，只有 27.46%。在通俗度方面，家人和医生的占比较高，基本持平，打满分的比例分别占 54.92% 和 55.44%；朋友的占比较低，为 49.22%。在信任度方面，给医生打满分的比例最高，为 50.78%；家人、亲戚次之，为 35.75%；朋友、同事最低，为 30.05%。总体而言，村民各方面对医生的评价都最高，医患关系良好。

　　（2）医患沟通

　　医患关系已经成为大力构建社会主义和谐社会中被普遍关注的热点问题之一，作为社会个体与社会医疗体制接触的"界面"，医患关系是考量社会医疗健康服务状况的重要窗口，同时也是困扰和影响医疗机构及医护人员正常工作甚至安全的难题。尽管中国大城市医院的医疗水平已经与国际相差无几，不过由于多方面原因，导致中国的医疗服务出现"群众不满意，医务人员不满意，政府不满意"的现象。本研究以抽样问卷调查的方式，了解民众对医疗整体环境、医疗过程及医患关系的评价和看法，来考察我国当前医患关系的现状、问题及原因，并对我国医患关系整体改善、促进医疗体制改革，提供针对性的建议，充分发挥传播研究在社会议题中的参与能力，促进传播与社会视角的融合。

　　根据 Q17（1）（"是否会主动询问医生问题?"）调查结果，村民就医时询问医生的积极性普遍不高，虽然选择"经常"的占比依然最高，四个选项之间的百分比相差不大，不少村民在与医生沟通时不主动向医生询问问题，这会影响健康传播的效果。在进一步访谈时发现，在询问问题方面，虽然所有访谈对象都表示只要他们有问题，医生都会回答，但不少患者都习惯于被动地接受医生告知，较少主动询问。几乎所有患者都表示，医生对于治疗之外的信息提供得不充分，如患者提出的癌症发生危险因素、发病机制、养生保健问题未能充分得到解答。大多数患者表示，这可能因为医生工作很忙，病人量太大，时间仅够交流最重要的治疗信息。也有个别患者认为，因目前医患关系紧张，某些医生为避免引起不必要的纠纷，从而不做更多解释。总的来说，医生看病时间短，患者众多，患者本身对病情不够了解而很难提出相关问题，这些因素都会影响医生与患者的沟通。个别访谈对象建议，若在就诊前准备好问题，沟通会比较满意和顺畅。

根据 Q17（2）（"医生能否用我能理解的方式解释问题?"）调查结果，有 49.70% 的被调查者认为医生经常会用他能理解的方式解释问题，选择"从不"的占比较低，只有 11.14%，这表示医生给患者解释问题时用的语言比较通俗易懂，起到了不错的健康传播效果。另有 27.11% 的患者表示与医生交流存在一些障碍，他们表示，由于医患双方的信息不对称，患者及家属对一些医学专业术语并不理解，而医生对此没有做出更详细的解释，导致他们有时不太信任医生提出的治疗方案，但由于没有第三方认证，只能被动接受。这种被动接受可能在后期的治疗中进一步造成不信任与沟通问题。

在访谈乡医时，乡村医生表示，他们会尽量用患者能理解的方式解释问题，经常也会照顾患者的感觉和情绪，在决定医疗保健方案时，医生多数根据专业方向来决定治疗方法（也就是说患者在决定中的自主性较低）。医生表示，目前整体环境下的医患关系比较复杂，出现不良反应和并发症时医患关系容易紧张，并容易造成患者对医生的不信任。医患沟通还与患者的知识和背景相关。一般而言文化程度高的交流较为顺畅。部分患者有先入为主的概念，认为医生不好，对医生信任程度不够，来自媒体的负面消息也会进一步加剧医患关系的紧张程度。部分家属要求对患者隐瞒病情，进一步造成沟通困难。良好的沟通态度、提前详细交代病情有助于与患者进行良好沟通。

仿照喻国明 2012 年在北京、合肥地区进行的健康信息调查报告（HINTS China 2012），美国 HINTS 在 2003、2007 年的调查问卷，分析 Q17（1），总体来看，北京、合肥的调查者询问医护人员的积极性好于本次调查中的调查者，这可能是受城乡健康素养、收入水平、学历、知识代沟等种种差异的影响，也进一步凸显了加强农村健康传播的重要性。分析 Q17（2），本次受访者选择"经常"的比例超过合肥、北京，这可能是因为乡村人际关系较融洽，医患就医疗问题沟通时更通畅。而对比美国 HINTS 调查结果，美国被调查者两道题的选择"总是/经常"的比例都超过中国，说明中国医患沟通情况还有很大的提升空间。

根据 Q17（3）（医生是否会针对疾病给出可实施的建议？）的调查结果，选择"从不"的被调查者很少，只有 9.64%，有多达 51.51% 的被调查者选择了"经常"，但选择"有时"的比例也不低，有 28.61%，这启示医生之后要给出更富操作性的健康医疗建议，以促进人们的健康行为。最后，根据 Q17（4）（是否能遵从医生建议？）的调查结果，有 62.65% 的被调查者认为自己会经常遵从医生的建议，说明村民们普遍信任医生，会听从医生的建议。

四、湖南省农村健康传播对策

有效的健康传播能够促进农村居民形成积极的健康信念，从而采纳积极的健康行为，缓解农村健康问题的矛盾。但农村地区囿于传播机制陈旧，虽有固定的健康教育经费，但大量农村健康传播为"你说我听，自上而下"，效果极其有限，难以满足农村居民的信息需求。建议：一是打造乡村健康传播意见领袖；二是丰富健康教育内容形式；三是开展健康促进活动；四是构建农村健康传播体系。

参考文献

［1］张自力. 健康传播学：身与心的交融［M］. 北京：北京大学出版社，2009.

［2］喻国明. 健康传播：中国人的接触、认知与认同：基于 HINTS 模型的实证研究与分析［M］. 北京：人民日报出版社，2018.

［3］宋美杰，喻国明. 行为理论下的健康信息寻求模型构建——基于北京居民健康信息调查［J］. 现代传播，2015（3）.

［4］定军. 目前医患关系处于历史最差［N］. 21 世纪经济报道，2007 - 04 - 06.

第五部分　中国特色社会主义生态文明发展篇

全面建成小康社会背景下
乡村污染防治调研

课题组成员：何　野，陈　炎，唐文荣
指导老师：张佳琪

摘要：目前，乡村生活水平极大提高，随之而来的相关问题也走进大众的视野，其中最为明显的就是乡村污染治理。根据当地污染现状，本调研小组认为应当树立科学生态观，加大环保知识宣传力度，进一步增强环保性基础设施建设，加强生态环境管理，将生态环境纳入政绩考核范围，提出生态型村镇建设目标。

关键字：乡村；污染防治；全面建成小康

习近平同志指出："打造美丽乡村，为老百姓留住鸟语花香田园风光。"2020 年是全面建成小康社会和"十三五"规划收官之年，打好污染防治攻坚战直接关系到全面建成小康社会目标的实现。近年来，农村生活水平日益提高，农村发展速度日益加快，但农村生活垃圾日益增多且处理方式单一，生活污水排放无序，缺乏有效管理，粗放的种植养殖方式对农村生活环境造成污染，这一问题越来越成为污染防治的一大难题。党的十八大提出要大力推进生态文明建设，但是在推进乡村生态文明建设时，如何提高农村污染防治水平、保障农民权益，也是需要认真思考并且切实解决的重大问题。

为了解乡村污染防治的真实情况，调研小组在湖南省娄底市新化县圳上镇采取抽样的方式，以当地村民填写的问卷为样本，进行线上调查。此次调研的地点圳上镇，隶属于湖南省娄底市新化县，位于新化县东北部。在国家森林公园大熊山东南脚下，东接安化县，南邻吉庆镇，西抵白溪镇，北连大熊山林场。是新化县面积最大的乡镇。旅游资源丰富，有国家森林公园和陈氏宗祠。

一、污染现状及原因分析

在全面建成小康社会背景下，农村环境比较落后，很多垃圾处理不当，环保投入不足；在生产过程中，秸秆不当焚烧，垃圾随意堆放，农作物过度喷洒农药，等等，都对环境造成了一定影响。据相关调查，在娄底市的生态环境局官网中，我们发现市级单位也在关注污染问题，当地的部分冶金工厂会有废渣产生，开采矿产也可能会过度开采，这些都存在问题，因此相关领导人也实地参与调查，奔赴在环境整改的道路上。

我们基于以上情况对村民们发放了问卷，进行调研。

本次调查共计发放 203 份调研报告，回收有效报告 184 份。其中 18 岁以下的未成年人的数量占比大约为 13%；18～25 岁村民大约占到 48%；26～40 岁大约占比为 22%；41～50 岁的村民大约占 11%；50 岁以上大约占了 6%。从居住的长久性来看：3 年以内的人占 5%；3～5 年的人占 13%；5～10 年占 4%；10 年以上的人最多，占 78%。调研中，我们围绕污染原因、污染程度、污染防治等问题进行了研究，力求为正在进行的污染防治和日后将大范围推广的垃圾分类做好数据基础。

环境保护是一个复杂以及缓慢的过程，任何一种单一污染是极少的，大部分的环境污染都是呈交叉性的。

当谈到"污染到底是什么"时，村民们认为是水污染的人数最多占到了 51%；空气污染占到了 32%；土壤占到了 8%；声音污染占到了 9%。

其中，水资源是最容易受到污染的资源，普通生活垃圾进入池塘或者河流都会造成一定的污染，农村水源污染如氮、磷污染，农药的污染，农业水产养殖污染，地表径流污染等受到的影响因素多，难以控制。这也是水污染比较难治理的原因。

空气污染也是和农村农作物的不当焚烧等有关。农村的污染治理与城市相比，无论在技术上还是经济上都具有较大困难，主要表现在以下方面：污染物控制、收集困难。主要是因为乡镇企业环保意识差，技术落后，污染源分散涉及面广，污染物质浓度高，难以治理。农村生活污染源分散，难以集中处理，先进的治污技术难以应用，难以在农村推广使用。

当问到"当地最大的污染是什么"时，生活垃圾是村民们主要的困扰，占了 91%；工业垃圾占比大约 8%；并不了解的村民大约占了 1%。这表明了村民们认为生活垃圾是主要的污染，当地的生活垃圾需要及时妥当地处理。同时还需要村民养成垃圾分类的自觉性，对生活垃圾进行分类处理要真正形成日常生活的习惯，也是一项艰巨的任务。

调查显示，在被问到"现在的污染程度是否可以接受"时，大部分村民认为可以接受，占到了所有村民的91%；其他村民认为，污染已经影响到自己的生活的占到了6%；有3%的村民说明了自己无所谓的观点。这说明，村民们认为当地的污染并不是很严重，因此治理工作将会更容易、更高效。

在我们的调查中，从整体上看，大家普遍认为当地的污染程度还在可接受的范围内，并没到不可治理的地步。在日常生活中，污染也并没有深刻影响到村民们的生活。

当村民们理解到在污染治理过程中，个人做法能起决定性作用时，治理工作进行起来会更加容易。在被问及污染原因时，大部分村民认为是生活垃圾处理不当，占了71%；小部分人认为是社会发展必然趋势，占了26%；极少部分村民认为是其他原因，占了3%。究其具体原因，村民认为主要是生活的垃圾没有妥善处理好。同时由此可以看出，大家面对污染治理非常积极，这将对污染治理有很大的促进作用。通过宣传教育，唤起村民们的积极能动性，促使他们在日常生活中，通过改正自己不正确的行为习惯，参与到污染防治和环境监督中来，从而为污染防治工作的顺利进行提供良好基础。

经过调研我们认为，当地存在轻微的污染，但污染并没有严重影响到当地百姓的生活。在我们与个别村民进行访谈时，也有的村民明确表示并没有感觉到身边有污染。在采访中，觉得有污染的村民也是说，当地的污染需要村民自觉遵守规定，应该将生活中的垃圾处理妥当。小镇上的村民们已经意识到生活中已经有了污染，但是并不影响自己的生活，并且大部分的污染都是生活垃圾处理不当，主要影响到了水资源和空气质量。这说明当地的污染防治效果很好，没有影响到大家的生活，并且湖南省最近正在落实垃圾分类治理办法，会更好实现此效果，村民们的环保意识提高也会增加办法尽快落实。

不管是自身利益，还是为国为民，只有村民自己觉得，他们应该为污染防治出一份力，这样污染治理才达到了真正的成功。在村民们被问到"您有没有向有关部门反映过污染"时，大多数的村民并没有采取过实施，大部分人有一定的想法，占到了60%；没有想过问题的占了27%；而反映过的村民则占了13%。这表明：大多数的村民比较关注身边的环境问题，并且有想过环境问题，这对于防护有很大的帮助，但人们缺乏主动反映问题的意识。人们有意识地保护自然资源并使其得到合理的利用，防止自然环境受到污染和破坏；对受到污染和破坏的环境必须做好综合治理，以创造出适合人们生活、工作的环境。

调研问卷表明，在提及"污染防治和治理过程中，最主要的是依靠什么"的相关问题时，所有的村民都意识到，保护环境需要村民的自觉性，占比为100%；大部分的村民认为需要有关部门的协助，占比大约为74%；认为需要工厂自身污染处理大约占比为43%；认为需要自然界的自我调整占比大约26%。这个问题表明了：村民们都意识到自己是社会的一部分，社会的污染防治，是每个村民共同努力的结果。主要需要村民们的自主性和积极配合。一部分还认为需要工厂的污染自身处理，一部分认为需要有相关部门的协助，这说明需要政府的相关政策的提出和实施。

相对于"我们做过什么"的问题，"我们将来可以做什么"才是解决问题的关键！在我们的报告中，不随地乱丢垃圾，大约占了90%；种树和减少一次性产品使用占的一样多，大约70%；多乘坐公交车等交通工具占了大约48%；参加环保公益活动大约占了43%。这项问题表明：最简单也是大家最认同的措施，就是不随意乱丢垃圾，但这也是最难办到的一项。比如垃圾会不会没有准确地扔进相应的垃圾桶，或者扔进去是不是又被风刮出来。这些不可预测的结果，没办法得到真正的解决，这需要村民们的共同大力配合将垃圾准确无误扔进对应垃圾桶。接下来的种树和减少使用一次性物品，对于大家来说，都是比较简单的，在家里前院后院种上绿植，这都是很容易做到的。外出坐公交车是接近一半人的选择。而与环境相关的公益活动，比如社区公益讲座，公益演出，这些可能大家并没有参加过，所以兴趣不高。因此希望有关部门可以多多举办相关活动，让百姓参与到保护环境当中。

而百姓对污染治理的相关看法，则有如下不同回答：

（1）坚持党的领导，坚定扛起共产主义大旗，在习近平总书记的领导下，我们必然会拥有绿水青山。

（2）污染治理对疫情防控也会有一定的帮助，因此我们应该做好污染防治。

（3）我们应当自觉做好村民应尽的义务和责任。

（4）我们可以加大力度进行宣传。

（5）我们当代人的意识不够高。

总之，村民们对于身边环境情况熟悉，污染治理需要村民的自主性，辅以相关政策和政府扶持。通过当地新闻报道可知，工业污染和生活污染并不严重，并且当地相关负责人正在进行整改，而并没有让村民们参与进来，这极大地限制了村民们的行动力。在污染治理的看法上，大多村民都给出了更加客观的解释，也知道村民的积极性不高，需要加大宣传力度。由此可知大家也都希望污染治理是可以稳步进行的。习近平总书记指出，我国生态环境质量持续好转，出现了稳中向好趋势，但成效并不稳固，我国生态文明建设正处于压力叠加、负重前行的关键期，已进入提供更多优质生态产品以满足人民日益增长的优美生态环境需要的攻坚期，也到了有条件有能力解决生态环境突出问题的窗口期。

二、存在的问题

在调研中发现的一系列问题，正是在大部分农村环境面临的相似问题，面临的形势也比较严峻。

1. 村民意识有待提高

在调研中我们发现，其实村民们具有一定的环保意识。每个人都会把自己家里收拾得干干净净。而大部分人只不过是不想积极主动地去管理那些公共区域部分。据了解，当地的生活垃圾会统一集中进行处置，定期将垃圾带离小镇。但部分村民并没有将垃圾带到指定地点，并将垃圾随处乱丢，导致一些污染。

2. 政策法规不完善

在问卷中，只有小部分的人们认为是工业的原因影响了环境。据了解，村子附近有大型冶金工厂存在，在工厂生产过程中，有部分污染物排放到附近村子，从而造成污染。由于生产工艺落后、无序开采、管理不规范，导致工厂冶炼后的剩余残渣堆积过多，造成了周边土壤的重金属污染。当地应当出台相关政策，规范工厂运作和废料的收集处理，以提醒相关厂房加以规范。

3. 防治污染资金匮乏，设施不到位

我国对城市的污染处理，有一定的优惠政策，如对垃圾处理项目（主要包括生活垃圾、医疗垃圾、危险废物以及放射性废物）不征收营业税。而对农村的相关环境防护的处理却没有类似相关政策，导致农村污染处理相对落后，进而难以形成污染治理市场。在生活垃圾方面，村民们更倾向于打扫好家里的卫生，而公共区域的卫生并没有更多的精力去管理。而这相对于城镇来说，随处可见的垃圾箱可以极大地缓解公共区域的垃圾问题。因此乡村污染相对于城市，更加难以治理。

4. 缺少相关技术指导

农村工业薄弱，经济相对落后，部分地区温饱问题刚刚得到基本解决。

解决污染问题和提高生活质量还只是美好的愿望，各级政府对改善环境、提高农产品质量、营造和谐环境还没有提上议事日程，加上对科学文化知识欠缺，工业污染转移和农村自身污染问题也没有引起重视。

三、对策及建议

1. 加强宣传力度，提高群众思想认识

在污染防治过程中，提高群众的自主性是极其重要的。在实施过程中，我们主要依靠群众的自主积极，来做到真正的防治。做好对村民们的宣传，让大家更加充分意识到环境卫生对自身健康状况的影响。加强宣传教育，不断提高村民的环境保护意识。可以通过入户访谈、问卷调研、举办晚会等形式，向各位村民宣传，地方政府应当与村民共建和谐美好环境。

2. 加强管理力度，营造良好氛围

设立专门的垃圾站点，并且增加垃圾站点，不让村民有垃圾站远、不方便的想法，并且处理好人畜粪便等。结合文明建设，协调各级职能干部，政府在资金上给予支持。生态环保工作犹如逆水行舟，不进则退，稍有松懈就有可能出现反复。如果现在不抓紧解决相应问题，将来解决起来难度更大、代价更大、后果更严重。严格控制附近工厂排出的废水，禁止农业污水及生活污水直排进河，及时关闭附近污染较大的工厂，提高污染排放的门槛。

3. 加强法制建设，做好立法立章

增加法律条款，让大家明白自身环境保护，污染防治的义务和责任。制定相关法律法规，做到有章可循，运用法律来保护和改善农村环境。实行网格化管理，划分责任片区，专人负责，形成齐抓共管，人人讲卫生、户户爱洁净的良好局面。

4. 加强评价考核，明确防治责任

这样可以让各级组织有各自的任务，改善相关问题，让大目标更有针对性，更加彻底地改善好问题。奖优惩劣，并且隔一段时间举行阶段性评比，针对性提高居住环境质量。在污染防治问题上，我们不能搞击鼓传花，让风险因素累积演变成为灰犀牛事件，必须更多更好更快地提供优质生态产品，满足人民群众的需求。

5. 创新工作思路，推行循环能源建设

抓好生态建设项目，帮助农民合理科学使用可再生能源。解决农民的相关问题。并且政府提供相关的帮助和扶持。要以生态文旅融合推进新农村建设，要深入开展农村居住环境治理和美丽宜居乡村建设，支持新农村建设。积极发展新能源建设，减少一次性能源的使用，加大非一次性能源使用的频率。促进循环能源发展的进程。

6. 加大资金投入，调动多方力量

目前处理阶段，未来的维持环节都需要大量的资金来保证。如管道更新，基础设施建设污水排放处理等都需要专项资金支持，以保障环境质量。此外，也可以创建专项基金，如环境治理基金、垃圾处理基金、污水处理基金等，来维持基金的充足，既能减轻政府的资金压力，也可以动员多方力量，共同提升环境美好。

7. 加强科技创新，进行科学治理

在当今社会高速发展，环境污染也并不只是污染处理问题，更是强调发展现代科技的问题，通过规范的科学治理，切实提高污染防治的能力。引进先进的污染治理的典型案例，积极探索污染处理的更好的方式。

生态环境与我们每个人息息相关，我们应当重视起来，尤其是面对发展较慢的农村地区，它关系到每个人的身体健康。随着乡村振兴战略的深入，农村环境防治已成为重中之重，需要各部门深入贯彻环保理念，积极采取防治措施防治农村环境污染，构建美丽和谐的生态农业新环境。在未来，我们将展开在全面建设小康社会背景下，乡村污染防治当中生活垃圾处理问题的调研，针对村民们日常生活中的垃圾处理问题，展开充分的调研。

参考文献

[1] 肖玉明. 习近平生态文明思想十四论 [J]. 党政干部论坛，2020 (Z1).

[2] 李干杰. 坚决打胜污染防治攻坚战 [J]. 环境保护，2020，48 (Z2).

[3] 沈跃跃. 坚持以习近平生态文明思想为指导　依法推动打好污染防治攻坚战——在全国人大环境与资源保护工作座谈会上的讲话 [J]. 中国人大，2020 (15).

[4] 宛诗平. 乡村振兴先要治好乡村污染 [N]. 人民法院报，2018 - 11 - 18 (002).

[5] 李雪娇. 净土保卫战　没有休止符 [J]. 经济，2020 (11).

[6] 邓义寰，萧和宽，张早平，等. 湖南省县域垃圾处理现状调查及政策建议 [J]. 环境卫生工程，2020，28 (5).

[7] 麦婉华. 云浮：治水与乡村振兴相结合 [J]. 小康，2020 (32).

[8] 游高端，肖建华. 乡村振兴中湖南长株潭耕地重金属污染治理府际责任分担机制探析 [J]. 西南林业大学学报 (社会科学)，2020 (4).

乡村振兴过程中乡村
污染防治的调查研究

课题组成员：杜 辉，杨 芳，徐晶艳
指导老师：杨惠君

摘要：生态宜居是实施乡村振兴战略的重要目标。基于时代需求以及现实社会导向，本文对乡村实际污染防治情况进行了研究。研究结果表明现阶段村镇环境割裂，居民环保意识不足，环保宣传乏力等问题突出。本文提出全面开展乡村教育，完善乡村环保自治组织，加快调整产业结构，完善基础设施建设等一系列建议。

关键词：乡村振兴战略；乡村；污染防治

2017 年 10 月 18 日，党的十九大报告强调实施乡村振兴战略，"生态宜居"成为其总体要求之一。生态宜居是实现乡村振兴的必经途径，是推进乡村振兴的动力，亦是乡村振兴的一项重要检验标准。绿水青山就是金山银山，乡村生态环境的治理有助于乡村的可持续发展，是确确实实有助于提高人民生活幸福指数的，了解并研究真实乡村生态污染治理现状，是走出中国式乡村发展道路，推进生态宜居的关键。

一、研究设计与实施

（一）研究意义

1. 对乡村提出绿色发展的新要求

乡村污染防治是实现乡村振兴战略的难点和重点所在。乡村振兴先要治好乡村污染，以绿色发展引领乡村振兴。打好乡村污染治理攻坚战，既是打好污染防治攻坚战的七大标志战役之一，也是实施乡村振兴战略的重要任务。只有让广大乡村地区的山更青，水更绿，乡村振兴才能有所依托，人民群众才能过上幸福生活。因此，乡村污染防治在乡村振兴中显得尤为重要。

2. 提高居民乡村污染防治意识的必要

近年来，随着我国经济不断发展，大批年轻劳动力涌向城市，很多农民进城务工，致使留在农村的基本为老弱群体。年纪较大的村民意识基本未更新换代，思想大部分比较老旧，对于乡村污染防治这一方面几乎毫无认知；而留守农村的留守儿童由于缺乏正确的教育教导，环境污染防治观念缺乏。而被乡村低廉成本吸引而来的工厂环境保护意识较薄弱，以利益为重，导致环境污染。乡村的主要群体对乡村污染防治的重要程度缺乏认知，致使他们成为污染乡村环境的主要人员。如何提高乡村居民对乡村污染防治的重视程度是根本问题，是一项不可忽视的问题。

3. 乡村污染防治重现蓝天绿水青山

从最浅层来说，当今不少农村因长期荒芜、不管不治而导致环境受到严重污染。各种污水乱排，甚至有的不经过处理直接排入池塘、溪流等；垃圾处理不当，滥扔乱处理，甚至有的直接焚烧垃圾、随地掩埋……因此，我们可以直接看到的就是，倘若能在各地农村持续推进乡村污染防治，我们的天空就会变得更蓝、水变得更绿、山变得更青、空气质量变得更好，人民满意度、幸福感大幅提升。毫无疑问，乡村污染治理带来的蓝天绿水青山会给乡村居民更好的生活体验，提升他们的幸福指数。

（二）核心概念的界定

党的十九大报告指出，农业农村农民问题是关系国计民生的根本性问题，必须始终把解决好"三农"问题作为全党工作的重中之重，实施乡村振兴战略。乡村污染防治指运用技术、经济、法律及其他管理手段和措施，对乡村的生活、生产所产的污染物排放量进行监督、控制和治理。

（三）研究综述

在改革开放后特别是党的十八大以后，伴随乡村污染的加剧以及国家政策的引导，相关学者对该领域的研究也较为深入与多样。蔡守秋、王一琪等学者专注于乡村环境法治建设，提出明确乡村立法产权关系，完善污染防治法治体系，构建稳定的乡村法治环境，推进乡村污染防治与环境保护。文丰安等学者则更加关注乡村污染治理中的制度化构建，强调发挥党的政治引领作用，推动全面治理与创新体系建设，扩大科技在基层污染防治中的作用。杨志胜、王悦等学者强调乡村环境治理中的多元共治，突出地方政府、企业、农民等主体广泛参与，明确各主体的责任与义务，推动良好的多元共治机制建立。张晓东、吴群等学者则着眼于乡村经济发展，强调通过乡村循环经济的发展，解决发展与污染的结构性矛盾，推动乡村污染治理。

国内学者在乡村污染研究领域已经取得了一定的成果，但是其成果更多源于理论基础研究，缺乏与乡村污染现状的有机结合，同时也缺少视角的有机结合。而本研究便是在现实调研数据汇总的基础上，从理论视角对乡村污染进行深入剖析。

（四）研究思路和方法

本文基于乡村振兴和乡村环境污染的现实需求，以乡村环境问题为切入点，通过阅读国内相关文献，并对研究样本——湖北省宜昌市西陵区窑湾乡、湖南省怀化市辰溪县黄溪口镇和湖南省永州市零陵区三个地区进行实地走访，对以上三个地区的乡村环境治理现状进行阐述，找出治理过程中存在的主要问题并分析其产生原因，提出相应的可实施的治理建议和对策。本研究主要采取文献研究法、实地考察法、问卷调查法和访谈法开展。

（五）研究过程和研究对象

1. 研究过程

在研究初期，调研队阅读了大量有关于乡村振兴下乡村污染防治的文献，并根据自己所在地的问题确定了研究方向。为了实际了解现阶段乡村污染防治情况，调研队根据自身所在地区实际情况，在湖北省宜昌市西陵区窑湾乡、湖南省怀化市辰溪县黄溪口镇和湖南省永州市零陵区三个地区进行实地考察了解实情，开展线下走访，对区域居民进行了相关的乡村污染防治问卷调查，了解居民对乡村污染防治态度的同时，对政府部门乡村污染防治的相关举措进行调查。同时，为了保证调研的数据真实性，扩大调查群体范围并增强调研结果的普适性，我们通过微信、QQ等方式同步开展了"乡村污染防治"的线上问卷调查。在获取研究数据后，调研团队通过讨论分析现状、问题和原因及建议对策，完成了本次调研报告。

2. 研究对象

本次调研的研究对象为湖北省宜昌市西陵区、湖南省怀化市辰溪县黄溪口镇、湖南省永州市零陵区三地区的乡村污染防治现状，通过对以上三个地区实地考察并对当地居民、政府进行访谈、问卷调查了解实际情况。

二、乡村振兴过程中乡村污染防治现状调查

（一）调研基本情况

本次调研过程深入了解乡村生态环境情况，通过问卷调查、采访等方式，

对调研区域乡村污染防治情况进行了有计划、系统性的了解，并对收集到的资料进行分析、整理、比较和归纳后，了解乡村污染防治的现状。

本次调研在线上发放问卷共 123 份，线下发放问卷共 64 份，一共发放 187 份。调查受众中 30 岁以下人群为 130 人，30～50 岁人群为 41 人，50 岁以上人群为 16 人，男女比例为 3∶7。

1. 乡村居住环境情况

本次收集的所有问卷调查，如关于乡村环境满意度的调查中，有 73.26% 的人群认为乡村存在轻微污染；认为乡村环境优美，无污染现象的次之，占比 22.99%；而认为乡村依旧存在严重污染的受访人比重仅为 3.75%。我们考虑到线上问卷调查用户占据整个调查的主体，同时由于地区的分散明显，问卷用户分布于数十个县级行政区域范围内。因此我们剔除了线上用户，仅仅针对在湖北省宜昌市西陵区窑湾乡、湖南省怀化市辰溪县黄溪口镇和湖南省永州市零陵区三个地区近两年乡村环境变化情况满意度所做的线下调查中，发现 54.24% 的受访者认为近两年乡村环境保持不变，有 44.07% 的受访者认为乡村环境得到显著改善，仅有 1.69% 的受访者认为乡村环境在明显变差。

2. 乡村居民污染防控意识情况

在针对乡村居民环保意识评价的调查中，线上调查用户与线下调查用户达成了基本的一致。调查中有 65.78% 的受访者表示其自身与周边人群环保意识一般，还有 22.46% 的用户表达环保意识极好，表示身边人环保意识很差的用户占比仅为 11.76%。但是考虑到对自己及身边人偏袒所可能导致的误差，我们选取了垃圾分类作为另一指标，在这一方面，结果却也出现了明显的一个偏差，对于垃圾分类基本了解的受访者仅占据 48.66%，有 39.04% 的受访者表示对垃圾分类的了解很少，还有 12.30% 的受访者对垃圾分类不了解也不关注。

3. 政府污染防治工作满意度情况

政府是乡村振兴战略背景下乡村污染防治的主力军，因此了解广大人民群众对政府的相关满意度是后续改进工作的关键。在群众对政府环保工作满意度调查显示，71.12% 的受访者认为政府工作一般；认为政府工作极好的有 21.93%；认为政府工作很差，需要大力加强的占 6.95%。同时我们也调查了受访者迫切期待政府未来改进的工作，支持加强对生活垃圾、污水的处理的有 86.18%；支持加强宣传教育，强化村民环保意识的占 81.30%；

69.11%的受访者希望加大环境污染的处罚力度；61.79%的受访者表示需要加强对高污染工农业的管理；还有 69.92%的受访者希望政府能建立长期的意见反馈渠道，及时解决问题。

4. 乡村污染及处理情况

本次调查对受访者乡村污染的意见反馈主要通过两种方式，其一是了解居民对乡村环境污染情况程度，结果显示 83.74%的受访者对生活垃圾污染保持高度抵制，26.02%的受访者表示了空气污染的影响较大，还有 42.28%认为噪声污染影响最大，畜禽养殖粪便污染与水污染各占 45.53% 和43.09%。另一种便是居民对乡村生活垃圾处理的了解程度，乡村焚烧垃圾的为 45.53%，填埋占 36.59%，最终用于农业肥料的方式为 24.39%，随意丢弃的比例为 43.09%，专门的垃圾无害化处理也占据 43.09%。

（二）存在问题

1. 乡村环境改善明显，村镇环境差异明显

调研队根据网上问卷调查与线下实地走访的情况综合总结来看，乡村居住环境得到整体改善，乡村污染防治取得初步成效。人居环境改善的主体是居住地生活垃圾的处理。在调研队实地走访中发现，政府对乡镇及村落采取了相对不同的环保行政措施。这里以湖南省怀化市辰溪县黄溪口镇为例，当地政府对村民主要采取相互监督及环保物资发放的方式进行环境改善，通过村民自治及生活习惯调整的方式对生活垃圾进行处理。以村为单位，进行垃圾的统一焚烧或由政府对垃圾进行收集并做无害化处理，这些措施显著改善了村落的环境状况。而在乡镇中，政府的工作主要是通过设立环保垃圾点，就近统一处理居民每天的生活垃圾，同时环卫工进行乡镇道路及市场的垃圾清扫，不定时组织志愿队巡查，督促商户清扫店铺门前的垃圾，这些多样的措施显著改善了乡镇环境。

但是调研中也发现村镇存在着极为明显的割裂现象，也就是乡村环境明显好于乡镇。在乡村中，由于村民规划明确，生活垃圾的责任归属也极为明确，村民无法逃避责任。同时村民的相互监督机制以及村委会的自治机制使得无故丢弃垃圾的行为会遭受惩罚。如过年过节燃放的烟花爆竹必须进行清扫处理，否则会罚以清洁费，这些举措显著提高了违反规定的成本。但是在乡镇中，由于区域分配不明确，居民对各自垃圾处理责任也不明确，这些显著提高了管理的难度。同时由于乡镇承担的商品交易职能，在集市贸易期间，

缺乏管理的商贩、落后的基础设施建设、品类多样的商品交易与拥挤混乱的人群，加重了环卫工作的负担，也进一步加剧了乡镇环境的破坏。

2. 居民环保意识显著不足，环保宣传乏力

根据问卷调查结果的显示，受访者认为周边群众环保意识一般甚至极好的比例占据 88%，但是与此同时对于垃圾分类了解的受访者却只占据48.66%，其中产生了明显的矛盾，这从侧面反映居民环保意识的片面性。后续的线下调研走访的结果也证实了这样的差异，大部分乡村居民仅仅将日常生活垃圾是否倒入垃圾桶作为评判标准，对于与乡村污染防治紧密相关的水污染、大气污染等缺乏足够的了解。这些环保意识的缺乏，在相当大的程度上加大了乡村人居环境改善的难度。在我们对集市的观察中，发现绝大多数民众赶集时都会随意丢弃自己手中的垃圾，这些行为在加大环卫工作清扫难度的同时也加剧了老鼠、蚊虫、苍蝇的泛滥，影响到了人居环境的改善，不利于乡村污染防治工作的顺利进行。而倘若究其根本，便是居民对公共区域环境卫生整洁的忽视，只关注与自己切身利益相关的环保工作，例如家庭卫生，类似的便是公共区域车辆行驶中的车窗抛物以及垃圾随意倾倒河湖等典型行为。

环保宣传作为影响居民环保意识的重要工具在乡村污染防治工作中却处于弱势地位。尽管政府在相关层面上采取了很多措施，如乡村中的村民监督罚款宣传、环保宣传日用品发放、横幅张贴以及大字画宣传、环境保护志愿服务队等，但是受限于乡村居民较低的教育水平，大多数的乡村居民对这些都是处于一知半解的状态，环保意识的提高有限。根据调研队采访的黄溪口镇政府工作人员说法，现在政府环保宣传开始尝试进入中小学义务教育阶段，期望通过对中小学生价值观的塑造去间接影响普通乡村居民。同时学校方面也在鼓励中小学生上街参与志愿服务，举办优秀环保家庭评选大赛。但是这样的措施也具有较大的局限性，中小学生由于自身社会地位有限，无法形成强大的社会影响力来显著推动乡村居民环保意识的提高，而且中小学生倘若没有正确家庭教育的引导，良好的环保意识的形成更是空中楼阁。

3. 乡村污染点源多，污染处理不佳

在我们的问卷调查中，有 86.18% 的受访者明确表达了对乡村污染处理的期望，而在我们对黄溪口镇政府的采访中也发现，污染处理也是镇政府环保工作的重中之重，但是受限于乡村条件的特殊性，一部分污染处理行动很难有效开展。

从居民生活角度来说，乡村地区由于人口密度较小，人口居住范围极为分散，同时由于居住点众多，不同的行政村具有明显的空间差异，这样的状况很大程度上加剧了日常生活污染的处理难度，进一步使日常生活垃圾随意倾倒与燃烧，生活污水直接倾倒进入河道等污染环境的行为发生。即使在村镇内部，由于政府监督能力不足，许多居民也选择直接将污水排入河流中，这些行为从侧面扩大了污染的范围，加大了整治难度。

而从生产角度，由于农村缺乏完善的工业基础，轻工业也处于初步发展阶段，实际对环境的污染较小，因而乡村污染源主要为农业生产污染等。在农业生产污染中，首要便是农药化肥污染，受限于乡村居民点分布与地形条件，农田相当分散，近些年由于农民环保意识的缺乏，加剧了除草剂、杀虫剂等农药及化肥的使用，这些污染物质作为分散的污染源不仅对土壤造成了影响，也加剧了乡村地区水质恶化。其次是畜禽养殖产生的粪便污染，以黄溪口镇为例，该地区禽畜养殖整体规模较小，无大型养殖企业，总体以个体户家庭养殖为主，这些小型养殖没有足够的资金进行粪便无害化处理，尽管粪便可以用于肥料生产，但是耕地无法吸纳全部的养殖动物粪便。同时养殖在贫困农村地区是居民的重要经济来源，这也就陷入了经济与发展的内生矛盾之中，加剧了污染问题的复杂性。

4. 基础设施建设不足，基层政府资金短缺

本次调研队以湖南省怀化市辰溪县黄溪口镇为调研区域，向镇政府了解了镇辖区内相关基础设施建设的情况。在垃圾收集处理方面，市政府正在该镇毗邻的镇统一修建垃圾无害化处理中心，建成后，镇辖区内各行政村以及乡镇收集的垃圾将会统一进行无害化处理。但是在该设施建成之前，大部分收集的垃圾依然会通过填埋与焚烧的方式进行处理，中途依然会产生巨大的污染，破坏环境。在污水处理方面，已经修建的污水处理厂已经投入运营，该污水处理厂已经开始处理来自乡镇的部分生活污水，但是受限于有限的污水输送与收集能力，污水处理厂无法达到最佳效用。根据工作人员的介绍，镇政府曾经向专业技术人员论证过在乡镇内建立完善的雨污分流系统的可行性，但是起步资金便为上亿元。这样的完整资金投入对于没有完整工业支撑，财政收入有限的镇政府来说是不可能的，上级政府也不会考虑这样一笔财政支出，因此这样也便再次陷入了农村地区污染防治环境保护与经济发展水平的矛盾之中。

乡村地区污染防治另外亟须完善的就是村镇排水及垃圾收集系统。根据

调研队走访的观察，乡镇的规划建设完全处于无序状态，这样无序的规划导致村镇内部的地下排水系统几近瘫痪，封闭低地聚集大量淤泥污水，散发恶臭，滋生了大量蚊虫苍蝇，造成了严重的环境污染，影响居民的生活健康。而在垃圾收集方面，由于资金的缺乏，村镇中垃圾桶及垃圾车建设严重不足，居民日用垃圾无法及时得到处理，也间接增加了居民随意丢弃垃圾的行为。

三、乡村振兴过程中乡村污染防治的建议对策

1. 开展乡村环保与法治宣传教育，推动乡村环保自治组织建立，倡导环保工作全面参与

乡村居民作为乡村人群主体，加大环保宣传力度，采取有效措施对农民进行有关环保知识的教育是改善我国乡村环境状况的有效方法。对居民环保意识的培养要注重成效，并且需要针对不同的人群全面开展。一方面，乡村环保组织要面向全体村民做好成人环保意识教育，尤其针对年纪较大的人群。另一方面，在乡村中小学设置相关课程，或在已有课程中添加有关环保的知识，帮助学生从小树立乡村环保意识。此外，乡村环保知识宣传的方法也需要向多样化发展。首先，可以延续之前正在实施的方法，如环保宣传日用品发放、横幅张贴以及大字画宣传、音频广播等。除此之外，也可以采取新兴的方法，比如制作环保知识小视频在"抖音"等短视频平台播放，让村民在娱乐的同时学习环保知识。同时可以设立环保知识大赛、环保家庭评选大赛、卫生乡村评比等，设立奖品，提高村民参与积极性。当然，乡村环保工作不仅仅是乡村居民以及政府的责任，对城市居民保护乡村环境的意识教育也必不可少，以提高他们在生产、生活中保护乡村环境的自觉性。

乡村环保自治组织是解决乡村环境问题的一个有力保障，可以更好地提升乡村居民的环保意识，调动乡村居民参与环境保护的积极性，增强乡村居民的组织性和参与管理的意识，能更好地保证环境保护的效果，使环保教育不再只流于形式，而是切实落实到实处。政府提供一定的条件帮助村民建立环保自治组织，指导村民做好领导人的选举和规章制度的建设等工作，环保自治组织内部确定好分工以及奖惩措施，以保障自治组织的有效运行。环保自治组织是由乡村居民组成的组织，更加了解村民自身环保出现的问题，也可以更好地与村民沟通交流培养，倡导全面参与环保工作，来提升乡村居民的环保意识，弥补政府环保教育的不足。

在法治社会，乡村的可持续发展与生态环境保护必须要以转变发展理念为前提，而发展理念的转变往往需要法律的引导，通过完善环保立法、健全法律法规、扩大法律宣传等方式，完善环保执法。积极通过形式多样的环保法律主体教育活动，如图片普法、视频普法、标语普法、讲法活动等方式扩大环保在广大乡村群众中的影响力，强化其环保法治意识。

2. 分类处理居民生活垃圾，严格把控生产垃圾

乡村的经济发展也必然会产生垃圾，且乡村和城市垃圾产生种类类似，因此我们可以效仿城市的做法，分类回收垃圾进行集中处理。这样既能避免村民随意丢弃对环境造成的各种污染，也能有效减少资源的浪费以及垃圾之间的互相接触而导致的污染加重。同时由于乡村大多小型养殖一些家禽家畜，厨余垃圾基本不需要回收集中处理，减少了处理难度和资金的投入。对于村民的生活污水，为避免村民随意泼洒在田间污染土壤或者倒入河沟污染水质，可以为村民铺上管道，将污水集中处理。

对于农业生产方面，村民生产产生的污染主要为农药与化肥使用造成的土壤、水质污染。首先，要向村民宣传推荐使用传统农家肥、商品有机肥代替化肥，大力推广绿色防控技术，加快高效低毒农药、生物农药、现代植保机械及科学用药推广运用，促进农药减量控害。此外，推进结构优化也是一种有效措施。第一，优化产业结构，优化农业区域布局，划分出粮食生产区、重要农产品生产区和生态功能区，加大对重要农产品生产区和生态功能区的保护力度。第二，优化种养结构，开展种养结合型循环农业试点，借助"互联网＋"，开发农业多种功能，促进三大产业融合发展。

在动物养殖方面，产生的污染主要为粪便污染空气和水质，一般家庭可将粪便作为土壤肥料进行处理，但是对于个别养殖场，可以采取建沼气池的方法，将粪便转化为燃料使用。

对于工厂方面，产生的污染主要为污水污染、废气污染、噪声扰民等。要想解决这些问题就需要政府严厉监督、严加把控。污水处理达标才能排放，产生烟雾的工厂须整改或者关闭，产生噪声的工厂则须建立隔音设施并且错开休息时间开工。村民生产带来的污染源多，要采取不同的方法分种类治理，不能混作一团。

3. 调整乡村产业，发挥政府政策的引导、扶持作用，完善乡村基础设施建设

加快实现城镇化，必须进行招商引资促进产业化发展。当招商引资到乡

镇后，可以吸纳乡村剩余劳动力，甚至吸引青壮年回乡参与乡村建设，增加乡村居民收入。同时，随着产业不断发展壮大，可改善当地的基础设施，如无害化垃圾处理站、污水处理厂等，进一步产生城镇人员的集聚性，从而达到城镇化的目的。

积极响应乡村振兴政策，在政府政策的引导扶持下融资吸收资金，建设更加完善的乡村基础设施。乡村基础设施具有投资期长、盈利能力差、投资风险大等不利条件，要吸引非财政资金进入乡村基础设施投资领域，必须依靠有吸引力的财税优惠等政策和和谐的融资环境作为保障。因此建立完善的乡村基础设施项目融资法律法规体系、加大乡村基础设施项目投资者的财税优惠力度、建立和完善政府担保制度刻不容缓。

要想环境治理好，基础设施不能少。在资金不能支持较短时间内完成所有设施的建立时，可以先从相对投入较少、迫切需要的方面入手。比如在最开始为村民分地段设立垃圾分类回收箱与垃圾分类回收运输车辆、废水管道安装、公共厕所的设施更新，毗邻村共设垃圾处理装置、废水处理装置。在资金较为充足时，可以为村民建设需要更多资金投入的设施，比如更加密集的垃圾分类回收箱、完整的雨污分流系统等。

参考文献

[1] 蔡守秋. 法治视野下健全农村环境治理的路径思考 [J]. 环境保护，2015，43 (17).

[2] 王一琪. 农村生态环境建设的法律问题与应对 [J]. 农业经济，2020 (9).

[3] 文丰安. 农村生态治理现代化：重要性、治理经验及新时代发展途径 [J]. 理论学刊，2020 (3).

[4] 张志胜. 多元共治：乡村振兴战略视域下的农村生态环境治理创新模式 [J]. 重庆大学学报 (社会科学版)，2020，26 (1).

[5] 王悦，张志胜. 基于农民主体性视角的乡村污染治理 [J]. 中华环境，2019 (1).

[6] 张晓冬，石径溪. 乡村振兴战略视野下我国农村经济与生态环境协同发展研究 [J]. 农业经济，2019 (8).

[7] 吴群. 乡村振兴视域下农业创新发展的主要方向及对策研究 [J]. 经济纵横，2018 (10).

后　记

　　《全面建成小康社会　城县村调研行——湖南师范大学大学生暑期社会调研报告荟萃》由湖南省高校思想政治工作创新发展研究中心（湖南师范大学基地）、马克思主义学院和学校团委共同牵头，由二级学院协同组织大学生利用暑假时间深入社会调研撰写而成的成果。

　　大学生们围绕全面建成小康需要解决的问题，调查了全面建成小康社会脱贫攻坚实践的成效，提出了脱贫攻坚与乡村振兴有效衔接的举措，剖析了特色产业对扶贫收官的影响，探讨了全面建成小康社会背景下大学生网络支教的现状及其改进方案，关切了全面建成小康社会中乡村污染防治问题。

　　通过广大师生的共同努力，形成了近200篇调研成果，经专家盲审会审后，从中精选出25篇编辑出版。谭吉华、杨果、陈云凡、焦晓云、邢鹏飞、罗薇六位教师对25篇调研报告的修改完善进行了精心指导，整个调研报告荟萃最终由谭吉华、龚舒定稿。湖南师范大学出版社社长吴真文，责任编辑孙雪姣、唐诗柔给予了大力支持，在此一并致以诚挚的谢意！

　　《全面建成小康社会　城县村调研行——湖南师范大学大学生暑期社会调研报告荟萃》是我校大学生2020年暑期社会实践调研活动成果的一次集中展示，也是我校扎实开展湖南省政协"体验协商民主　坚定制度自信"社会实践活动的重要成果之一。

湖南省高校思想政治工作创新发展研究中心

（湖南师范大学基地）

湖南师范大学马克思主义学院

共青团　湖南师范大学委员会